纳兰性德传

中华文人经典传记

【插图珍藏版】

杨雨/著

长江文艺出版社

目录

总序 \ 〇〇一

序 \ 〇〇六

第一章　我是人间惆怅客——生平概述 \ 〇〇一

第二章　多情自古原多病——少年坎坷 \ 〇二五

第三章　一生一代一双人——幸福婚姻 \ 〇五一

第四章　当时只道是寻常——丧妻之痛 \ 〇七九

第五章　不辞冰雪为卿热——悼亡哀思 \ 〇九四

第六章　不是人间富贵花——父子矛盾 \ 一一二

第七章　留将颜色慰多情——师生关系 \ 一三三

第八章　幽怨从前何处诉——君臣恩怨 \ 一五五

第九章　身世悠悠何足问——友谊佳话 \ 一九七

第十章　而今才道当时错——沈宛之恋 \ 二二一

附录一　纳兰性德生平简表＼二四〇

附录二　纳兰性德传＼二四八

附录三　纳兰性德墓志铭＼二五三

附录四　纳兰词选注（三十首）＼二五七

后　记＼二九〇

总　序

　　大约是两三个月前，我在邮箱中收到杨雨君的电邮，告知她关于屈原、李清照、陆游、纳兰性德的四部著作要汇成四人的诗传，在长江文艺出版社集中推出。此前各书均有序，或自序，或他序，四书此次汇集重刊，她又逐一修订一过，但尚缺一篇总序，她希望这篇总序由我来执笔，以冠群书。

　　我觉得这个任务有点重，但一时也找不到推辞的理由。

　　蒙杨雨君不弃，她的这四种著作此前都曾寄赠给我，我也大致浏览过。我平时读高头讲章式的学术著作居多，难免有如王国维读德国哲学而生"可爱者不可信，可信者不可爱"之感，很少能感受到通透思想与灵性语言的完美结合者。读杨雨君的著作，则时时感受到她出入学术之中，在历史与现实、文学与情感之间的自如穿梭与适度渗透。

　　我知道要将笔下的文字达到这样的境界，既需要有沉潜的读书功夫，用锐利之眼看出问题；又需要有足够的才情悟性，用灵性之语表述其思。王国维在《人间词话》中说大诗人对宇宙人生要入乎其内，以见生气；出乎其外，以见高致。读书境界与创作境界稍有不同，应该是沉入书中，触摸高致；走出书外，再现生气。杨雨君的这四种著作，我认为就有着这样的特点，她有细读文本的功夫作为底子，又有绵邈细致的情感引领其思，所以她对诗人诗作的解读往往呈现出迥异他人的地方，我也常常为她的才情和胆略所折服。

清代的周济说好的填词大约都有"把缆放船"的特点。因为缆绳在手，所以主题不至流宕无归；因为适度放船，所以想象的空间因此展衍空阔。读书作文的比喻虽多，我总觉得不如周济此四字来得形象贴切。两脚书橱的读书人，就是因为缆绳系得太紧，把人也读得局促不安，所以了无生气；而凌空飞舞的文章家，就是因为撒了缆绳，无根而去，所以底蕴也失。前者失在过实，后者失在过虚。很显然，虚实结合，才是读书作文的王道所在。我觉得杨雨君就是一个谙熟并践行这种王道的人。

屈原、李清照、陆游、纳兰这四个人都是文学史上的热点人物，他们在一定程度上也分别是中国古代文学的成型、高峰以及尾声时期的代表，他们的作品影响了一代又一代的读书人。屈原是早期中国文学一面高高飘扬的旗子，他的清明思想、炽热情感以及惊采绝艳的文学想象，展现了中国文学的迷人芳华，其香草美人、比兴寄托的创作方式也成为后来文学家争相仿效的一种典范。李清照、陆游生当两宋时期，用陈寅恪的话来说，两宋是中国文化的极致时代，他们的文学是鼎盛时期中国文学的重要代表，可以从不同的性别映照出文学的不同风格。李清照以鲜明的主体意识创造了女性文学的高峰，她既细致描写了女性"才下眉头，却上心头"的柔婉之思，也有"至今思项羽，不肯过江东"的豪爽之情，在李清照身上，糅合了女性之思与时代之气，若只是停留在女性之思的阶段，李清照也就是一个不错的女性词人而已；而熔铸了时代之气的李清照，才会成为一个时代的标识。纳兰性德作为清初贵介公子，他融合满汉两种文化的原质，神奇地展现诗词活泼、自然而深情的本来面目，这是一种审美的回旋，让文学抽离出"作态"的窠臼，再度变得如此可亲，直抵心灵，散发着文学浓郁的原色魅力和大家气象。王国维曾说："社会上之习惯，杀许多之善人；文学上之习惯，杀许多之天才。"纳兰就是一个未被文学上之习惯"杀"掉的天才之一。我忽然觉得杨雨君精选这四个诗人，真是别具眼光的。她从风雅寝声之后异峰突起的屈原开笔，梳理屈原坎坷的人生命运，用对其诗歌的深度解读来展现其美政理想以及其独特的人格精神，中间用宋代一男一女两位顶尖诗词高手来彰显高峰文学的灼灼光华，再用纳兰性德来煞尾，以其纯任自然的白描和慷慨淋漓的悲情展现文学的最初一念之本心。前后彼此连缀，既堪称是一部极简的点式诗歌史，也展现了文学发展的顺流与回流等不同的情形。

诗人这个群体与一般人的不同，在于他是用情感说话的。哲学家要从地面升腾、超越具体的情感去驰骋玄思，历史学家要等情感冷却后再娓娓而谈，唯有文学家是借着温热的情感来敞开心扉。其实文学就是一种带着温度的历史，也是哲学家凌空而起的基点。换言之，加热后的历史与落地后的哲学都能无限地接近文学。热的文学与冷的哲学、历史，他们只是在情感的阶段性和表现形态方面存在着差异，一旦拂去差异，回归本真，真是等无二致的。诗歌在中国文化中的特殊性，在这种比较之中清晰地显现出来。

诗人眼光所及与一般人眼中所见，在很多时候并没有什么区别。但外在景象对诗人的影响却远在一般人之上，诗人从景物中唤醒沉睡的情感，又将这种情感投射到景物之上，再用生花妙笔表达这种情景的往还，就生成了诗歌。在这种往还的过程中，情感始终主宰着诗人的灵魂。无论是李白的"相看两不厌，只有敬亭山"，还是李清照的"只恐双溪舴艋舟，载不动许多愁"，还是辛弃疾的"我见青山多妩媚，料青山见我应如是"，诗人与外物的情感交流，敏锐而生动。这使我再度想起黄庭坚的一段话："天下清景，初不择贵贱贤愚而与之。然吾特疑端为我辈设。""端为我辈设"，这是诗歌史上的事实，也是诗人应有的自信。因为天下情景虽然能涤荡众生，但那不过如风过耳而已。而对于诗人则是"登山则情满于山，观海则意溢于海"，所焕发的情感力度是一般人无法比拟的，所以诗人不仅能把风景在笔下铸造成永恒、供后人联翩遐想，也能将渗透在风景之中的情感垂之久远、感染百世，这就是诗人的伟大和不可替代之处。

我之所以用了如许笔墨来说诗人与情感关系的话题，是因为杨雨君所选择的这四位诗人恰恰可以归属为四种不同的情感类型：屈原是盘旋郁结而炽热的；李清照是婉转多思而细腻的；陆游是慷慨悲凉而执着的，纳兰是多情凄苦而低徊的。这意味着要走进这四个诗人的内心，需要解析者以同样的感情去体会去参透，才能将诗人的真实面目以及诗歌的底蕴重现在读者眼前。读罢杨雨君的"四书"，她固然用了种种专业手法去厘清本末、昭示源流，而她在字里行间流露出来的个人情怀，也时时令我动容。冷峻的专业解析，稍加训练可得；有温度的情感体验，则非具灵性妙悟而难成。我觉得杨雨君在这四书之中，身份切换自如，有时好像直接置身于屈原上天入地的想象之中；有时与李清照如闺阁对谈，音容笑貌，亲切可闻；有时与陆游一起感受着南宋阴晴不定的政治氛围；有时又似乎感叹着纳兰"人生若只如初见"的淡淡哀思。有这样设身处地的情感体验，使得杨雨君的大著中呈现出鲜明的个性色彩，杨雨君将她的个人之思打并入四人及其诗歌之中，故虽是四人之诗传，却融入了五人之诗思。

深入浅出的文字，看似容易，其实至难。因为要做到淡语而有味、浅语而有致，需要极通透的思想与极高明的艺术。杨雨君在这四书中的展现出来的灵动之思、浅近之语以及浓郁的抒情性，正洋溢着这样的一种精神。我相信这是在高头讲章之外的另外一种著作风采，而其播撒人心的力量，我相信同样是值得期待的。

彭玉平[*]

2019 年 6 月 9 日

* 彭玉平，中山大学中文系系主任、教授、博士生导师，《中山大学学报》（社科版）主编，教育部长江学者特聘教授，中央电视台《百家讲坛》主讲人。

序

很少有把书稿读了两遍，却仍下不了笔的情况，这次真的有点"六情底滞"了。

其实纳兰是我熟悉的人物，杨雨教授更是认识多年的朋友，这两层因缘应该使我下笔如神才对的。问题出在哪个环节呢？我想我可能是沉浸在书稿宏博的叙事与柔婉的抒情之中而流连忘返了。读书是容易的事，读本好书就不那么容易了，读了之后能让人不断咀嚼、回味的书就更少有了。老实说，近年读书，很少有这样让我投入甚至沉醉的感觉了。这当然是我个人的感觉，写在这里，别无他意，作为我一段独特的读书记忆而已。

我说的这本好书就是杨雨教授的新著《纳兰性德传》，跟此前她的《陆游传》的细腻熨帖不同，纳兰一书虽然细腻依旧，但明显拓展了纵深的历史背景，显得更为宏大开阔，把一种原本剪不断、理还乱的以纳兰为中心的复杂关系，厘析得眉目清晰，宛在眼前，在讲述历史中含蕴着厚重的学术，在叙述故事中夹杂着温婉的抒情，杨雨为此所花费的心血在在可见。元好问说："成如容易却艰辛。"我从杨雨这本书中，仿佛读出了她曾经付出的苦苦思索，也仿佛看到了她灵感突发时愉悦的神情。

以前读鹤亭词，有"知否浅从深处过，看来俗比雅犹难"之句，很有同感。为什么要说通俗的学术比高头讲章更为难得呢？这实际上与思想的深度和语言表述的灵性有着非常密切的关系。在我看来，就语言与学术的关系而言，以浅易文艰深为最高一等，次之以艰深文艰深，再次之以浅易文浅易，再次之以艰深文浅易。这是我读诸种著述悟出的一点心得，用来对照杨雨的新著，我要毫不犹豫将它归入第一等的。

书稿虽然尽可能以浅显通俗的方式行文，但平易的语言若失去了内涵和韵味，也很容易流为苍白，这也就是古人所谓"寄至味于澹泊"的意思了。我担心我的叙说会无意中消解了原书的韵味，直接引录全书结尾的几节文字：

> 也许他的前生应该是一个浪迹江湖的江南文人，却错误地生在了清朝贵族的豪门相府；他应该是一个风流倜傥的诗人词客和才华横溢的学者，却错误地被安排成为皇帝身边的一个带刀侍卫；他一生渴望自由，却不能主宰自己的命运，只能在压抑中度过一生。
>
> ……
>
> "而今才道当时错"，所有的这些错加在一起，其实就是一个错：错就错在纳兰这样纯情的人，根本不应该生在这个复杂的人间——他"自是天上痴情种"，"不是人间

富贵花"！

……

他像一颗流星划过人间，却用了最灿烂的姿态陨落。

这样平易的文字却具有令人窒息的情感力量，没有过人的语言灵性如何能有这样沁人心脾的语言魅力！北宋梅尧臣曾说："作诗无古今，惟造平淡难。"其实不仅作诗是如此，为文著述又何尝不是如此呢？

从"深处"来的平易，自然更具魅力了。这种"深"，我认为可以从三个方面来体会：

其一是写出了纳兰的两种面目：一种是康熙表弟、宰相之子的身份之显赫以及由此而带来的仕途之荣耀；一种是内心对江湖文人、艺术人生的深深眷顾。这两副面目，对纳兰而言，都有身不由己的地方，因为身份的特殊性，他的人生"被安排"在一条他本想抗拒却无能为力的世俗之路上；又因为内心的特殊性，他对江湖文人买花载酒的向往也注定是一场豪奢的梦想。纳兰虽然看多了京华冠盖底下的残酷和无情，但他无法抽身；他眷恋江湖文人的自在逍遥，却同样无法前往。纳兰的一生就在这两种矛盾甚至对立的身心纠葛中苦度着年华。笼罩在纳兰身上、被他人艳美的灼灼光华，其实恰恰遮掩了他满怀的苦涩和悲凉。"我是人间惆怅客"，纳兰与这个世俗的人间始终是格格不入的，他其实是错落人间的"客"，又因为错落却无法改变，而使他的一生充满着万端惆怅。

其二是写出了纳兰与明珠的父子矛盾、纳兰与徐乾学的师生矛盾以及纳兰与康熙的君臣矛盾。要写好这三对矛盾，并不是一件容易的事情。何以这样说呢？因为他的父亲明珠乃是当朝宰相，为纳兰带来了先天的乌衣公子的身份，但明珠实际上把更多的精力投入到了清廷内府的权力斗争之中，他对纳兰心性的了解其实是隔膜的——或者根本不遑去了解，所以这也注定了纳兰与父亲明珠之间会产生不和谐的声音。而纳兰的老师徐乾学，不仅饱学诗书，而且对纳兰赏爱有加，在纳兰因病错失进士之时，徐乾学以一筐樱桃表达了对纳兰才学的充分认同。在纳兰主持的《通志堂经解》丛书中，徐乾学更是将自己积年的成果贡献出来，与纳兰共襄盛事。按说，纳兰与这样的老师应该是没有什么矛盾了。事实上，在纳兰生前，这种矛盾确实也没有彰显出来，但徐乾学城府很深，对权力深怀着渴望，他对纳兰的这一番倾情指导，也确实与纳兰父亲明珠当时正处于权力高峰有关，而在明珠权势渐趋衰落之时，明珠与徐乾学也就自然成为对立的两派。所以纳兰与徐乾学的矛盾，虽然在纳兰生前被掩盖住了，但客观形势其实是一触即发的。康熙与纳兰虽是君臣，但在血缘上其实是一对表兄弟。康熙固然有雄才大略，纳兰也是惊才绝艳。两个才华盖世的人就这样微妙地相处着，应该说，康熙也是赏识纳兰的文才武略的，但这种赏识却更多地依据政治的需要，而以若即若离的方式呈现出来，实际上遏制了纳兰才华的发挥。以上的三种矛盾，几乎都是隐微的，若非拂去尘埃，深度考量，是很难厘清的。杨雨以其从容、明净的慧眼，一一拈出，将原本复杂的人事关系丝丝缕缕地叙写出来，引导读者自如地契入历史的情境之中。

　　其三是用敏微之心去感受纳兰的要眇之词。虽然纳兰的才学享誉当时，他的一身武艺也令人瞩目，但当历史沉寂过后，留给我们的纳兰，更像一个天生的词人，璀璨在词史的星空中。难得纳兰生在尘世，却能始终葆有一个"清"字。纳兰的这份清雅更多地展现在他的《饮水词》中。以前读王国维的《人间词话》，说纳兰的词得自然之真趣，"北宋以来，一人而已"，而这种真趣的原因则是他"初入中原，未染汉人风气"。现在想来，这评价也不甚贴切，自然真趣更多是一种天赋的气质、性情，与社会习染的关系还在其次。倒是王国维在《人间词乙稿序》中说："纳兰侍卫以天赋之才，崛起于方兴之族。其所为词，悲凉顽艳，独有得于意境之深，可谓豪杰之士，奋乎百世之下者矣。"我觉得这种说法才更契合纳兰的心性。王国维用"以自然之眼观物，以自然之舌言情"来揭示纳兰词的底蕴，更是极具眼光。纳兰十分倾慕顾贞观，希望能与顾贞观一样逍遥于世。这种相府公子的"奇思异想"，无非是因为心底缠绕着"自然"二字而难以割舍。

　　不过，纳兰以这种自然之眼所看到的物及笔下所流露的情，却是以"悲凉"为主要色彩，这种悲凉当然与他错落人间，与他和人世、官场数不清的纠葛有着密切的关系，更与纳兰的爱情生活虽甜蜜却短暂有着直接的因缘。他与妻子卢氏堪称是灵魂伴侣，而且正是卢氏陪伴纳兰走出病痛及殿试的失落。然而，纳兰与卢氏这"一生一代一双人"，竟然只维持了三年的时间，卢氏便因病去世，从此，纳兰的人间惆怅便增添了更为悲凉的意味。"闻道填词能写恨，只恐词难写尽。"（冒鹤亭）词就成了他舒展江湖文人梦想和抒发人生悲凉的主要载体。而且，纳兰的这种深哀巨痛，有异乎常人之处，这使得其词的感染力也因此倍增。纳兰的人生被世俗扭曲，纳兰的爱情被春风剪断，在流年偷换中，纳兰用词留下的就是追忆，是无尽而凄凉的追忆。

如此江山，几番风雨，合有一个纳兰来演绎一个时代的风采。同样，如此纳兰，几番浮沉，也合有一个杨雨来讲述一个天才的前世今生。以前读书，读到因缘际会，总有非常震惊的感觉。譬如林语堂《苏东坡传》说："西湖的诗情画意，非苏东坡的诗思不足以极其妙；苏东坡的诗思，非遇西湖的诗情画意不足尽其才。"而今我读杨雨的新著，也真有类似的感觉，纳兰词心的深隐，不是粗通纳兰的人可以触摸到的，纳兰身份背景之外的东西，更不是浮光掠影者所能领悟到的。杨雨以她的沉潜读书和灵性感悟为我们展现了一个如此丰盈的纳兰形象，堪称是纳兰的隔世功臣。

残梦似流水，已然流失在苍茫的历史之中，但涓涓细流也从未停息，蜿蜒至今。逆流而上，溯洄从之，一样可以踏访曾经斑斓的岁月。"连朝春雨今始晴，花枝点眼生春情"（赵孟頫），春雨丰润着花枝，也丰润着流年。我所在的城市正是雨后春晴、花枝点眼的春季，在这样的一个季节，杨雨的新著也是花枝中最"点眼"的美景呢。

石正清

2012 年 3 月 7 日

第一章
我是人间惆怅客——生平概述

曾有人说：唐宋词堪称中国文学史上最美的诗歌形式，唐、五代至宋更是词人荟萃的时期。如果将唐宋词坛比喻成群星闪耀的天空，那么，温庭筠、李煜、柳永、欧阳修、苏轼、秦观、周邦彦、李清照、辛弃疾、姜夔……都曾是那个时代词学"星空"中璀璨过的名家。若试图用一个词语来概括每位词人的主要特点，也许，李煜可以说是"悲情"词人，苏轼是"旷达"词人，李清照是"浪漫"词人，辛弃疾是"英雄"词人，姜夔是"风雅"词人……当然这样的概括未必十分精当，但是词在唐宋时期是最为光彩夺目的一种文学形式，词坛名家各领风骚，却是公认的事实。以至于此后的元明清各朝，虽然不乏成就卓著的词人，但从整体上来看，尚未出现哪一朝能在词的创作成就上超越唐宋两代。

宋词，几乎成了后人可望而不可即的高峰。

然而，在清代词史上，却有一位颇富传奇色彩的词人横空出世。他的小词，被认为深得唐宋小令之神韵，其艺术成就直逼唐宋词人，甚至"置唐五代词中往往不能辨"①，"最得词家之正"②。清末词坛四大家之首、著名学者王鹏运曾高度评价他在词史上的地位："我朝唯纳兰公子，深入北宋堂奥。"③

这位享有盛誉、被王鹏运尊称为"纳兰公子"的词人，就是清代初年的著名才子纳兰性德。

不过，无论纳兰性德在词坛上获得了多么至高无上的赞誉，他对自己的评价却用了一个很特别的词——惆怅："我是人间惆怅客，知君何事泪纵横。"④"惆怅"就是伤心、失意，还带有无奈、彷徨的意思。在纳兰性德看来，正因为有这样一份剪不断理还乱的惆怅，他对人间的伤心事才特别有体会。他的一生，可以说是惆怅、伤心的一生；他的词，也可以说是惆怅、伤心的词。

有这么一个关于纳兰⑤的小故事。清朝乾隆末年，有一部小说在市面上悄悄地流行起来，这部小说就是后来名列中国四大经典名著之一的《红楼梦》。《红楼梦》流行到什么程度？据说当时在市场上，一部《红楼梦》的抄本可以卖到几十金，也就是几十两银子！乾隆时期流行的《红楼梦》（原名《石头记》）抄本，保存到现在的还有多达十一种！

据说，词人纳兰性德与流行的小说《红楼梦》就有着密切的关系，而最早发现这层关系的人，正是乾隆皇帝。

乾隆是个喜欢附庸风雅的皇帝，在他晚年的时候，完整的

---

① 《续修四库全书总目提要》。

② 《续修四库全书提要·纳兰词提要》。

③ 况周颐《蕙风词话续编》卷一引王氏寄冯永年手札旧稿。清末词坛四大家：王鹏运、况周颐、朱孝臧、郑文焯。

④ 《浣溪沙》："残雪凝辉冷画屏。落梅横笛已三更。更无人处月胧明。我是人间惆怅客，知君何事泪纵横。断肠声里忆平生。"

⑤ 如未特别说明，本书中以下凡简称"纳兰"均指纳兰性德。

《红楼梦》一百二十回本已经刊行。有一天，他最宠信的大臣和珅为了哄他高兴，就拿了一部《红楼梦》呈献给他看。和珅是个聪明人，特别善于揣摩乾隆的心思，算是乾隆的心腹了。不过这一回，和珅貌似拍马屁拍到马腿上去了——据说，乾隆爷一口气读完了《红楼梦》之后，甩下了这么一句话："这写的不就是明珠他们家的事儿嘛！"①

乾隆爷说的这个"明珠"，正是清朝初年康熙皇帝时候的朝廷重臣纳兰明珠。皇帝说的话可都是金口玉言，于是乾隆对《红楼梦》的这一句评价就有点儿一言九鼎、一锤定音的味道了。从这以后，很多人一读《红楼梦》，马上就联想到了纳兰明珠他们家的事儿。《红楼梦》中最重要的人物——男主人公贾宝玉的原型，就被认为是纳兰明珠的长子——纳兰性德了。比如有人这么说过："《红楼梦》一书脍炙人口，世传为明珠之子作。明珠之子何人也？余曰：明珠之子名成德，字容若。"（俞樾《小浮梅闲话》）

对纳兰性德的称呼，我们熟悉的就有好几个：纳兰性德、纳兰成德、容若、成容若等等。其中，纳兰成德是本名，字容若，因此纳兰也常常被称作纳兰容若或成容若。

康熙十四年（1675），皇子保成被立为太子，为了避皇太子的名讳，纳兰成德改名为纳兰性德。不过皇太子保成后又被改名为胤礽，这个避讳也就不存在了。因此在纳兰性德亲笔写的书信里面，经常还会署名"成德"，这说明纳兰性德、纳兰成德这两个名字一度是同时在使用的。

纳兰出生于冬天，他还有个乳名叫"冬郎"。作为明珠的长子，成德的呱呱坠地给明珠府带来了无限的快乐，也驱散了冬

---

① 赵烈文《能静居笔记》："谒宋于庭丈翔凤于葑溪精舍，于翁言：曹雪芹《红楼梦》，高庙末年，和珅以呈上，然不知所指。高庙阅而然之，曰：'此盖为明珠家作也。'"

天的寒冷。于是明珠为钟爱的长子取了"冬郎"这个乳名。"冬郎"还是唐代著名诗人韩偓的小名，韩偓不但诗名卓著，而且还官至兵部侍郎、翰林承旨等。这么重要的历史人物，精通汉文化的明珠当然不会不熟悉。明珠给儿子取这个乳名，既表达了父亲对儿子的慈爱，也寄予了他对儿子的厚望——他希望纳兰成德将来像韩偓一样才华横溢，并且能够成为皇帝的左膀右臂，在仕途上出人头地，光耀门楣。

纳兰成人之后，又给自己取了一个号——楞伽山人。这个号来自大乘佛教的经典《楞伽经》①，唐代诗人王维、白居易、刘禹锡、李贺等人都深受其影响，如李贺就曾在《赠陈商》一诗中这样写道："《楞伽》堆案前，《楚辞》系肘后。"

《楞伽经》的主要教义正如同其卷一所云："世间离生灭，犹如虚空华。智不得有无，而兴大悲心。一切法如幻，远离于心识……"通俗地说，它宣扬的主要思想就是万事皆空，世间万物皆由心生，外界事物呈现于世人肉眼中的形态其实都是不真实的，是虚妄空幻的，只不过诳人肉眼而已；认识世界的根本在于内心，只有回归清净的内心，才能达到智慧的境界，才能认识到世界的虚幻。

《红楼梦》中的贾宝玉最后看破红尘，遁入空门；现实中的纳兰性德在经历过人世间的种种悲剧之后，自号"楞伽山人"，无疑也显示出他的内心对红尘俗世的厌倦与迷茫，企图摆脱现实中种种虚幻现象的束缚，达到心灵的明澈与自由。

曹雪芹曾自称写《红楼梦》是"满纸荒唐言，一把辛酸泪"；纳兰性德也自称"我是人间惆怅客，知君何事泪纵横"。可见，作为文学家，纳兰性德与曹雪芹在人生体验上确实有很多相似之处。但通过这种相似是否可以进而推论出纳兰性德就

---

① 全名《楞伽阿跋多罗宝经》。

是贾宝玉的原型呢？

尽管很多人都说贾宝玉就是纳兰性德，但《红楼梦》毕竟只是一部小说，而小说的人物、情节都是允许合理虚构的。在没有确凿证据的情况下，我们不能像乾隆那样仅凭感觉断言：贾宝玉家里的那些事儿，就是纳兰他们家的事儿。不过，贾宝玉确实在很多方面特别像纳兰，那倒是很多人公认的。正因为他们相像，所以才总是被放在一起进行比较。

三百多年后的今天，纳兰的名气已经不在贾宝玉之下，他俨然成了人们心目中清朝最著名的一位"公子"。三百多年过去了，纳兰的人气非但没有减弱，反而还越来越火爆。他不但拥有庞大的粉丝团，在网上有专门的"纳兰性德吧"；他的故事还不断被拍成电影、电视剧；有关纳兰的书籍在书店里长期占据着销售排行榜的最前列；"纳兰迷"们亲切地称呼他为"容若"或"公子"……

纳兰究竟有何魔力？究竟是什么原因让今天的人们尤其是年轻人如此疯狂地喜欢他，甚至奉他为偶像呢？

纳兰这个人物的魔力可以归纳为四句话：

相门翩翩公子，江湖落落狂生；清代第一才士，千古伤心词人。

这四句话可以视为纳兰容若的人生写照，也正是这四大特点，使他成了清代最引人注目的传奇"公子"，他的传奇人生与传奇情感至今还让众多"纳兰迷"们痴迷、倾倒。

相门翩翩公子

"相门翩翩公子"主要是说纳兰的出身高贵。在清代初年，尤其是康熙朝的时候，纳兰这个家族确实是声名显赫的。用纳兰自己的话说，他是出生于"缁尘京国，乌衣门第"①。"缁尘京国"是说他出生在京城，也就是今天的北京。"缁尘"②原是指路上频繁扬起的黑色尘土，连来往行人的衣裳都被它们染成了黑色，这里是用来形容京城的繁华喧闹以及高门大户迎来送往的种种盛况。

纳兰出生的地方，据说就在今天北京西城区的什刹海后海。即便是现在，后海用"缁尘京国"这四个字来形容也还是很合适的。此地成天车水马龙、熙熙攘攘，尤其是到了晚上，更是灯红酒绿，一派纸醉金迷的景象。

纳兰的故居，大致位于今天后海的宋庆龄故居，是后海一带闹中取静的地方。宋庆龄故居里的恩波亭，据说就是在原来纳兰明珠府的渌水亭故址上翻建的。

当年的纳兰，正是在这个亭子里经常跟他的朋友吟诗唱和，同样也在这里度过了许多独处沉思的时光。他写过一本《渌水亭杂识》，书名就是以这个亭子命名的。他的作品中也经常出现"渌水亭"，比如说他有一首《天仙子》，词题就标明"渌水亭秋夜"：

> 水浴凉蟾风入袂。鱼鳞蹙损金波碎。好天良夜酒盈樽，心自醉。愁难睡。西南月落城乌起。

词人伫立在秋夜的渌水亭，清冷的月光倒映在池塘中，凉风拂过，池水荡漾起鱼鳞般的波纹。词人面对着良宵清景，心

---

① 《金缕曲·赠梁汾》："德也狂生耳。偶然间、缁尘京国，乌衣门第。有酒惟浇赵州土，谁会成生此意。不信道、遂成知己。青眼高歌俱未老，向樽前、拭尽英雄泪。君不见，月如水。　共君此夜须沉醉。且由他、蛾眉谣诼，古今同忌。身世悠悠何足问，冷笑置之而已。寻思起、从头翻悔。一日心期千劫在，后身缘、恐结他生里。然诺重，君须记。"

② 谢朓《酬王晋安》诗："谁能久京洛，缁尘染素衣。"

头也泛起如波纹般绵延不绝的愁绪。也许，让词人心醉与心碎的并不是美酒，也不是美景，而是驱遣不去的哀愁。"西南月落城乌起。"这样的伫立与沉醉伴随着纳兰从月升的深夜一直到月落的黎明。

不知道当年的渌水亭曾陪伴纳兰度过了多少这样的不眠之夜？

尽管渌水亭只是纳兰明珠府的一个角落，现在的宋庆龄故居也只是当年恢宏的明珠府的一小部分，不过，到这里来参观流连的人，仍然能够想象出当年明珠府的风流景况和富贵气象。

据说纳兰家的别墅故址，就在今天北京西北郊海淀区上庄镇的皂甲屯。不过，当年的纳兰府现在已经被改造成了老年公寓，公寓里面保留了一部分建筑用来陈列纳兰的一些纪念物品。上庄镇的翠湖湿地公园还专门开辟了纳兰性德纪念馆——纳兰园，成为当地一处文化旅游的圣地。纳兰家的祖坟也在皂甲屯，纳兰性德死后就葬在那里。

可以说，纳兰的一生主要就是在北京这样的"缁尘京国"里度过的。

至于"乌衣门第"，就更能说明纳兰门第的高贵了。"乌衣"本来是指南京的乌衣巷，东晋的时候这里曾是王导、谢安这些高门大族聚居的地方。唐朝诗人刘禹锡写过一首很有名的《乌衣巷》："朱雀桥边野草花。乌衣巷口夕阳斜。旧时王谢堂前燕，飞入寻常百姓家。"刘禹锡的诗是感叹贵族的没落，象征着富贵风流的乌衣巷不复当年的盛况。因此，"乌衣门第"代表的是贵族门第的意思，这里当然是指纳兰的贵族出身。

王导和谢安都曾经是东晋最著名的宰相，是安邦定国的大功臣。那么，纳兰家族能不能跟王、谢家族相提并论呢？

应该说，纳兰家族在清初的显赫地位，完全可以媲美于东晋的王、谢两大家族。

先从他的父系这一边来看。

纳兰性德的父亲纳兰明珠是康熙朝的一代名相。明珠历任内务府总管、刑部尚书、都察院左都御使、兵部尚书、吏部尚书、武英殿大学士、太子太傅、太子太师等等，职位重要，爵位尊崇。而且其中有不少是与皇帝比较亲近的职位，用"权倾朝野"来形容他，应该是不过分的。

如果再往上推，纳兰家族就更了不起了。纳兰是满族人，属于正黄旗满洲，是血统纯正的贵族。其始祖是蒙古人，本姓土默特，名胜根打喇汉，又译作星恩达尔汉、星根达尔汉等。明朝初年，他们主要居住在今天黑龙江省的嫩江、拉林河、呼兰河和松花江的交汇地带（今黑龙江肇州县一带）。这个部族强大以后，先是消灭了呼伦河流域的女真族纳兰姓部落，于是改姓纳兰（又译作纳喇）。后来纳兰部族人口越来越多，遂渐渐往南方扩张，迁居叶赫河流域（今吉林省梨树县），称为叶赫部。当时女真人习惯在姓氏前冠以地名，所以这个家族被称为叶赫纳兰氏，按发音又可以翻译成叶赫纳喇氏，或者叶赫那拉氏。①

"纳兰"是女真语，即汉语"太阳"的意思，是贵族的专属姓氏，《金史》说"天子娶后必于是，公主下嫁必于是"。这就是说，在金代的时候，纳兰氏已经是皇家婚姻的首选对象之一。比如说金太祖完颜阿骨打的母亲翼简皇后就是纳兰氏②，纳兰氏都以金代女真贵族后裔自居。

一直到清代末年，这个家族还出了一个大名人，那就是改写了清朝历史的慈禧太后。慈禧太后就是叶赫纳兰氏（又译为叶赫那拉氏）家族的后裔。当然这是后话了。

---

① 参阅《清太祖武皇帝实录》，及刘德鸿著《清初学人第一——纳兰性德研究》，中国社会科学出版社1997年版。

② 又译为"拏懒"，明时改译为"纳喇"，即"纳兰"。

明代的时候，满族分化为几大部族，其中势力较大的是建州女真和海西女真。叶赫纳兰氏属于其中的海西女真，是海西女真的盟主。明代中叶以后，以爱新觉罗·努尔哈赤为首的建州女真逐渐成为几大部族中最强大的一支，海西女真为了跟建州女真交好，与努尔哈赤订立了婚约。

万历十六年（1588）九月，纳兰性德的祖上、当时年仅十四岁的纳兰氏（那拉氏）孟古格格在哥哥纳林卜禄贝勒的护送下，嫁给了时年三十岁的努尔哈赤。孟古格格后来为努尔哈赤生下皇八子——皇太极，皇太极建立大清国后，追尊母亲为孝慈高皇后。纳兰性德的曾祖父金台什，正是孟古格格、也就是孝慈高皇后的亲哥哥。也就是说，康熙皇帝的曾祖母孝慈高皇后，和纳兰的曾祖父金台什是亲兄妹，算起来纳兰性德和康熙皇帝这对表兄弟的关系还在五服之内。纳兰氏位列满洲八大家族之一①，亦可见其在清朝地位的崇高。

再看纳兰母系这一边。

纳兰的母亲爱新觉罗氏，是多尔衮的哥哥——英亲王阿济格的女儿。阿济格是努尔哈赤的第十二子。爱新觉罗氏是阿济格正妃的第五个女儿，也就是努尔哈赤的亲孙女、皇太极的侄女儿了。爱新觉罗氏后来恩封一品夫人。

无论是从父系，还是从母系来看，纳兰都可以说是出生贵胄，不愧为名门公子。到了他的父亲明珠这一代，纳兰家族更是如日中天。明珠是协助康熙皇帝运筹帷幄的股肱之臣，又是精通满汉文化的大学者，还曾经充当经筵讲官，专门给康熙讲授儒家经典和汉族文化，一度深受康熙的信任和倚重。当时人

---

① 《啸亭杂录》："满洲氏族以瓜尔佳氏直义公之后，钮钴禄氏宏毅公之后，舒穆禄氏武勋王之后，纳兰氏金台吉之后，董鄂氏温顺公之后，辉发氏阿兰泰之后，乌喇氏卜占泰之后，伊尔根觉罗氏某之后，马佳氏文襄公之后，为八大家云。凡尚主选婚，以及赏赐功臣奴仆，皆以八族为最云。"

都尊称明珠为"明相"或"太傅"。纳兰性德的一生，就是在明珠的事业蒸蒸日上、飞黄腾达的时候度过的。

显赫的家族背景为纳兰提供了高起点的人生。至于他本人，说来也巧了，按照农历的算法，他与康熙出生在同一年。纳兰出生于顺治十一年十二月十二日（1655年1月19日），而康熙皇帝玄烨就在同一年的三月份（顺治十一年三月十八日，即公元1654年5月4日）出生，只比纳兰早八个多月。这对表兄弟同在顺治十一年出生，也许是冥冥中的天意。这似乎也预示着纳兰天生就应该是一颗明星，注定要大放光芒。康熙后来选中纳兰做自己的贴身"保镖"兼随身"秘书"，时刻带在身边，既显示了对纳兰家族的信任，对纳兰本人才能的肯定，也很有可能在潜意识里对这个同年出生的表弟有一种血缘关系上的天然亲情。

生活在这样的钟鸣鼎食之家、诗礼簪缨之族，受到书香门第潜移默化的熏陶，纳兰成长为一位文采风流的翩翩公子就一点儿都不奇怪了。纳兰常常被比作北宋名相晏殊之子晏几道。[1] 晏几道，字叔原，号小山，与其父晏殊并称二晏，父子均为著名词人，晏几道被亲切地称为"小晏"，以别于其父"大晏"。小晏出身相门，从小耳濡目染了父亲的才学，因此，他的词有一种天生的贵族气韵。前人评价晏几道的词"如金陵王、谢子弟，秀气胜韵，得之天然"。（王灼《碧鸡漫志》）

纳兰和晏几道一样，也是出身相门，又都是以词名家，身上的贵族气质同样是"得之天然"、与生俱来的。从这一点来

---

[1] 姜宸英《通议大夫一等侍卫进士纳兰君墓表》："其于词，小令取唐五代，宗晏氏父子。"《挽诗》又云："侍从张安世，名家晏小山。"朱庸斋《分春馆词话》："晏几道后，以小令擅名者惟纳兰性德一人而已。"周之琦《饮水词识》："容若……小调则格高韵远，极缠绵婉约之致，能使南唐坠绪绝而复续。第其品格，殆叔原、方回之亚乎。"按：贺铸字方回。

说，纳兰与晏几道确有很多相似之处，甚至在某些方面比晏几道还有过之而无不及，确如近人徐珂所评："（纳兰容若）门地才华，直越北宋之晏小山而上之。"（《清代词学概论》）

除了和晏几道相似之外，纳兰还常常被看成是南唐后主李煜的后身。[1] 梁启超就曾说过："容若小词，直追李主。"（《渌水亭杂识跋》）

无论是贵为一国之君的李煜，还是贵为宰相公子的晏几道，他们的词与纳兰词都有很多共同点，而最大的共同点之一就是他们与生俱来的贵族气质自然地散发在作品之中，正所谓"秀气胜韵，得之天然"。

然而——这世上的事就怕"然而"——纳兰出身如此高贵，然而，就是这样一个出身豪门的富贵公子，他的一生却充满了惆怅。"惆怅"的特质，成为他与一般的富家公子的一个显著区别。

江湖落落狂生

纳兰成长为风度翩翩的贵族公子并不奇怪，可奇怪的是，这位相门公子，不仅并不以自己的"乌衣门第"为骄傲，反而还觉得很无奈，甚至经常流露出厌倦的意思。一个人没有选择出身的自由，可是任何人都有权自由选择自己向往的生活方式。那么，纳兰向往的是什么呢？

纳兰向往的，恰恰是跟贵族门第相反的"江湖"。

这个"江湖"可不是武侠小说里面那些大侠行走往来的诡异"江湖"。纳兰心中的"江湖"，有点类似于在朝在野的那个"在野"。如果说他的父亲明珠是"在朝"的高官，纳兰性德就是一个时时梦想着要挂冠而去的"江湖隐士"了。

---

[1] 周之琦《箧中词》一引："或曰：纳兰容若，南唐李重光后身也。"李煜，字重光。吴梅《词学通论》："或谓容若是李煜转生，殆专论其词也。"

纳兰曾经在给知己好友的一封信上这么说过：

> 人各有情，不能相强。使得为清时之贺监，放浪江湖；
> 亦何必学汉室之东方，浮沉金马乎？（《与顾梁汾书》）

"贺监"是唐代的贺知章；"东方"是汉代的东方朔。通过这两个历史人物的对比，纳兰表达了一个强烈的人生理想：他宁可学唐代的贺知章，也不想学汉代的东方朔——"使得为清时之贺监，放浪江湖；亦何必学汉室之东方，浮沉金马乎？"

那么，贺知章和东方朔区别何在？

贺知章是唐代著名诗人，那首家喻户晓的"少小离家老大回，乡音无改鬓毛衰。儿童相见不相识，笑问客从何处来"（《回乡偶书》）就是他的经典名作。贺知章做过秘书监，所以也称"贺监"。生活在唐玄宗统治下的太平盛世，贺知章却并不留恋朝廷的高官厚禄，而是选择了告老还乡。他离开京城的时候，唐玄宗不但亲自赐诗，还特派皇太子率领群臣为他饯行。贺知章为人豪放不羁，自称"四明狂客"，他又被人称为"诗狂"。

东方朔则是汉武帝时期的宫廷文人，曾经做过金马门的待诏，所以纳兰的信中说"何必学汉室之东方，浮沉金马"。东方朔才华横溢，满怀济世之志，但汉武帝实际上只把他看成"俳优"。他的主要工作是以滑稽诙谐取悦皇帝，逗皇帝开心，徒然学富五车，却只能做一个没有独立人格和自由精神的朝廷弄臣。

"人各有情，不能相强。"的确，天下熙熙皆为利来，天下攘攘皆为利往。这个世界纷纭复杂，有的人追名，有的人逐利，人各有志，谁也不能强迫谁。

显然，纳兰不愿意像东方朔那样成为身不由己的御用文人，他更希望像贺知章那样不为功名利禄所羁绊，做一个放浪江湖的诗人狂客，自由地抒发心声、挥洒性情。因此他才由衷地感叹说："恒抱影于林泉，遂忘情于轩冕，是吾愿也。"

可见，告别高官厚禄，与山水林泉为伴，这才是纳兰心中最本真的渴望。

纳兰的"心向江湖"不仅仅流露在他的文字里，在现实生活中他也是有实际行动的，他结交的朋友就是最好的证明。

有人说，要了解一个人的为人，只要观察他身边的朋友就能知道个八九不离十了，正所谓"物以类聚""人以群分"。纳兰的朋友圈很特别，他的周围不是一群和他一样的豪门子弟或"太子党"，他所结交的朋友"皆一时俊异，于世所称落落难合者"①。他的好朋友绝大多数都不是朝廷里的达官贵人或者是豪门公子，而多是一些没有功名的江湖文人，他们遗世独立，孤高自傲，不肯媚俗。比如他最亲密的知己顾贞观，就是一个从朝廷命官挂冠归隐从而浪迹江湖的汉族文人；他与清初著名的"江南三布衣"——朱彝尊、严绳孙、姜宸英的忘年之交也是如此。纳兰的朋友中甚至还有不少是不愿意与清廷合作的明朝遗民，例如严绳孙、朱彝尊都是明朝遗民，都曾被清廷笼络入仕，但最终都选择了辞官返乡，以读书自娱。

纳兰生活的时代正是明清易代不久，满汉关系还非常复杂、微妙，可是年轻的相门公子纳兰与这些江湖文人甚至是遗民文人的交往却是倾心相待。他不在乎这种交往会不会给自己带来麻烦，他们的友谊超越了满汉界限，超越了门第差别，超越了年龄距离。朋友落难的时候，他更是倾力相助，从来不问自己利益的得失。如此，在清代初年，以纳兰为中心，形成了浓厚的文学氛围。文人们聚在一起，同气相求，"如切如磋，如琢如磨"，对清初文学的振兴尤其是词学的复兴有很大贡献，也成就了一个又一个的友谊佳话。

---

① 徐乾学《通议大夫一等侍卫进士纳兰君墓志铭》。

因此，之所以说纳兰是"江湖落落狂生"，并不是因为他真的挂冠而去，成了一个隐居江湖的狂士，而是指他身在豪门，心向江湖。

"落落"，既有孤独、不合群的意思，又有气质性格豁达磊落的意思。纳兰出生在有"烈火烹油，鲜花着锦之盛"的明珠相府，本人又被康熙皇帝钦点为贴身侍卫，用他自己的话说是："日睹龙颜之近，时亲天语之温。臣子光荣，于斯至矣。"（《与顾梁汾书》）别人都觉得皇帝高高在上不可亲近，纳兰却是天天不离皇帝左右，深得康熙的欣赏和信任。在一般人看来，一个做臣子的，能做到他这一步已经算是到达光荣的顶点了。可在别人眼里风光无限的明珠相府公子、康熙御前侍卫，却偏偏内心落落寡欢，个性狂傲不群。他"身在高门广厦，常有山泽鱼鸟之思"①，在理想与现实的矛盾中苦苦挣扎着。

身处朝堂，心向江湖，这也许是纳兰公子一生最大的矛盾，也是最大的悲剧所在。

清代第一才士

纳兰虽然经常被人当成是《红楼梦》里贾宝玉的原型，但在《红楼梦》里，贾宝玉被形容成是一个"潦倒不通世务，愚顽怕读文章"的富家公子。当然，贾宝玉也有点小才，可是每次跟姐姐妹妹们一比赛写诗，他总是落在最后一名当垫底的。纳兰性德可不像贾宝玉那样"不学无术"，他是公认的清初第一才子！

纳兰"清初第一才子"的名号是经过了专家认可的。20世纪赫赫有名的国学大师梁启超和王国维都不约而同地对纳兰作

---

① 韩菼《通议大夫一等侍卫进士纳兰君神道碑铭》。

出了高度评价。

在学术方面，纳兰性德被梁启超誉为"清初学人第一"①，这说明纳兰作为一个"学者"的身份，在清初已经达到了无人企及的高度。

在词的创作方面，连国学大师王国维这样苛刻的人，也不得不承认：纳兰性德可谓是"北宋以来，一人而已"（《人间词话》）。也就是说，在王国维的眼里，元明清这三个朝代中，唯一可以与北宋词人媲美的词人，竟然只有纳兰性德！

众所周知，词在宋代达到繁荣的巅峰，甚至被称为有宋"一代之文学"，成了宋代文学最突出的代表。可是，词在经历了元、明两代的相对衰落之后，到了清代初年，又俨然出现了复兴的势头，纳兰就是其中鳌头独占的重要人物，为清代词坛的中兴做出了巨大贡献。

从梁启超、王国维等国学大师对纳兰的评价，就可了解到他在后人心目中沉甸甸的分量。

纳兰不仅获得了专家的认可，还留下了传世之作。

纳兰还只有十九岁的时候，就在老师徐乾学的指导下开始主持编印大型儒家经解丛书——《通志堂经解》。"通志堂"是纳兰家的书房名。在他二十二岁时，这项工作圆满完成。《通志堂经解》共一千八百多卷，囊括了一百四十种儒家经典，可谓卷帙浩繁，规模宏大，成为后来研究经学的重要史料。用今天的话说，他小小年纪就完成了一项国家级的重大科研项目，成为学术界备受瞩目的新秀。

纳兰通晓儒家经典，又不囿于儒家学说，他还是个视野开阔、博采众长的学者。他十九岁时开始撰写的《渌水亭杂识》相当于他的日常读书札记和见闻录。在这部著作中，他除了对

---

① 梁启超跋《词人纳兰容若手简》。

历史人物和历史事件、对传统的文学现象等作出富有个性的点评之外，还对西方的天文、历法、农业、军事等科学技术进行了介绍，并结合本国的历史、国情对这些技术的"中国化"提出建议。

比如说《渌水亭杂识》卷三记载："西人风车藉风力以转动，可省人力。此器扬州自有之，而不及彼之便易。西人取井水以灌溉，有恒升车，其理即中国之风箱也。"纳兰认为西方人的风车利用风能作为动力，类似的设备虽然在中国的扬州也有，但是不如西方人的便利。

他还介绍了西方人的水利设备，例如"中国用桔槔，大费人力。西人有龙尾车，妙绝。其制用一木桩，径六七寸，分八分，橘囊如螺旋者围于柱外，斜置水中而转之，水被诱则上行而登田。又以风车转之，则数百亩田之水，一人足以致之，大有益于农事。苟得百金，鸠工庀材，必相仿效，通行天下，为利无穷"。他认为中国若能采用这些先进的西方技术，结合本国的实际加以改进，将会"通行天下，为利无穷"，一定能给中国的老百姓带来极大的利益。

又如，纳兰认为西方的天文历法比中国历法更为先进。《渌水亭杂识》卷二云："中国天官家俱言天河是积气，天主教人于万历年间至，始言气无千古不动者，以望远镜窥之，皆小星也，历历分明。"西方人观察天象主要利用望远镜，天上的星星"历历分明"，这就对中国天官家所说的"天河是积气"提出了有力的质疑。

在《渌水亭杂识》中，纳兰还就中西医道的不同、文字的差异、宗教的分歧等多方面作出了比较。这说明纳兰不是思想封闭的老学究，而是善于接受新事物、善于思考、视野宏通的学者。

在文学艺术创作方面，纳兰诗、词、文各体兼擅。短短三

孙温《石头记大观园全景》

十一年的生命，他为我们留下了词三百四十七首；诗三百五十四首，且绝句、律诗、古诗各体均备。《清史列传》说他"善诗，其诗飘忽要眇"，诗的数量与成就都不亚于他的词；除了诗词之外，他的传世之作还有五篇赋，以及序、记、杂文、书信等近百篇。[①] 不仅如此，他的书法、绘画作品也是收藏者倍加追捧的珍品。

不过，无论是国学大师的认可，还是纳兰留下来的那么多著作，都只能说明纳兰在学术界、在文学界的地位重要。可是，学问越是高深可能越是曲高和寡，要想得到普通百姓的喜爱恐怕不那么容易。不过这样的矛盾对纳兰却并不存在，因为，他不仅得到了学术界的普遍认同，同时在民间也享有盛名。

有这么一首诗可以说明纳兰在当时老百姓心目中的地位。写这首诗的人，正是《红楼梦》作者曹雪芹的祖父辈——曹寅。

曹寅是纳兰性德的好朋友，只比纳兰小四岁，算是同龄人。他们在同一个部门工作过——都当过康熙皇帝的御前侍卫，是同事的关系；而且还是要好的文友，经常在一起诗词唱和，关系十分密切。[②] 康熙二十三年（1684），康熙皇帝南巡的时候，纳兰性德随驾一起南巡到了曹寅的地盘——金陵（今江苏南京）。当时皇帝一行由曹寅一家负责接驾，后来纳兰性德还专门为曹寅写过一首词《满江红》[③]，盛赞曹家显赫辉煌的家世和壮观华贵的府邸景致。

---

① 据《通志堂集》。

② 康熙十四年（1675），曹寅被选为侍卫，与纳兰性德均曾为三等侍卫，入值上驷院。参阅方晓伟著《曹寅评传·年谱》，广陵书社2010年。

③ 《满江红·为曹子清题其先人所构楝亭，亭在金陵署中》："籍甚平阳，羡奕叶、流传芳誉。君不见、山龙补衮，昔时兰署。饮罢石头城下水，移来燕子矶边树。倩一茎、黄楝作三槐，趋庭处。 延夕月，承晨露。看手泽，深余慕。更凤毛才思，登高能赋。入梦凭将图绘写，留题合遣纱笼护。正绿阴、青子盼乌衣，来非暮。"曹寅字子清，号楝亭，又号荔轩；词序中所谓"先人"即曹寅父亲曹玺。

由此可见，曹寅对纳兰应该是很了解的，他的话可信程度很高。曹寅的诗是这样写的：

> 家家争唱《饮水词》，纳兰心事几曾知。布施廓落任安在，说向名场此一时。

《饮水词》，正是纳兰词集的名称。这首诗劈头一句就是"家家争唱《饮水词》"，这说明在当时，纳兰的词已经是家喻户晓，大家都在争相传唱了。

为什么用"唱"这个词呢？这是因为词在宋朝主要是配合音乐来演唱的歌词，相当于现在的流行歌曲。但是到了南宋后期，词乐就基本失传了，所以清朝人填词其实是不能用原来的乐调演唱的。在清朝，只有少数精通音乐的词人，才能配上新制的曲子私下吟唱而已，而且也只是限定在很小的文人圈子里。这里既然说是"家家争唱"，实际上是遵循宋词演唱的传统，主要是说大家都在争着互相传阅、传诵纳兰的词。

曹寅说纳兰的词"家家传唱"，并不是朋友之间的互相吹捧。因为不光是曹寅一个人这么说，还有很多材料可以证明纳兰词在老百姓当中流行的程度。

据说，纳兰的词"当时传写，遍于村校邮壁"①。也就是说，他的词连非常偏僻的小乡村学堂、小旅馆的墙壁上都有人在抄写传播，甚至达到了"孺子知名"的地步②，连小孩子都知道词人纳兰性德的大名。一个人的词能在老百姓当中受欢迎到这种程度，在纳兰之前，似乎还只有一个词人有过这样的"殊荣"。

---

① 《清史列传》。

② 徐倬《进士纳兰君哀词》："……若夫高怀天授，逸韵生成，产金张许史之家，偏亲韦布；擅卢骆王杨之制，还喜香奁。绝妙好辞，双鬟按拍；流传乐府，孺子知名。"

这个人就是北宋的柳永。

有人这样说过，在北宋的时候"凡有井水饮处即能歌柳词。"（叶梦得《避暑录话》）所谓"凡有井水饮处"，也就是只要有人烟的地方，就一定有人在唱柳永写的歌词，连西北那样偏僻的地方都有人在传唱。柳永是那个时代最受欢迎的流行音乐、流行歌词制作人。

同样的道理，纳兰的词在清代初年的流行程度也不亚于柳永，也达到了"井水吃处，无不争唱"的地步！他的词跟柳永一样，甚至还传到了国外，连朝鲜人都这样夸他的词："使车昨渡海东边，携得新词二妙传。谁料晓风残月后，而今重见柳屯田。"①

这位名为徐良崎的朝鲜人在诗中提到的"新词二妙传"即指纳兰的词集《侧帽词》和顾贞观的词集《弹指词》，这两部词集在朝鲜颇受欢迎。

诗中的"柳屯田"也是指柳永，因为柳永当过屯田员外郎，又被称作柳屯田，他的代表作《雨霖铃》是宋词中的经典：

> 寒蝉凄切，对长亭晚，骤雨初歇。都门帐饮无绪，留恋处、兰舟催发。执手相看泪眼，竟无语凝噎。念去去、千里烟波，暮霭沉沉楚天阔。　多情自古伤离别，更那堪、冷落清秋节！今宵酒醒何处？杨柳岸、晓风残月。此去经年，应是良辰好景虚设。便纵有千种风情，更与何人说？

词中的"今宵酒醒何处？杨柳岸、晓风残月"更是传诵千古的悲秋名句。因此，"谁料晓风残月后，而今重见柳屯田"的

---

① 冯金伯《词苑萃编》卷十八。

意思是：没想到在柳永写下"杨柳岸晓风残月"这样的经典词句几百年之后，还能出现像柳永一样出色的词人，真让人感到出乎意料的惊喜。

由此可见，从其词的气韵风格来看，纳兰酷似南唐李煜和北宋晏几道；从其词流行的程度来看，则"一时以秦观柳永拟之"①，被看成是和秦观、柳永齐名的词坛大家。这说明上至皇室贵族、文人墨客，下至平民百姓，甚至异国他乡都在传唱纳兰的词。即便是到了三百多年后的今天，他的许多经典名句仍然家喻户晓。像"人生若只如初见""当时只道是寻常""等闲变却故人心"等词句，依然受到当代人的喜爱。

千古伤心词人

一个去世已经三百多年的词人，不但是学术界研究的热点人物，而且还能拥有一个这么庞大的民间粉丝团，真是匪夷所思。纳兰性德为什么会有这么大的影响力和吸引力呢？他的词，究竟有着怎样的魅力能够如此地倾倒众生呢？

纳兰词的魅力，首先在于其中蕴含的"真情"。

"真情"是纳兰词的情感内核。这些词作情感真挚充沛，很容易引起读者强烈的情感共鸣。纳兰处世待人以真情，其词也都是由身边事、眼中人写起，读来感觉十分真实。恰如当代学者张任政在《清纳兰容若先生年谱自序》中评价的那样："先生之待人也以真；其所为词，亦正得一'真'字，此其所以冠一代、排余子也。同时之以词名家者如朱彝尊、陈维崧辈，非皆不工，只是欠一真切耳。"同时代的其他词人，写词固然各有千秋，但在"真切"这一点上，较之纳兰却稍显逊色了。

---

① 邓之诚撰《清诗纪事初编》卷六："成德喜填词，初为《侧帽词》，后改《饮水词》，一时以秦观柳永拟之。"

真性情之人，必为真性情之词，纳兰其所谓乎？

纳兰词的另一大表现特点是"自然"。他的词自然平易，朗朗上口，看上去没有很多刻意的雕琢，因此容易给读者留下深刻印象，甚至可以说是过目不忘。

王国维曾这样评价纳兰词的特点："纳兰容若以自然之眼观物，以自然之舌言情。此由初入中原，未染汉人风气，故能真切如此。"（《人间词话》）王国维认为纳兰词之所以自然真切，其原因之一是因为初入中原的纳兰，还没有沾染上汉族文人的习气，不像很多汉族文人那样喜好在诗词中堆砌典故、使用晦涩生僻的词句来显示自己的博学；或者因种种原因而瞻前顾后，不敢在词中尽情袒露心曲。而纳兰只是将自己看到的、自己心中所感受到的，自自然然、甚至是平平淡淡地表达出来，反而更显真实动人。

读纳兰的词，还会发现他似乎总是沉浸在对往事的回忆之中，沉浸在刻骨铭心的追思之中，因此他的词呈现出一种如梦如幻的朦胧美。"追忆"是纳兰词的基本思路。他时而描写往事，时而回到现实，自如地穿越其中，在追忆中带出浓浓的情感。

此外，纳兰词最感人的地方还在于他的"伤心"，这一点很多人都提到过。"伤心"是纳兰词的情感类型。比如他最好的朋友顾贞观就说："容若词一种凄婉处，令人不能卒读。人言愁，我始欲愁。"[1] 这就是说纳兰词最大的特点是情感的哀伤，如"落叶哀蝉，动人凄怨"[2]。这种哀伤也会深深感染到读者的情绪，甚至让读者也随之伤心到无法继续读下去的地步。

"凄婉"几乎是前人对纳兰词评价的一个定论，而纳兰在人们心目中就成了"千古伤心词人"的典型代表。

---

① 榆园本《纳兰词评》。
② 梁佩兰《祭纳兰容若文》。

作为"清代第一词人"，纳兰常常被视为南唐李后主李煜的后身，也被认为其词风直追北宋词坛名家晏几道。李煜、晏几道、纳兰性德，这三位词人确有许多共同点：除了他们都有骄人的贵族出身之外，他们的词作都具有自然、率真、凄婉的共同特点。而且，李煜身为亡国之君，后期以亡国奴的身份被囚禁在北宋都城；晏几道作为北宋名相晏殊第七子，父亲去世后经历了由盛而衰的转折，后期生活孤苦无依。他们的词都是以血泪和成，往往沉浸在对往昔繁华的深切追忆与伤怀之中，呈现出梦幻般的凄美。

因此，"真情""自然""追忆""伤心"也是纳兰与李煜、晏几道词风的相似点。

不过，令人疑惑的是，作为明珠最宠爱最看重的长子，纳兰从小就是锦衣玉食，他有享不尽的荣华富贵，拥有一般人享受不到的特权，他并没有像李煜和晏几道那样经历由盛而衰的身世跌宕。如果说李煜和晏几道成为"伤心词人"是情理之中的话，那么，像纳兰这样的相门公子，应该是生活在"花柳繁华地，温柔富贵乡"中的，他又怎么会成为"千古伤心词人"呢？他又怎么会自称"我是人间惆怅客"呢？

这就要谈到纳兰的几大人生悲剧了。

纳兰一生最大的矛盾是仕与隐的矛盾，他做不到大隐隐于朝，于是，身在豪门、心向江湖成为他性格当中主要的悲剧情结。

除了事业与理想的矛盾之外，纳兰一生中还经历了三段爱情的悲剧：首先是初恋，然后是他和卢氏的婚姻，第三次是他在生命的最后阶段与江南才女沈宛的凄美恋情。

在情窦初开的少年时代，纳兰的初恋因为种种外在的压力而夭折，他与倾心相许的恋人被迫分离，纳兰有很多缠绵悱恻的爱情词就是为他的初恋情人而写。

在三段爱情经历中，最令纳兰刻骨铭心，也是纳兰一生最钟爱的人是他的结发妻子——卢氏。但是，他与卢氏的婚姻仅仅持续了三年，妻子就因难产去世。这一段爱情悲剧几乎带走了纳兰全部的幸福和快乐，纳兰的后半生从此陷进了深入骨髓的"伤心"之中。对亡妻的追忆成了纳兰后半生爱情生活的主旋律，他为卢氏留下了很多悼亡词。

与爱妻的生离死别，是纳兰成为"千古伤心词人"的主因。

卢氏去世以后的很多年，纳兰的爱情世界几乎是一片空白。尽管他续娶了官氏，又有侧室颜氏，但他对她们的感情根本无法与卢氏相比。直到与江南才女沈宛相遇，才重新激起了纳兰对于爱情的向往。但是他终于发现，爱情没有替代品，他对卢氏的感情是"曾经沧海难为水，除却巫山不是云"，任何人都不可能替代他心目中唯一的爱情。与沈宛的恋情，也以痛苦而告终。

"我是人间惆怅客，知君何事泪纵横！"了解了纳兰的悲剧人生，我们才能体会到"我是人间惆怅客"这句词的悲剧分量。因此，"千古伤心词人"不仅仅是指纳兰自己的伤心，很多人在读纳兰词的时候，也会情不自禁地被他的伤心所感染。纳兰以三十一岁的生命，在清代词坛上像一颗流星划过，他的美令人震撼，但流星的陨落同样令人震撼。

更令人震撼的是，康熙二十四年（1685）五月三十日，纳兰性德因病去世，他去世的日期，正与他的结发妻子卢氏完全相同——八年前，康熙十六年（1677）的五月三十日，正是卢氏去世的日子。这样的巧合，是不是冥冥中的天意呢？在妻子卢氏去世八周年的忌日里，纳兰追寻他心爱的人去了！没有任何力量能够阻挡他以三十一岁的短暂生命，义无反顾地奔赴他关于爱情的全部信仰。也许只有在另一个世界里，他才能与爱妻长相厮守，他才不会再伤心。

相门翩翩公子，江湖落落狂生；清代第一才士，千古伤心词人。纳兰，是一位集贵族风流与江湖气质于一身、集绝世才华与悲剧情感于一身的传奇公子，他的英年早逝，给无数热爱他的人留下了伤心的理由。而且，这样的伤心大概还会一代一代延续下去，因为，情感的共鸣是没有时空界限的。

第二章
多情自古原多病——少年坎坷

　　纳兰容若曾以"我是人间惆怅客"来概括自己的一生。从他的词句中，我们发现，这位相门翩翩公子，似乎并不像我们想象的那样是泡在蜜糖水里长大的，而是浸在伤心的泪水里长大的，他好像对生命的悲剧性有特别深刻的体会。在他的潜意识里，最适合他生存的似乎并不是这个地球，而应该是别的星球，所以他才自称是"人间惆怅客"。一个"客"字，说明他没把自己当成这个"人间"的主人，他只是暂时寄居在人间而已，对这个人间，他有一种本能的抗拒。这种与人间"疏离"的生存状态，使他的惆怅时刻萦绕在他的身上，无法摆脱。那么，纳兰是怎样以惆怅之笔来写惆怅之情，成为"千古伤心词人"的呢？他的凄婉，他的惆怅，到底是富家公子的无病呻吟，还是在他的人生经历中，确实有过无法承受的痛苦呢？

多情多病之身

纳兰之所以会成为一个"人间惆怅客",成为千古伤心词人,有主观和客观两方面的原因。主观原因主要有两点:一是从小多病的体质,二是多情善感的天性。对这两大原因,纳兰自己也是承认的:"多情自古原多病。"① 在这一点上,《红楼梦》中的贾宝玉跟他也很像。在纳兰的词中,多次出现过这样的句子:"病起心情恶""而今病向深秋"② "同是恹恹多病人"③ "身世等浮萍,病为愁成"④ "端的为谁添病也"⑤ ……在纳兰的一生中,身体上的多病一直像一个巨大的包袱压在他的心上。

不过,这里就有疑问了,像纳兰这样的富家公子怎么会多病呢?纳兰出生于顺治十一年,当时满族刚入关不久,很重视贵族子弟的文武双修。按规定,八旗子弟必须学习骑马射箭,纳兰属于满洲正黄旗,当然不能例外。从小时候开始,体育锻炼就是他常规性的任务。《清史稿》里说他才几岁的时候就开始

---

① 《虞美人》:"黄昏又听城头角,病起心情恶。药炉初沸短檠青。无那残香半缕恼多情。　多情自古原多病,清镜怜清影。一声弹指泪如丝。央及东风休遣玉人知。"

② 《临江仙·永平道中》:"独客单衾谁念我,晓来凉雨飕飕。械书欲寄又还休。个侬憔悴,禁得更添愁。曾记年年三月病,而今病向深秋。庐龙风景白人头。药炉烟里,支枕听河流。"

③ 《减字木兰花》:"断魂无据。万水千山何处去。没个音书。尽日东风上绿除。　故园春好。寄语落花须自扫。莫更伤春。同是恹恹多病人。"

④ 《浪淘沙》:"野宿近荒城。砧杵无声。月低霜重莫闲行。过尽征鸿书未寄,梦又难凭。　身世等浮萍。病为愁成。寒宵一片枕前冰。料得绮窗孤睡觉,一倍关情。"

⑤ 《浪淘沙》:"夜雨做成秋。恰上心头。教他珍重护风流。端的为谁添病也,更为谁羞。　密意未曾休。密愿难酬。珠帘四卷月当楼。暗忆欢期真似梦,梦也须留。"

"习骑射"，长大以后更是"上马驰猎，拓弓作霹雳声，无不中"①。骑马打猎的时候，弓箭拉得噼里啪啦响，百发百中，那种威武生猛的样子简直让人移不开视线。而从他的家庭环境来看，也肯定不会缺少营养，山珍海味，人参燕窝，应有尽有，这样的人应该是身强体壮才对呀！

也许，纳兰的多病主要还是因为他的多情善感。宋代的女词人朱淑真说自己"愁病相仍"。《西厢记》里的张生说："我就是那多愁多病身。"贾宝玉说："我也为你惹了一身的病。"朱淑真的情况复杂一点，张生和贾宝玉都是为爱情才多愁多病的，纳兰也自称"多情自古原多病"。可见，"多病"主要还是心理因素导致的。"我是人间惆怅客"，"多病"的主因就是多情和多愁。纳兰甚至还给自己刻了一枚闲章，上面仅刻了四个字："自伤情多"！这说明，纳兰对自己秉性中的"缺点"还是有相当清醒的认识的。

正是这多情多病的"缺点"导致了纳兰性格中的一大矛盾：作为一个文武双全的相门公子，他从小受到的教育就是要出人头地，将父辈创下的功业继续发扬光大。在这样的熏陶下，早年的纳兰也确实对自己充满了信心，雄心勃勃地要干出一番大事业；而多情多病的禀赋，却成了纳兰实现事业理想的"绊脚石"。一个人如果要事业成功，往往需要两大不可缺少的基本要素——健康的体魄和积极开朗的心态。纳兰的体质原本还算不错，但因为心境的忧郁，反而使他的身体健康受到影响，"多情"和"多病"就这样连锁地体现在他的身上了。

---

① 韩菼《通议大夫一等侍卫进士纳兰君神道碑铭》。

雄心勃勃之志

纳兰的一生，是在他的父亲明珠事业蒸蒸日上的阶段度过的。明珠位至宰相，一度独揽朝政，作为一个工于权术的高官，明珠可不是什么两袖清风的人。无论是朝廷里的大臣，还是各地的官员，为了加官晋爵，都想打通明珠这个"关节"，争先恐后地给他进献各类金银财宝，《清史稿》形容他家的财富是"簠簋不饬，货贿山积"。意思是说明珠收受的贿赂很多，各类宝贝堆积如山，别人看来可能是奇珍异宝的东西，到了他家都显得稀松平常了。至于他家的财产到底有多少，恐怕谁都说不清。

据记载："纳兰明珠太傅掌朝柄，前抚军某，岁以万金馈之，习以为常。"这是说明珠受贿，人家每年送"万金"给他，对他来说都是"习以为常"。

又据记载，明珠"每年靡费河银，大半分肥"①。这是说他贪污，拿公家的钱填私人的腰包，把半数以上的治河款项拿来中饱私囊。

有了这种贪婪的心思和手段，明珠家"田产丰盈，日进斗金"就不奇怪了，用"富可敌国"来形容明珠的财富应该是不过分的。

因此，用现在时髦的话来说，有明珠这样的"大树"罩着，纳兰就是集"官二代"与"富二代"于一身的公子哥儿了。俗话说得好，背靠大树好乘凉，有明珠这样一棵"大树"遮风挡雨，几乎没有什么外来的忧患能够打击到纳兰这样的贵族公子，他是有过一段无忧无虑的童年时代和少年时代的。这样成长起来的纳兰一开始对官场、对名利也不见得有多少深刻的认识和批判精神。他的成长环境和贾宝玉很相似：有祖辈和父辈的庇

---

① 清昭梿《啸亭杂录》，中华书局 1980 年版。

护，少年公子往往不谙世事险恶，满脑子都是风流浪漫的梦想。那么，纳兰的梦想是什么呢？

值得庆幸的是，纳兰虽然出身相门，但他并不是一个借着父亲的权势到处耀武扬威、不学无术的纨绔公子，而是"在贵不骄，处富能贫"①。他没有继承父亲的工于权术和对金钱的迷恋，而是形成了自己独特的人生理想。纳兰一度有过两大梦想，一是做一个风流倜傥的文人雅士，二是做一番治国平天下的大事业。

怎样才能算一个风流倜傥的文人雅士呢？这里说的"风流"包括了两方面特征——气质风流和事业风流。有两个小故事可以说明纳兰的这个梦想。

纳兰早年曾经把自己的一部分词作整理刊印，定名为《侧帽词》。"侧帽"一词，顾名思义就是头上的帽子没有戴正、戴歪了的意思。

古往今来，文人给自己的作品集取名，都喜欢找一些风雅的名字，以显示自己的性格和理想追求。比如说，宋朝词人朱敦儒给自己的词集取名《樵歌》，寄托了他归隐渔樵的向往；叶梦得给词集取名《石林词》，是因为他偏爱石头，居住的地方也是"奇石森列"；北宋词人王观更有意思，给自己的词集取名《冠柳词》，意思是"我的词就是要超过柳永！"……那么，纳兰为什么要给自己的词集取"侧帽"这么一个奇怪的名字呢？"侧帽"又怎么能够反映出纳兰以风流自诩的文人情怀呢？

其实说起来这还有一个故事，这个故事和纳兰的一个好朋友有关，他就是顾贞观。

顾贞观（1637—1714），字华峰，号梁汾，江苏无锡人，是一位汉族文人，比纳兰大十八岁。康熙十五年（1676），顾贞观来到京城，结识了纳兰。这一年，纳兰二十二岁，顾贞观四十

---

① 姜宸英祭纳兰文，见《通志堂集》附录。

岁。两人相见恨晚，惺惺相惜，很快成为忘年知己。

顾贞观去京城之前，曾经给自己画过一幅画像，还为这幅画像专门题了一首《梅影》词，其中有这样两句："侧帽轻衫，风韵依然。"说明在这幅画像中，顾贞观头上的帽子就是歪戴着的。

纳兰很欣赏好朋友的这幅画像，也专门为这幅歪戴帽子的画像题写了一首词，这就是纳兰的成名之作《金缕曲·题顾梁汾侧帽投壶图》①（详细解释见第九章），他正是凭借这首词而一举成名天下知的。这首《金缕曲》一出来，京城里的人竞相传抄，受欢迎的程度可以用"洛阳纸贵"来形容，以至于大家都不一定要提《金缕曲》这个词牌名，而直接称之为"侧帽词"。

就在同一年，纳兰第一次整理他的早年词作并且刊印出来，便以自己的成名作"侧帽词"来为自己的词集命名了。

不过这只是《侧帽词》命名的直接原因，还不是根本原因。要了解"侧帽"的真正来历，我们还有一个问题需要弄明白：顾贞观在画像上为什么要让自己的帽子歪戴着？纳兰又是为什么对这个歪戴帽子的形象赞赏不已、对"侧帽"这两个字情有独钟呢？

按照儒家思想的基本要求，"正衣冠"是个人形象很关键的一点，一个君子照镜子的目的就是为了"正衣冠"。顾贞观却偏偏要歪戴着帽子，在正统儒家观念看来，这显然是很"另类"的行为。而这个另类的"侧帽"形象之所以能得到纳兰的欣赏，是因为"侧帽"背后有一个著名的历史典故。

---

① 《金缕曲·题顾梁汾侧帽投壶图》：德也狂生耳。偶然间、缁尘京国，乌衣门第。有酒惟浇赵州土，谁会成生此意。不信道、遂成知己。青眼高歌俱未老，向樽前、拭尽英雄泪。君不见，月如水。　共君此夜须沉醉。且由他、蛾眉谣诼，古今同忌。身世悠悠何足问，冷笑置之而已。寻思起、从头翻悔。一日心期千劫在，后身缘、恐结他生里。然诺重，君须记。

"侧帽"这个词是来自魏晋南北朝时期北朝独孤信的一个典故。独孤信的本名叫如愿，是匈奴人的后代。他既善于骑射又富有文才，聪明过人，担任过多种要职，如陇右十一州大都督、秦州刺史等，授柱国大将军、尚书令、卫国公等官爵，不仅战功卓著，而且政绩辉煌，既是一代名将，又是众人爱戴和仰慕的"高官"。

　　不过，这还不算是他的特别过人之处，独孤信不但文武双全，还有一个更绝的地方——他还是一个美男子，据说貌比潘安，姿容绝世，史称其"美容仪，善骑射"。这样一个大帅哥，又有这样尊贵的身份，独孤信理所当然成了当时人们心目中实力派兼偶像派的明星人物了，他的一举一动都成了"粉丝"们关注的焦点，甚至是"粉丝"们疯狂追捧、模仿的对象。

　　据说独孤信在秦州做官的时候，有一次他出城去打猎，回来的时候突然遇到一阵风刮来，把他头上戴的帽子给吹歪了。独孤信当时急急忙忙地赶着进城，没有注意到这个细节。等到第二天再出门的时候，他非常惊讶地发现：全城的男人们头上的帽子竟然全都是歪戴着的！"其为邻境及士庶所重如此"①！

　　这就是偶像的力量！独孤信的一个无心之举，竟然成了"粉丝"们眼里标新立异的时尚！

　　独孤信就是那个时代引领时尚潮流的风流人物，后来很多诗人词人都喜欢用这个典故来自命风流，或者夸别人风流。例如北宋词人晏几道、陈师道等人都用过这个典故，晏几道在《清平乐》词中有过"侧帽风前花满路"的句子；陈师道《南乡子》词也有"侧帽独行斜照里"之句。所以有学者认为，纳兰用"侧帽"这个典故来给自己的词集命名，说明他正是这样一个以翩翩风流公子自诩的人物："其弱冠时所作曰《侧帽词》，

----

① 《周书·独孤信传》："信在秦州，尝因猎日暮，驰马入城，其帽微侧。诘旦，而吏民有戴帽者，咸慕信而侧帽焉。其为邻境及士庶所重如此。"

有承平乌衣少年，樽前马上之概。"①

由"侧帽"一名，可以想见这位贵族公子风流倜傥的潇洒与自信——做一个像独孤信那样的风流人物。这个"风流"既包括气质风流，也就是说纳兰是自诩英俊潇洒，貌比潘安，是才华横溢、风姿绝代的"偶像派"明星；更包括事业风流，也就是说要在功名的道路上大有作为，要通过自己的努力，而不是依靠父亲的荫庇，成为当代文武双全、举世瞩目的"实力派"明星。

关于纳兰的自命风流，还有这么一个例子。

纳兰曾经读到过赵孟頫的一首自写照诗，读后很有感触，于是仿照赵孟頫的衣着打扮，给自己也画了一幅自画像，画像中的公子自然是风度翩翩，英俊潇洒了。赵孟頫是宋太祖赵匡胤的第十一代孙，宋亡入元，是元代最著名的画家，人称"王羲之第二"。

纳兰画了这幅自画像以后，洋洋自得，便拿去给朋友们传看。朋友们一看：果然是风神俊逸，不同凡响啊，就纷纷不惜以最美妙的语言来夸奖他了。不过，纳兰也不是一个糊涂人，听几句好话就会飘飘然。他听了朋友们这些言过其实的夸奖并不以为然，反而还不怎么高兴，觉得大家的评价都不合自己的心意。

正当他闷闷不乐的时候，他的老师徐乾学说了一句："你的风采真像王羲之啊！"② 纳兰一听，这才大喜过望！

这个故事说明了一点：纳兰是自视很高的。别人夸他他不高兴，真正原因并不是人家夸得太过分了，而是没夸到点子上。

---

① 张任政《纳兰性德年谱·后记》："'侧帽风前花满路'，晏小山《清平乐》句也。容若平生服膺晏词，其弱冠时所作曰《侧帽词》，有承平乌衣少年，樽前马上之概。"载北京大学《国学季刊》第2卷第4期。

② 《清史稿》："尝读赵松雪自写照诗有感，即绘小像，仿其衣冠。坐客期许过当，弗应也。乾学谓之曰：'尔何似王逸少！'则大喜。"笔者按：赵孟頫号松雪道人。王羲之字逸少。

还是老师了解学生，一语中的。

那么，纳兰为什么一听老师说他像王羲之他就高兴了呢？

其实，王羲之和独孤信是有共同之处的，他们俩最大的共同点就是：都是各自时代里引领潮流的风流人物，都具有气质风流和事业风流这两大特点。

王羲之是东晋时候最著名的书法家，有"书圣"之称，他写的《兰亭集序》被认为是"古今第一"的"神品"。有人甚至用曹植《洛神赋》里的句子来称赞王羲之的书法之美——"翩若惊鸿，婉若游龙"。

王羲之不但书法风流，他的潇洒风度也是当时人们津津乐道甚至是模仿的对象；人们评价他的气质就像他的书法一样是"飘如游云，矫若惊龙"[①]，既像天上的流云一般飘逸脱俗，又如神龙一般矫健，风神摇曳。

王羲之不但风度翩翩，他的言行举止也同一般人大不一样，极具个性色彩。成语"东床快婿"就是有关王羲之的一个故事，这个成语很能说明王羲之的洒脱不羁。

王羲之出自东晋的名门望族，在他还没有成家的时候，有一天，郗鉴派人到丞相王导家里来为自己的女儿求亲。郗鉴也是个很厉害的人物，担任过安西将军、车骑大将军等重要职务，后来进位太尉。太尉的级别是和丞相平级的，这么重要的人物来求亲，王导当即欣然应允。

王导对郗鉴派来的人说："我家的子弟们都在东厢房，你过去考察一下看看，任你挑选啊。"派来的人去东厢房看了以后，回去就向郗鉴报告："王家的子弟确实个个都很优秀，名不虚传。不过呢，就是有点拿腔作势，听说太尉您来选女婿，这是个表现的好机会啊，于是一个个都做出一副很优雅很矜持的样

---

① 《世说新语·容止》："时人目王右军飘如游云，矫若惊龙。"

子。只有一个小伙子在东床上躺着，肚皮都露在外面，衣冠不整，随随便便的，就好像不知道有选女婿这回事儿一样，满不在乎。"郗鉴一听："哎，我要的女婿就是这小子了！"后来再一打听，这个"东床坦腹"的帅哥正是王羲之，于是郗鉴就把女儿嫁给了他。①

王羲之就这样成了郗太尉的东床快婿。这个故事说明王羲之不像其他人那样，把权势富贵看得很重，明明知道太尉选女婿是一个表现自己的好机会，可他压根儿不把这事儿放在眼里，既显示了他的自信，也说明王羲之的见识、气度在当时都是与众不同的。

纳兰用独孤信"侧帽"的典故来为自己的词集命名，又特别喜欢别人夸他酷似王羲之，这正是他早年作为相门公子自信和雄心的写照。他相信自己具有鹤立鸡群的气质和才华，也一定能够像王羲之和独孤信那样，成为引领时代潮流的风云人物！

现在的故宫博物院还保存着纳兰的一幅画像。画像中的公子身着宽松的长袍，腰间松松地挽着一根腰带，斜倚在以水墨画装饰的贵妃榻上，微翘着二郎腿；他左手托着一个白瓷的茶壶，右手轻轻捋着胡须，一副悠然自得、从容闲雅的模样。即便是王羲之和独孤信再世，风流态度也不过如此吧！

纳兰不仅希望自己成为一个风流倜傥的文人雅士，还梦想做一番治国平天下的大事业。

纳兰虽然身在相门、心向江湖，不过这个特点并不是天生就有的，而是在经过了很多挫折、有了很多阅历和思考之后才逐渐形成的。早年的纳兰，和很多出身名门的贵族公子一样，受到正

---

① 《世说新语·雅量》："郗（鉴）太傅在京口，遣门生与王丞相书，求女婿。丞相语郗信：'君往东厢任意选之。'门生归白郗曰：'王家诸郎亦皆可嘉，闻来觅婿，咸自矜持，唯有一郎在东床上坦腹卧，如不闻。'郗公云：'正此好。'访之乃是逸少，因嫁女与焉。"

统儒家思想的教育。尤其是他的父亲明珠博学多才，据说是"辩若悬河，兼通汉满语言文字"；再加上康熙皇帝初定中原，也意识到需要借助儒家文化的力量创造长治久安的王朝。因此明珠很希望这位长子能够走"学而优则仕"的正途，继承他的衣钵，将家族势力继续发扬光大。纳兰也果然不负众望，他很小的时候开始练习骑马射箭，稍大一点即能写很出色的文章，十七岁进入最高学府国子监读书，十八岁中举人，发展的势头很强劲。年纪轻轻，文武双全、气度不凡的名声就在京城内外传扬开了，一传十，十传百，大家都纷纷议论："太傅明珠的公子真不是一般人哪！"

要是按照这样的势头正常发展下去的话，纳兰的前途真是不可限量。因为他已经具备了成功的三大要素：其一，作为"官二代"和"富二代"的发展平台；其二，出众的才华和气质；其三，渴望出人头地的自信和雄心。拥有这三大要素，年纪轻轻的纳兰已经名扬天下，积聚了一般人难以企及的人气。如果人生不是有很多变数的话，也许我们今天能够读到的纳兰就不是伤心失意的"惆怅客"了。

然而，纳兰的人生并没有像我们期待的那样一帆风顺下去，他的人生也并不像我们想象的那么完美。雄心勃勃、信心满满的纳兰还不到二十岁的时候，就连续遭到了两次严重的打击。

古人常说，人生有四大乐事：久旱逢甘霖，他乡遇故知，洞房花烛夜，金榜题名时。反过来说，人生的几大悲剧可能也正是这四大乐事的反面——比如说刻骨铭心爱过之后没有洞房花烛却是劳燕分飞，再比如说寒窗苦读之后没有金榜题名相反却是名落孙山……在这几大人生悲剧中，年轻的纳兰就不幸摊上了两大件。

人在一帆风顺的时候，性格当中的某些"缺点"往往会被部分地掩盖住，而一旦遭遇挫折，这些缺点就会暴露出来，成为身处逆境时的阻碍。年少时候的两次打击不但使纳兰"多情多病"的天性集中爆发，也初次开启了他对于人生的悲剧体验。

初恋夭折

纳兰是一个情感细腻的人，在他十几岁的时候曾经有过一段缠绵悱恻的初恋。至于他初恋的对象，纳兰自己没有明确说过，但他为初恋留下了不少凄婉美丽的词，于是大家都想：能写出这样美丽的词来，那背后的恋爱故事一定更加凄美动人吧？正是这些动人的词句引发了无数的猜测。

关于他的初恋对象，一向众说纷纭。有人说是他的表妹，就像贾宝玉和林黛玉的关系；有人说是他府上的丫环，就像贾宝玉和袭人的关系。当然，林黛玉和袭人是有本质区别的，抛开出身的贵贱不说，林黛玉是贾宝玉心灵上的初恋，袭人是贾宝玉生理上的初恋；宝玉在精神上深深地依恋黛玉，在生活上却又处处依赖袭人。

纳兰的情况也许与宝玉相似，但是既然没有确切的证据证明他的初恋对象到底是表妹，还是府上的丫环，我们也不好瞎猜。不过，有一点可以肯定：纳兰的初恋情人一定是他身边非常亲近的女子。

在那个年代，男女授受不亲，良家女子几乎没有接触异性的机会。能够和纳兰在婚前就相识，并且还能够跟他青梅竹马、时常耳鬓厮磨的异性，除了自家的丫环，似乎就只能是关系特别亲密的亲戚了。所以猜测是他的表妹也好，丫环也好，都有一定的道理。

纳兰曾经写过一首词《鬓云松令》，这首词从表达的情绪来看，很像是为怀念他的初恋而写的：

枕函香，花径漏。依约相逢，絮语黄昏后。时节薄寒人病酒。剗地东风，彻夜梨花瘦。　　掩银屏，垂翠袖。

何处吹箫，脉脉情微逗。肠断月明红豆蔻。月似当时，人似当时否？①

这首词是纳兰早年的词作，应作于康熙十六年前。② 从情调来看，似是表现少年男女情窦初开时的爱情。词人的回忆中正是乍暖还寒的春天："枕函香，花径漏。"枕头上还残留着令人心醉的幽香，美丽的春光已经从开满鲜花的小路中悄悄地展露出来，动人的春色也仿佛是少男少女隐约流露的怀春情绪。词人和恋人在黄昏的夕阳下低声絮语，那是少年恋人最快乐最温馨的时光——"依约相逢，絮语黄昏后。"

只可惜，在缠绵缱绻的恋人看来，快乐的时光总是稍纵即逝。分别之后，恋人恹恹成病，常常只能借酒浇愁。仿佛是一夜之间，梨花凋零满地，在东风的吹拂下显得那么孱弱而惹人怜惜。

"划地东风，彻夜梨花瘦。"在词人笔下消瘦的是梨花，可在现实中消瘦的却是不得不与恋人分离的自己。

除了愁、病之外，纳兰的笔下常常出现"瘦"字。李清照曾有个外号叫"李三瘦"，因为她写过三句带"瘦"字的经典名句："新来瘦，非干病酒，不是悲秋"；"知否，知否，应是绿肥红瘦"；"莫道不销魂，帘卷西风，人比黄花瘦"。

纳兰也有三"瘦"，足堪与"李三瘦"媲美：其一是"瘦尽灯花又一宵"③，其二是"谁怜辛苦东阳瘦"④，其三就是这首

---

① 此首词牌汪刻本作《苏幕遮》，亦作《鬓云松》。"划地东风，彻夜梨花瘦"亦有版本作"划地梨花，彻夜东风瘦"。划地：尽是，谓风一直不停歇，吹得梨花满地都是。

② 参见《饮水词笺校》，赵秀亭、冯统一笺校，中华书局2005年版。

③ 《采桑子》："谁翻乐府凄凉曲，风也萧萧。雨也萧萧。瘦尽灯花又一宵。　不知何事萦怀抱，醒也无聊。醉也无聊。梦也何曾到谢桥。"

④ 《采桑子》："桃花羞作无情死，感激东风。吹落娇红。飞入闲窗伴懊侬。　谁怜辛苦东阳瘦，也为春慵。不及芙蓉。一片幽情冷处浓。"

《鬓云松令》里的"划地东风，彻夜梨花瘦"。这三"瘦"，道尽了词人辗转人世的惆怅与憔悴。①

"掩银屏，垂翠袖。何处吹箫，脉脉情微逗。"夜深了，镶银的屏风已经掩上。月色下，孤独的人儿静静伫立在风中的花径上聆听着远处传来的箫声，婉转缠绵，一如当年在恋人之间悄然流转的脉脉深情。

"脉脉情微逗。"一个"逗"字，将少年男女初涉爱河，又想表白又羞于启齿的情态描摹得惟妙惟肖。

"肠断月明红豆蔻。""豆蔻"原本常常用来比喻未婚的青春少女；又因红豆蔻的花蕊心儿两瓣互相并立，所以也用来比喻两情相悦。两两并立的红豆蔻，娇艳妩媚，却更加衬托出相思之人的肝肠寸断。词人走笔至此，不由得发出深深的叹息："月色一如当初，可我苦苦思念着的人儿还和当初一样吗？"

据说，这段初恋已经发展到了谈婚论嫁的阶段。当然，"谈婚论嫁"也许只是两个相爱的人私下的承诺。如果恋情能够顺利地发展下去，纳兰的人生道路可能会是另外一番模样。但事实上，这段恋情还没有来得及成熟，就中途夭折了。夭折的原因，我们同样无法确知。

有人说，他们最终不得不分手是因为纳兰的表妹被选上了秀女，入宫成了康熙皇帝的妃子。纳兰相思成疾，绞尽脑汁想要制造和恋人重逢的机会。他甚至趁着康熙皇后病逝的时候，贿赂了进宫做法事的喇嘛，穿上袈裟混在喇嘛里进宫偷偷见了

---

① 另一说：纳兰"三瘦"句为"瘦尽灯花又一宵""生怜瘦减一分花"（《浣溪沙》）、"红影湿幽窗，瘦尽春光"（《浪淘沙》）三句。见谭莹粤雅堂本《饮水集》跋："容若词固自哀感顽艳，有令人不忍卒读者。至如《采桑子》句云'瘦尽灯花又一宵'，《浣溪沙》句云'生怜瘦减一分花'，《浪淘沙》句云'红影湿幽窗，瘦尽春光'等，窃谓《词苑丛谈》称沈江东嘲毛稚黄有'三瘦'之目，固当以移赠容若耳。"

恋人一面。①

这样的猜测确实够浪漫够大胆，而且康熙皇帝还真有几位姓纳兰的妃嫔，例如其中地位最高的惠妃叶赫纳兰氏，就曾深受康熙的宠爱，三年中为康熙添了两个皇子。其中皇长子允褆颇得康熙喜爱。康熙还让惠妃抚养了皇八子允禩。这两位皇子被立为太子的呼声一度都很高。

惠妃叶赫纳兰氏正是纳兰性德的亲戚，和他从小就认识、熟悉应该是没有疑问的。②

曾有一部电视连续剧安排了这么一个情节：康熙皇帝明知纳兰与他的表妹情深意笃，纳兰甚至还恳求过皇帝成全他和表妹，不要将表妹当成秀女选入后宫。可是康熙见到这位女子后，被她的姿容所征服，不顾纳兰的恳求，仍然横刀夺爱，将她变成了自己宠爱的妃子。

康熙与纳兰，明里是君臣的名分，暗中却是"情敌"的关系。不过既然有君臣之实，纳兰对康熙也就只能敢怒而不敢言了。被生生分离的恋人，从此只能千方百计寻找偷偷见面的机会。因此，出现纳兰假扮喇嘛混入后宫偷会恋人的传说似乎就在情理之中了。

当然，这样的故事出现在影视剧或小说中，当成"调料"倒也无伤大雅，但它是否符合历史的事实，就要打一个大大的问号了。因为，无论是深受皇帝宠爱、秉性端庄贤淑的惠妃，还是从小受到正统教育、深知忠孝礼义的纳兰性德，都不大可

---

① 无名氏《赁庑笔记》："纳兰容若眷一女，绝色也，有婚姻之约。旋此女入宫，顿成陌路。容若愁思郁结，誓必一见，了此夙因。会遭国丧，喇嘛每日应入宫唪经，容若贿通喇嘛，披袈裟，居然入宫，果得彼妹一见。而宫禁森严，竟不能通一语，怅然而出。"

② 一说认为惠妃叶赫纳兰氏是纳兰明珠的妹妹，也就是纳兰性德的姑姑。另一说则认为惠妃是纳兰性德的从堂姐妹，详参刘德鸿《康熙帝之惠妃与纳兰性德的婚前恋人》，载《承德民族师专学报》，1997 年第 4 期。

能做出如此大逆不道的事来。

再者，深宫之中充满了幽怨、嫉妒和阴谋，惠妃岂敢拿自己的地位和性命去冒险？这可是欺君的死罪啊！

而对纳兰来说，作为明珠的长子，他的身份决定了他的一言一行必然要讲究分寸。他给康熙当差时，"虔恭祗栗"，"恒不失尺寸"①，在皇帝面前的态度是虔诚恭敬，充满了敬畏之心的，言行举止都有礼有节。尽管爱情的魔力无比强大，但对纳兰这样一个讲究大忠大孝的人来说，他是不是敢于为了个人的爱情而冒天下之大不韪，犯下这等不忠不孝的罪行，实在是令人怀疑。毕竟，偷偷去和皇帝的女人幽会，这样的行为对当事人来说风险太大。

况且，惠妃于康熙九年（1670）即已生下皇子，她入宫的时间就更早了。而康熙九年，纳兰才十六岁，还没中举人，更不可能成为康熙身边的侍卫。恳求皇帝成全他和恋人、和康熙争风吃醋这样的故事显然更像是虚构。

既然初恋情人为进宫表妹一说疑点重重，于是就有了另外一种猜测：纳兰的初恋情人其实并不是康熙的妃子，而是他府上的侍女。虽然两人早已私订终身，但因为门第悬殊，最终在家庭的压力下分手。后来恋人被迫离开纳兰家，走投无路之时，只好遁入空门，成了出家人，守着青灯黄卷，凄凉地过着此后的日子。②

这样的悲剧结局，成了纳兰难以释怀的隐痛——对于一个还不能独立掌握自己命运的青年贵族公子而言，他没有能力对抗家庭的压力，保护自己心爱的恋人，他只能发出这样无奈的感慨："月似当时，人似当时否？"月色一如既往的皎洁明亮，可是从此永远分离的恋人，她还像当年一样美丽多情吗？她还

① 徐乾学《通议大夫一等侍卫进士纳兰君神道碑文》。
② 参阅刘德鸿著《清初学人第一——纳兰性德研究》。

像从前一样深深地爱着并且思念着自己吗？

这样的反问，不仅包含着他深深的眷恋，也透露出无限的悔恨，甚至还包括无比的自责在内。

相比之下，初恋情人为侍女的说法似乎更为靠谱。因为纳兰与府上的丫环亲近的机会比较多，对于情窦初开的少男少女而言，异性之间频频接触，产生恋情的可能性也更大。类似的恋情，我们只要对比一下贾宝玉和丫环袭人的关系就能理解了。

在《红楼梦》第六回"贾宝玉初试云雨情，刘姥姥一进荣国府"中，曹雪芹这样描述宝玉和袭人的朦胧情爱：

> 宝玉亦素喜袭人柔媚娇俏，遂强袭人同领警幻所训云雨之事。袭人素知贾母已将自己与了宝玉的，今便如此，亦不为越礼，遂和宝玉偷试一番，幸得无人撞见。自此宝玉视袭人更比别个不同，袭人待宝玉更为尽心。

尽管宝玉和袭人已经将彼此看成是跟"别个不同"的更亲密的人，但结局正如我们所知：袭人最终并没有如愿以偿地成为宝玉的"屋里人"。

纳兰和他的初恋情人面临的障碍，可能远比宝玉和袭人要大得多。在纳兰生活的时代，堂堂相门公子是不可能娶一个出身低微的丫环的。即便纳兰不在乎什么门当户对，但他的家庭也不可能容忍这样的婚姻。更何况，如果这个丫环是汉人的话，那压力就更大了——因为在清朝，直到乾隆年间才废除满汉不准通婚的禁令。也就是说，在康熙年间，满族贵族子弟一般是不能和汉族女子通婚的。纳兰再叛逆再另类，也只能是在道德与法律允许的范围之内叛逆，凭他的个人力量，还很难对抗来自家庭和朝廷的双重压力。因此，这段恋情的夭折就是必然的结局了。

　　一段美好的初恋，就这样烟消云散了。但是沉淀在纳兰心中的那份深情和悔恨，却一直折磨着他。在另一首词中，纳兰悔恨和自责的意思体现得更为明显。这就是著名的《木兰花令·拟古决绝词》：

　　　　人生若只如初见，何事秋风悲画扇。等闲变却故人心，却道故人心易变。　　骊山语罢清宵半。泪雨霖铃终不怨。何如薄幸锦衣郎，比翼连枝当日愿。

　　这首词虽然不能确定是为初恋而写，但从表达的情感来看，却和初恋极为相似。① 词的副题有"决绝"一词，决绝即断绝感情、永不来往。托名为汉代卓文君写给司马相如的《白头吟》里就有两句是这样写的："闻君有两意，故来相决绝。"意思是：听说你喜新厌旧爱上了别人，所以我主动来跟你提出分手；咱们从此一刀两断，分了手你想爱谁就爱谁去吧。

　　那么，纳兰是要和谁"决绝"呢？

　　决绝的对象很可能是初恋情人，而且这首词就是以被抛弃的女性口吻来写的。

　　"人生若只如初见。"起句是整首词中语言最平淡的一句，但感情的震撼力却又是最强烈的：如果一种感情在你的心里足够深刻，那么不管你以后的人生还会有多少复杂的经历，"初见"的那一刹那在心里一定是永恒的，在任何时刻都一定是最清晰最难忘的。

　　而人生中最美的"初见"，往往就定格在见到理想中爱人的第一眼上。

　　我们经常说，初恋是一个人一辈子最难忘的经历，因为这

_____

　　①　亦有人认为这首词是纳兰为友人而作，汪刻本作"拟古决绝词，柬友"。

段经历很可能集中了一个人青春年代最美好的记忆。甚至在很多年后，有的人可能淡忘了恋爱过程中的种种细节，却仍然很清晰地记得见到初恋情人的第一眼，连第一次见面时恋人穿什么颜色的衣服，梳什么发型，他可能都印象深刻。

北宋词人晏几道就写过这样两句词："记得小苹初见，两重心字罗衣。"他写对恋人的怀念，不是说他们热恋的时候怎么卿卿我我，怎么山盟海誓，而只是貌似平淡地说：记得当初我和小苹第一次见面的时候，她穿着的衣服领口处绣着双重的"心"字。

这样的句子看似平淡，实际上说明他们的感情已经深入骨髓，连"初见"时那些最不起眼的细节，譬如衣服领口处绣的花样，都能给人留下深刻的印象，任何时候回想起来，都好像是刚刚才发生过一样清晰。

纳兰也是如此。"人生若只如初见"，表达的就是那种一见倾心并且刻骨铭心的感觉。

一句"人生若只如初见"，把我们的思绪、我们的情感牵引到了人生中最美最动人的那一刻。可是，还没等我们从最美的记忆中回过神来，第二句"何事秋风悲画扇"，又将我们的情感从美好的回忆一下子拉到了残酷的现实当中来。

扇子本来是用来驱赶炎热的，夏天的时候，古人基本上扇不离手；可是一到秋天，天凉了，扇子用不上了，就被扔到箱子里再也没人去理它。因为扇子有这种夏天得宠、秋天失宠的遭遇，古典诗词里就常用"扇子"来比喻曾经很得宠但最终被抛弃或者被冷落的弃妇。例如汉代才女、汉成帝的妃子班婕妤在她的《怨歌行》诗中就以"扇"这个典故来比喻女性对失宠的恐惧：

　　新裂齐纨素，皎洁如霜雪。裁为合欢扇，团团似明月。

出入君怀袖，动摇微风发。常恐秋节至，凉风夺炎热。弃捐箧笥中，恩情中道绝。

感情好的时候，女性就如"出入君怀袖"的"合欢扇"，与夫君如胶似漆，形影相随；可是一旦遭遇夫君的冷落，她的命运便如同秋天的扇子一般被"弃捐箧笥中，恩情中道绝"。

除了扇子的典故之外，这首词的下半阕还用到了白居易《长恨歌》当中写到的唐玄宗李隆基和杨贵妃杨玉环的爱情故事。"骊山语罢清宵半"，传说有一年的七夕，唐玄宗和杨贵妃在骊山华清宫立下山盟海誓，约定"在天愿作比翼鸟，在地愿为连理枝"。可是山盟海誓言犹在耳，安史之乱爆发，唐玄宗携杨贵妃逃跑途中在马嵬坡遭遇兵变，唐玄宗为了平息兵变，只能忍痛割爱，将朝夕相伴的爱妃赐死。杨贵妃成了政治斗争的牺牲品。

"泪雨零铃终不怨"，安史之乱平定以后，唐玄宗从避难的四川回长安的栈道上，听到雨中传来凄凉哀婉的铃声，这勾起了他对杨贵妃的思念，于是他创作了乐曲《雨霖铃》来寄托悲伤的心情。

当年的山盟海誓又能怎样？唐明皇还不是成了"薄幸锦衣郎"？堂堂一国之君，连一个心爱的女人都保不住。

"等闲变却故人心，却道故人心易变。"① 故人，即情人之意——你这位"故人"这么容易就变了心，却还说情人之间的心本来就是善变易变的。

失恋有很多原因，如果这首词确实是写初恋的话，那我们完全可以想象得到，纳兰和初恋情人分手的时候，一定是经过了痛苦的挣扎的。痴情的女子，痛哭着埋怨纳兰变了心。痴心

---

① 有的版本亦作"等闲变却故人心，却道故心人易变"。

女子负心汉，这好像是古代爱情的通例。

可是这一回，恋人真的是错怪纳兰了。纳兰不是负心汉，他是一个多情种，他与恋人的诀别，并不是因为他喜新厌旧，而是迫于种种外在的压力。连李隆基这样的大唐皇帝都保不住心爱的女人，又何况是纳兰这样的少年呢？他没有忘记当年的山盟海誓，他的心也没有变，在这首词中他连用了两个有关女性悲剧的典故，正表明他对于爱情悲剧中弱女子的深切同情。这样的同情，如果不是自己有过亲身体会，是很难写得这么真切这么感人的。

与恋人诀别，多情的纳兰痛不欲生。尤其是分手的时候，初恋情人对他"薄情""负心"的埋怨更让他无法原谅自己，他没办法向恋人解释清楚人生的种种复杂与无奈。何况，年轻的时候谁没有冲动过，谁没有犯过错？痛苦的纳兰只能不断地自责，他多次写到过类似这样的句子："人到情多情转薄，而今真个悔多情"①；他其实并不后悔自己当初的多情，他后悔的只是从前太年轻，太草率了，"方悔从前真草草"②，对那段恋情没有好好把握，没有给恋人带来真正的幸福。

纳兰并不是薄情人，否则他不可能发出这样深情的感叹："人生若只如初见！"无论时间过去了多久，他对初恋的回忆仍然是历久弥新，永远都不可能淡忘，永远都像第一眼见到恋人那样心动。只是当初的恋情越深厚，他对恋人的思念越强烈，就越不能原谅自己让这段恋情如此"草草"地结束，给恋人留下一生都不能弥合的创伤。

---

① 《山花子》（又名《摊破浣溪沙》）："风絮飘残已化萍，泥莲刚倩藕丝萦。珍重别拈香一瓣，记前生。　人到情多情转薄，而今真个悔多情。又到断肠回首处，泪偷零。"

② 《山花子》（又名《摊破浣溪沙》）："欲语心情梦已阑，镜中依约见春山。方悔从前真草草，等闲看。　环佩只应归月下，钿钗何意寄人间。多少滴残红蜡泪，几时干。"

无缘殿试

"屋漏偏逢连夜雨"，纳兰遭遇的第二件不幸的大事，是在十九岁这年错失殿试机会。

之前我们提到过，纳兰的父亲明珠精通满、汉两种语言文化，博学多才，智慧过人。康熙三年（1664），明珠即被提拔为正三品的内务府最高长官总管内务府大臣，主管宫里祭祀、朝贺等各项大典礼仪，包括皇帝大婚及后妃、各皇子公主的各项家务大事，这属于最为亲近皇室的职位之一。康熙十年（1671），明珠调任兵部尚书，是最高军事机关的长官；到康熙十四年（1675），明珠又转任吏部尚书，成为国家最高人事机关的领导人，掌管全国文官的考核、升降、奖罚、任免等等。

有这样一位父亲，作为长子，纳兰从小就受到了严格的教育，对满、汉文化都有精深的研究，才识过人。正如纳兰的朋友韩菼所说："太傅公勋高望巨，为时柱石，而庭训以义方。君胚胎前光，重休袭嘉，自少小已杰然见头角，喜读书，有堂构志，人皆曰太傅有子。"① 真所谓虎父无犬子，纳兰在康熙十一年（1672）十八岁应顺天乡试的时候，就通过了文、武两关的考试，轻而易举地取得了举人头衔。

十九岁时（康熙十二年，1673），纳兰继续进军最高级别的考试——会试，博取进士功名。这一次，纳兰又是过五关斩六将，一路"绿灯"，顺利闯到了最后一关：殿试。按理，无论是凭纳兰本人的才学，还是凭他父亲明珠这样强大的靠山，通过殿试夺得进士功名应该是如探囊取物。可就在参加殿试的前夕，事情突然发生了变故——纳兰得了重病。

---

① 韩菼《通议大夫一等侍卫进士纳兰君神道碑铭》。

他得的是一种叫"寒疾"的病。按照中医的说法，"寒疾"可能是伤寒，也可能是肺炎这一类的疾病。据《左传》记载："淫生六疾……阴淫寒疾。"阴气过度则为寒疾。宋代著名的民族英雄岳飞也身患寒疾，当他准备率军出征讨伐金兵的时候，皇帝还曾赐书褒奖他说："卿苦寒疾，乃为朕行，国尔忘身，谁如卿者？"据说得了寒疾的人不能受风寒，严重的不能见风。岳飞抱病出征，实在是为国家舍生忘死之举，因此感动了皇上。

纳兰的寒疾可能和岳飞的是同一性质。他这次生病来势凶猛，迟迟未见好转。如果只是一般的感冒倒也罢了，殿试迫在眉睫，纳兰一定会"轻伤不下火线"，坚持到最后一关的。可惜这次寒疾彻底击垮了雄心勃勃的公子容若，他眼睁睁看着人家蟾宫折桂，自己却不得不卧病在家。

在离金榜题名仅仅一步之遥的时候，纳兰突然从即将成功的巅峰跌落到人生的低谷。在学业上从来都一帆风顺的他，情绪一落千丈。

纳兰曾经写过这样的诗句来表达当时的心情："紫陌无游非隔面，玉阶有梦镇愁眉。"① "紫陌"是京城大街的雅称；"玉阶"指皇帝宫殿里的台阶，象征文武百官上朝的正殿，也就是朝廷了。纳兰说：看着别的新科进士热热闹闹地在京城的大街上游行，我却不能跟他们一样风光，并不是因为我的才学比他们差，只是我运气太差啊；我的进士梦破灭了，本来这个时候我应该在皇帝面前展露我的才华，可现在却只能躺在家里的病床上"镇愁眉"，整天愁眉紧锁……

纳兰还写过一首词，很可能也同这次殿试的挫折有关：

---

① 《幸举礼闱以病未与廷试》："晓榻茶烟揽鬓丝，万春园里误春期。谁知江上题名日，虚拟兰成射策时。紫陌无游非隔面，玉阶有梦镇愁眉。漳滨强对新红杏，一夜东风感旧知。"

桃花羞作无情死，感激东风。吹落娇红。飞入闲窗伴懊侬。　谁怜辛苦东阳瘦，也为春慵。不及芙蓉。一片幽情冷处浓。(《采桑子》)

表面看来，这首词跟"殿试"毫无关系。但古典诗词向来崇尚含蓄，真正的主题往往被隐含在那些常见的意象或典故之中，这首《采桑子》正是如此。

"桃花羞作无情死，感激东风。"桃花，本是一个娇媚多情的意象，一贯被用来形容美貌的少女或者是少男少女的恋情。例如《诗经》里的"桃之夭夭，灼灼其华"是比喻新娘子的美貌，唐诗中的"人面桃花相映红"是形容女性的容颜美丽。

然而，这里的"桃花"却另有所指。

多情的"桃花"羞于"无情"地凋零死去，所以它很"感激东风"。是"东风"强行"吹落娇红"的。那么，桃花为什么要感激东风呢？

"吹落娇红。飞入闲窗伴懊侬。"原来，真正要感激东风的不是桃花，而是词人自己。因为是东风吹落了娇艳的桃花，让落花"飞入闲窗"，陪伴着窗户里那个苦闷懊恼的人。如果不是飘零的桃花，谁会来与孤独的词人做伴，安慰他此刻的沮丧呢？

由此看来，"感激"其实是词人在说反话：强劲的东风"吹落娇红"，正如迅猛的寒疾摧垮了词人；而柔弱的桃花被不可抗拒的东风吹落，也正如脆弱的词人让寒疾折磨得憔悴不堪。人与花，此刻的心情如此相似、如此同病相怜。

"谁怜辛苦东阳瘦，也为春慵。"这是纳兰"三瘦"的名句之一。这句词也有出典。"东阳"指的是南朝时候的诗人沈约，因为沈约曾经做过东阳太守，后人也以"沈东阳"称呼他。

据《梁书·沈约传》记载，沈约在写给朋友徐勉的信中称自己老病："百日数旬，革带常应移孔，以手握臂，率计月小半

赵孟頫《自画像》

分。"意思是最近瘦得很厉害，每隔几个月，皮带上的孔就要往里移一格；用手握一下手臂，每隔个把月就要小半分。于是后人就以"沈腰"指腰肢消瘦。李煜的经典词作《破阵子》也用过这个典故："沈腰潘鬓消磨。"① 现在那些一心想减肥的美女，要是碰到这样的好事可能会乐得合不拢嘴，可在古典诗词里，"消瘦"的潜台词往往是多愁多病、伤心憔悴。

纳兰和沈约似乎颇有相似之处：同样姿容俊美、风度潇洒，也同样多愁多病，伤感自怜。因此纳兰对沈约的消瘦、对沈约的慵懒也多了几分同情和理解。可是，词人的慵懒、消瘦并非只是因为平常的伤春。"不及芙蓉。一片幽情冷处浓。"直到词的最后两句，纳兰才点出了他"懊侬"（烦闷）、消瘦、慵懒的真正原因。

可别轻易忽略了"芙蓉"这个再普通不过的意象，这里的"芙蓉"并不是我们平时所说的荷花，而是指古代的芙蓉镜。传说唐代有一位书生参加科举考试落第后到蜀中散心，旅途中遇到一位老太太，老太太对他说："郎君明年芙蓉镜下及第。"

第二年，这位书生果然高中进士。② 从此以后，"芙蓉"的意象就多了一层含义：它非关风花雪月，而是有关科举仕途。

由此可见，纳兰感叹"不及芙蓉"，并不是说桃花的香味比不上芙蓉花，而是指自己痛失高中的机会。"一片幽情冷处浓。"显然，"幽情"是落第后的容若公子在凄冷的心境中独自舔舐伤口的心情。一个"浓"字，浓浓地渲染出容若此时此地层层叠叠、无法排遣的愁情。向来以风流自命、以才华自傲的相门公

---

① 李煜《破阵子》："四十年来家国。三千里地山河。凤阁龙楼连霄汉，玉树琼枝作烟萝。几曾识干戈。　一旦归为臣虏。沈腰潘鬓消磨。最是仓皇辞庙日，教坊犹奏别离歌。垂泪对宫娥。"

② 段成式《酉阳杂俎续集》："相国李公下第游蜀，遇一老姥，言：郎君明年芙蓉镜下及第。明年，果然状头及第。"

子，也由此体会到了命运的冷酷与无情。

其实，比错过考试更具悲剧性的是：这次"寒疾"看上去是突发的疾病，实际上它暴露的是纳兰体质禀赋的多病柔弱，是一个"多愁多病"的公子哥儿。而这种多愁多病在他以后的人生当中，还会不断成为他成功路上的巨大障碍。

风流倜傥的词人纳兰，雄心勃勃想要成就一番大事业的相门公子，偏偏生就"多情自古原多病"的天性，年轻时代遭遇的两大打击，更是使他多情多病的禀赋雪上加霜，原本年轻气盛的公子差点一病不起。

俗话说得好，心病还得心药医。应该说，纳兰还算是个幸运的人，因为他的一蹶不振并没有持续很长时间。就在他二十岁这年，他终于幸运地遇到了能够医治他"心病"的一位"良医"，这位"良医"用她的"灵丹妙药"治好了纳兰的多情多病身，让他回到了风流倜傥、雄心勃勃的人生正轨上来。这就是在他二十岁这年迎娶的结发妻子卢氏。那么，卢氏到底是个什么样的女子？她对纳兰命运的影响到底有多深？她的出现，会给纳兰的"多愁多病身"带来根本的转变吗？

第三章
一生一代一双人——幸福婚姻

　　年轻的纳兰接连遭遇了两大人生打击：他期待着洞房花烛的浪漫，却最终被迫与深深相爱的初恋情人分手；他雄心勃勃想要金榜题名，却遭遇了突如其来的"寒疾"，只能无奈地放弃殿试。

　　这两大打击使得原本就多情多病的纳兰倒在了病榻上，遭受着身体和精神上的双重折磨，几乎一蹶不振。正当纳兰痛苦不堪的时候，卢氏的出现竟然彻底改变了纳兰的境遇和状态，让这位多情多病的公子重新焕发出了激昂的生命活力。

神仙眷侣

　　康熙十三年（1674），二十岁的纳兰迎娶了十八岁的卢氏①，从此翻开了人生新的一页。

---

　　① 参见刊于北京大学《国学季刊》1930年第二卷第四号的《纳兰成德年谱》（张任政编）；黄天骥《纳兰性德和他的词》则认为纳兰性德于康熙十二年即已成婚（广东人民出版社1983年）。

纳兰曾经用一句"一生一代一双人"来形容他和卢氏的夫妻关系。人生就好像一条看不见尽头的路，当你独自走在这条漫漫长路上，内心一定充满了孤独的忧伤。可是，如果有一个人，能够始终陪伴在你的身边，不论是狂风暴雨、崎岖坎坷，还是风和日丽、平坦顺利，都与你不离不弃，人生才会变得温暖，才会变得令人眷恋。

"一生一代一双人"——纳兰的这句词就是在向世人表明：在我纳兰性德的心中，此生此世最爱的人、我最想和她一起走过一生一世的人，就是妻子卢氏。

> 一生一代一双人①，争教两处销魂②。相思相望不相亲③，天为谁春。 浆向蓝桥易乞，药成碧海难奔。若容相访饮牛津，相对忘贫。(《画堂春》)

这首《画堂春》历来有多种解释，但解释成怀念妻子的词似乎是最为合适的，主要原因是纳兰在这首词里一连用了古代三对夫妻的传说来比拟他和卢氏的婚姻。

"浆向蓝桥易乞"，这是讲裴航和云英有情人终成眷属的故事。蓝桥，在陕西蓝田县东南边的蓝溪上。唐代裴铏《传奇》一书记载：古代有一个秀才叫裴航，他在途经蓝桥驿的时候，因为口渴向一位老妇人讨水喝。老妇人让自己的女儿云英给裴航端来一碗琼浆。裴航与云英一见钟情，便向老妇人提出想要重金聘云英为妻子。老妇人对裴航说："想娶我的女儿可以，但

---

① 此句化用骆宾王《代女道士王灵妃赠道士李荣》诗句："相怜相念倍相亲，一生一代一双人。"

② 江淹《别赋》："黯然销魂者，唯别而已矣。"周邦彦《忆旧游》："渐暗竹敲凉，疏萤照晓，两地魂销。"

③ 唐王勃《寒夜怀友杂体二首》之二："故人故情怀故宴，相望相思不相见。"李白《相逢行》："相见不相亲，不如不相见。"

我这里有一些神仙给的灵药，一定得用玉杵臼来捣药才行。如果你能帮我找到玉杵臼，我就将女儿许配给你。"于是裴航四处寻访，终于找来了玉杵臼，并且帮老妇人捣药百日，制成灵药，娶得云英为妻，最后夫妻一起得道成仙。

"药成碧海难奔"，是我们都熟悉的嫦娥奔月的传说。《淮南子·览冥训》载："羿请不死之药于西王母，恒娥窃以奔月。""恒娥"，又名"姮娥"，即嫦娥。传说中嫦娥是后羿的妻子，因为偷吃了西王母的长生不老药，飞到月亮上成了月仙。[①] 唐代大诗人李商隐的《嫦娥》诗中就写过这样的句子："嫦娥应悔偷灵药，碧海青天夜夜心。"神仙的生活虽然是人人都羡慕的，可是永远离开了深深相爱的丈夫，即便是当了长生不老的月仙又怎么样呢？独居高处不胜寒的月宫，日日夜夜忍受着两地相思的苦苦折磨，这样的寂寞与痛苦也许会让嫦娥后悔当初"奔月"的选择吧？

"若容相访饮牛津"[②]，是关于牛郎织女的神话。古时候人们认为大海的尽头就是天河，每年八月海上有木筏通往天河。有个人很好奇，就乘着木筏到了天河，正好碰到一个男子牵着牛在河边的渡口让牛喝水，原来这个牵牛的人就是传说中的牛郎。

牛郎织女鹊桥相会的故事，可能是中国民间流传最广的爱

---

① 《淮南子·览冥训》云："羿请不死之药于西王母，恒娥窃以奔月。"高诱注云："恒娥，羿妻。羿请不死之药于西王母，未及服之；恒娥盗食之，得仙，奔入月中，为月精。"李商隐《嫦娥》诗："云母屏风烛影深，长河渐落晓星沉。嫦娥应悔偷灵药，碧海青天夜夜心。"

② 晋张华《博物志·杂说》："旧说云，天河与海通。近世有人居海渚者，年年八月有浮槎去来不失期。人有奇志，立飞阁于槎上，多赍粮乘槎而去……奄至一处，有城郭状，屋舍甚严，遥望宫中多织妇，见一丈夫牵牛渚次饮。牵牛人乃惊问曰：'何由至此?'此人具说来意，并问此是何处。答曰：'君还至蜀郡，访严君平则知之。'后至蜀，问君平，曰：'某年月日客星犯牵牛宿。计年月，正是此人到天河时也。'"。北宋刘筠《戊申七夕》："淅淅风微素月新，鹊桥横绝饮牛津。"秦观《玉楼春》词："当时误入饮牛津，何处重寻闻犬洞。"

情传说了。

裴航与云英，后羿与嫦娥，牛郎与织女，都是古代传说里著名的神仙夫妻，用今天的话说，他们都是属于"天仙配"，是人间难得一见的绝配。在纳兰看来，他和妻子卢氏的关系，就像裴航云英、牛郎织女他们一样，也是属于"一生一代一双人"的神仙眷侣！

那么，卢氏是个什么样的女子？她到底有何魅力，能让他的夫君爱得如此之深，甚至还帮助纳兰走出人生低谷，重树人生的信心呢？

名门闺秀

卢氏是典型的名门之后、大家闺秀。她的父亲是康熙年间的两广总督、兵部尚书卢兴祖①，属于汉军镶白旗人。顺治三年（1646），卢兴祖由国子监官学生授为工部启心郎。用现在的话说，卢兴祖是满族入关之后培养的第一代"知识分子"。顺治十八年（1661），福临病逝，康熙皇帝即位以后，卢兴祖被提拔为广东巡抚，后来又担任两广总督，是清朝有名的封疆大吏。

卢兴祖是一个很注重文化教育的官员，他在任上的时候做过一些兴办学校、推广教育的事。例如康熙五年（1666），时任两广总督的卢兴祖曾经上书朝廷，奏请批准让广西土司的优秀子弟就近入学读书。原来，那时的广西还属于较为偏僻的蛮荒之地，尤其是广西土司管辖的地方很不太平，连年发生武装争斗，老百姓也跟着遭殃。卢兴祖认为造成这种局面的主要原因是文化落后，他提出"教化莫过于学校"，也就是说推广学校教育是改变当地文化落后的重要手段。推崇教育，重视文化，是

---

① 徐乾学《通议大夫一等侍卫进士纳兰君墓志铭》："配卢氏，两广总督、兵部尚书、都察院右副都御史兴祖之女，赠淑人。"

卢兴祖为政的重要理念之一。

有这样一位知识分子父亲，可想而知，卢氏应该从小就得到了良好的教育和熏陶。

卢兴祖去广东赴任之前，女儿卢氏已经出生，卢氏是随着父亲南下在广州长大的。当时康熙尚未亲政，朝廷里党争激烈，尤其是四位辅政大臣索尼、苏克萨哈、遏必隆和鳌拜之间矛盾重重。卢兴祖是苏克萨哈的部下，在苏克萨哈和鳌拜的政治斗争中，由于苏克萨哈一度处于劣势，卢兴祖受到牵连，只好主动提出辞职，在康熙六年（1667）时回到北京。女儿卢氏也随之回到了故乡。有了这层经历，卢氏就跟一般大户人家的小姐不太一样了：她不是那种足不出户的女孩儿，一辈子只待在一个地方，没见过什么世面。她出生在北京，又在广东生活了七年，算得上是走南闯北、见多识广。

常言道读万卷书、行万里路，这是培养文化修养的两个重要途径。卢氏成长在书香门第，本来受到良好的文化教育，再加上对于南北文化的耳濡目染，她能够成为一个通情达理的大家闺秀、知识女性也就不奇怪了。

出身于官宦世家，又有书香门第的渊源，卢氏和纳兰的婚姻应该算是门当户对。以两家的家世来看，纳兰和卢氏的结合是典型的父母包办。按说，有点"叛逆"的豪门公子纳兰容若对于这种包办婚姻，恐怕不但不会逆来顺受，说不定还会产生排斥甚至是逆反心理。这样的婚姻，能幸福吗？

纳兰是一个向往自由恋爱的人，他的初恋就是自由恋爱的典型。"人生若只如初见"，尽管初恋失败了，但这份情感在他心里还是占据了很重要的地位。在这种情况下，对卢氏这个由父母包办，强行"塞"给他的妻子，纳兰能对她产生感情吗？

也许，一开始，纳兰对这门婚事可能真没抱什么希望，他只是被动地接受父母的安排而已。门当户对、父母之命、媒妁之言，这是纳兰的婚姻跟其他人的婚姻相同的地方。作为一个孝顺的儿子，纳兰不能拒绝父母强加给他的一个妻子；但是，父母绝对不能强迫儿子在情感上接受一个他不爱的女人，他的情感还停留在充满浪漫色彩和痛苦回忆的初恋当中。按情理推测，卢氏过门后，很有可能遭到过纳兰的冷遇。

卢氏，同样也是一个包办婚姻的"受害者"，她又怎么面对一个对自己不冷不热的丈夫呢？

胸怀宽广

卢氏是一个非同一般的女子。她的不平凡，首先就在于她的心胸宽广和善解人意。

卢氏从来不追问丈夫的过去，甚至是无条件地包容着丈夫的过去。有时候她看到丈夫独自站在院子里发呆，偶尔还看到了丈夫写给初恋情人的那些诗词，她比谁都清楚初恋情人在丈夫心中的分量。但是，她只是悄悄地伤感，或者偷偷地躲进房间里一个人流泪。

她的伤感，并不是因为嫉妒，而是因为同情。她同情那个不幸女子的遭遇，同情丈夫在爱情中受到的伤害，也同情自己在一段无爱的婚姻中必须承受的一切。但是，她没有用一哭二闹三上吊的拙劣手法，来试图获得丈夫的关注；反而是用加倍的温柔，去照顾丈夫病弱的身体，欣赏丈夫的才华，关注丈夫的心灵。她深深了解初恋带给丈夫的痛苦和自责。

而卢氏作为一个妻子更令人敬重的地方，是她甚至还帮着纳兰收藏那些凄婉动人的爱情词，哪怕那些动人的词句是写给另外一个女人的……

词在古代的地位并不高，基本上属于休闲娱乐的音乐文学，有点类似于现在的流行歌曲。一直到清代初年，词的这种地位也没有多大改变。纳兰虽然从小就多情善感，特别喜欢用填词这种方式来抒发情感，但他也有一点大大咧咧的富家公子的个性，经常是灵感一来，随手就写在一张纸上，过后便忘了纸条扔在什么地方了，"随手挥写，辄复散佚，不甚存录"①。纳兰写的诗词不少，但是保存下来的并不多。他这些随写随扔的纸条，有不少就是细心的卢氏帮他收集起来的。纳兰能够在二十二岁的时候编成自己的第一部词集，应该也有卢氏的一份功劳。

卢氏这样的善解人意和默默付出，就算纳兰是一座冰山，也该融化了吧？更何况，纳兰本来就是一个多情公子，智商高，情商更高，眼看着真正的爱情在敲门了，他怎么可能无动于衷呢？

就这样，随着了解的逐渐加深，纳兰发现，父母安排给自己的这位妻子，不仅仅拥有大家闺秀的出身，不仅仅拥有闭月羞花的美貌，也不仅仅拥有温柔大度的性情，更重要的是，他渐渐发现，卢氏才是真正与他心灵相通的知己。

经常有人发出这样的感慨：初恋的时候我们不懂爱情，因为那时我们太年轻。对纳兰来说又何尝不是如此？初恋虽然动人虽然难忘，但初恋往往是来自少年的本能冲动，是一种朦胧的对于异性温情的向往，因此纯洁的初恋不一定能发展成为成熟的爱情。从这个意义上来说，纳兰初恋的夭折几乎可以说是一个必然的结局。而他跟卢氏的爱情，才是真正意义上成熟的、经得起考验的爱情。他们也许没有一见钟情的冲动，却经历了从冷淡到理解再到深深相爱的过程，是深入了解后的日久生情。

纳兰的婚姻跟别人的最大不同，是他很幸运地在父母的安排下遇到了跟自己真正相爱的人。一般人的婚姻因为大都不是自由恋爱，可能夫妻在一起生活了一辈子也没有产生过爱情；

---

① 徐乾学《通志堂集序》。

可是纳兰就不同了！卢氏的"从天而降"，对纳兰来说是一个惊喜，在那个时代他们就是先结婚后恋爱的典型。

"天上掉下个林妹妹"，卢氏的到来，改变了纳兰对爱情的态度，甚至是对人生的态度，让他实现了"一生一代一双人"的爱情理想。卢氏用自己独特的魅力，征服了眼光挑剔的纳兰性德。

当然，从后来纳兰对妻子近乎痴狂的爱来看，仅仅是宽容大度、善解人意这些优点似乎还不足以让他爱得如此投入。那么，除此之外，卢氏还有哪些非同寻常的魅力呢？

从纳兰的文字里，可以得出结论：卢氏是个美貌女子。但对于纳兰这样有思想有才华的男人来说，妻子的美貌并不是最吸引他的地方。除了美貌之外，卢氏还拥有才华、气质和性情，也正因为如此，她散发出无穷的魅力，让纳兰倾心相许并且深深眷恋着。

"赌书泼茶"—— 知性美女

首先，卢氏是个才女，用今天的话说是"知性美女"，是一个有知识有文化的女性。纳兰曾经写过很多诗词来描写他们夫妻的生活，其中就多次提到了卢氏的才华。例如他曾写过"赌书消得泼茶香"的词句，这句词来源于古代一对著名夫妻的典故——宋代女词人李清照和她的丈夫赵明诚。

李清照是公认的著名才女，和她比起来，丈夫赵明诚的光芒就黯淡多了。其实，历史上的赵明诚也不是个普通人。他是北宋著名的金石家，跟欧阳修并称"欧赵"；又出身相门，父亲赵挺之官至丞相，其家境、出身、才华都不弱于李清照。据说李清照吟诗填词之余，常常要"逼"着赵明诚跟她唱和一番。如果赵明诚自己不是个大才子、大学问家，怎么可能应付得了妻子如此"逼人"的才华呢？

"赌书消得泼茶香"，这正是李清照和赵明诚早年婚姻生活的写照。在李清照晚年写的自传性文章《金石录后序》中，有这样一段文字提到了他们早年的夫妻生活：

> 余性偶强记，每饭罢，坐归来堂烹茶，指堆积书史，言某事在某书、某卷、第几页、第几行，以中否角胜负，为饮茶先后。中即举杯大笑，至茶倾覆怀中，反不得饮而起。甘心老是乡矣。

这一段文字，是说李清照和赵明诚婚后不久，他们回到山东老家隐居。那段日子里，夫妻俩每天晚上吃完了饭，就来到书房，"归来堂"即书房的名称。他们悠闲地煮上一壶茶，开始以"赌书"为乐了。

怎么个赌法呢？他们指着堆积如山的书籍，打赌说：某件事应该记载在哪本书的哪一卷的哪一页的哪一行。谁说对了就可以先喝茶，说错了就对不起，一边看着去！李清照博学啊，记性又特别好，所以总是她赢的时候多而赵明诚赢得少。不过每次李清照赌赢了，"即举杯大笑，至茶倾覆怀中，反不得饮而起"——她抢过茶杯来开心得哈哈大笑，常常是笑得前仰后合，一不小心连茶水都泼在衣服上了，反倒是什么也没喝到……

"赌书消得泼茶香"，十年的隐居生活让李清照享受到了夫妻之间情趣相投的幸福与甜蜜，以至于当她晚年回忆起这段日子的时候，还忍不住长叹了一句："甘心老是乡矣。"

有一首流行歌曲，其中有这样一句歌词："我能想到最浪漫的事，就是和你一起慢慢变老。"李清照也是这样想的：我多么希望这样的日子能够一直持续到老，在这样的幸福日子里和最爱的人一起慢慢变老啊！

李清照对这样的婚姻是由衷满足并且深深沉醉其中的，而她的丈夫也同样享受着如此美好的夫妻生活。赵明诚曾说过李清照是"平生与之同志"。这说明，他们夫妻不仅仅是生活伴侣，更是志同道合的精神伴侣。

赵明诚还曾经在李清照的画像上题写了这么四句话："清丽其词，端庄其品。归去来兮，真堪偕隐!""清丽其词"是赞扬李清照的才华，"端庄其品"是称赏李清照的品德。"归去来兮，真堪偕隐!"这两句的意思则是：有了这样的妻子，所谓的功名利禄，所谓的荣华富贵，都不过是浮云，都不重要了，他只想牵着妻子的手，像陶渊明那样，远离喧闹的世俗红尘，过着世外桃源般的隐居生活，就这样一直牵手到老，那才是他心中最平凡然而又是最美丽的人生!

李清照和赵明诚的夫妻感情堪称历史上难得的知己之爱。纳兰在词中用了赵、李夫妻赌书泼茶的典故，就是想晒晒他和卢氏的幸福婚姻：那实在是堪与李清照和赵明诚相比的夫唱妇随的恩爱夫妻!

"赌书消得泼茶香。"读着这样的句子，我们仿佛看到了一幅冬夜读书图：一个飘着鹅毛大雪的冬天，纳兰和妻子窝在暖融融的屋子里，炉火上烧着一壶滚烫的水。纳兰坐在书桌前，手里捧着一本词集，卢氏斜倚在丈夫的身边，一只手上捧着茶盅，和他一起轻声吟唱着一首首美丽的小词。

有时候谈到某个问题，纳兰和卢氏也会有不同意见，也会低声争论一番，不过这样的争论最后总是以纳兰服输来结束——当然，这并不是说纳兰没有卢氏那么厉害，只是在这样才华横溢、美丽可爱，偶尔也会撒撒娇的妻子面前，纳兰哪里舍得真的跟妻子对着干呢?

有时候，他们谈到高兴的地方，也会毫无顾忌地开怀大笑，一不留神手里端着的茶水都泼出来了，茶香溢满了整个房间。

在这样温暖的时候，谁还会记得外面正是天寒地冻的严冬呢？

纳兰这可不是王婆卖瓜自卖自夸，故意炫耀自己妻子的才华。尽管文学创作允许一定程度的夸张和虚构，但是纳兰没有必要这么做。为什么这么说呢？因为古代讲究的是"女子无才便是德"，如果要夸奖自己的妻子，只需要夸她性格温柔、勤劳贤惠就行了，至于她有没有像李清照那样的才华，那一点都不重要。古代流传下来的最著名的那些怀念妻子的诗歌，从西晋潘岳的《悼亡诗》，到唐代元稹的《遣悲怀》，到宋代苏轼的《江城子》①，都重点在夸妻子的品德或抒发夫妻之间的亲情，至于妻子的才华，在他们的诗句中却看不到一丝踪影。

纳兰跟别人不一样，他这么频繁地赞美妻子的才华，只有一个理由：他没有"女子无才便是德"的传统偏见，从"赌书消得泼茶香"这类典故的运用，不难体会到他是打心眼里欣赏妻子才华，为妻子的才学感到骄傲的。

纳兰自己被誉为"清初学人第一"，又被看作"清代词人之冠"（刘大杰《中国文学发展史》），在清代初年，他的学问是一般人望尘莫及的。想跟他"赌书"，若没有很深的文化修养，没

---

① 潘岳《悼亡诗》其一："荏苒冬春谢，寒暑忽流易。之子归穷泉，重壤永幽隔。私怀谁克从？淹留亦何益。黾勉恭朝命，回心反初役。望庐思其人，入室想所历。帏屏无仿佛，翰墨有余迹。流芳未及歇，遗挂犹在壁。怅恍如或存，回遑忡惊惕。如彼翰林鸟，双栖一朝只；如彼游川鱼，比目中路析。春风缘隙来，晨溜承檐滴。寝息何时忘，沉忧日盈积。庶几有时衰，庄缶犹可击。"元稹《遣悲怀》其一："谢公最小偏怜女，自嫁黔娄百事乖。顾我无衣搜荩箧，泥他沽酒拔金钗。野蔬充膳甘长藿，落叶添薪仰古槐。今日俸钱过十万，与君营奠复营斋。"其二："昔日戏言身后事，今朝都到眼前来。衣裳已施行看尽，针线犹存未忍开。尚想旧情怜婢仆，也曾因梦送钱财。诚知此恨人人有，贫贱夫妻百事哀。"其三："闲坐悲君亦自悲，百年都是几多时。邓攸无子寻知命，潘岳悼亡犹费辞。同穴窅冥何所望，他生缘会更难期。惟将终夜长开眼，报答平生未展眉。"苏轼《江城子》："十年生死两茫茫。不思量，自难忘。千里孤坟，无处话凄凉。纵使相逢应不识，尘满面，鬓如霜。　夜来幽梦忽还乡。小轩窗，正梳妆。相顾无言，惟有泪千行。料得年年肠断处，明月夜，短松冈。"

有超强的自信，一般人恐怕没这个胆量吧？可卢氏她就敢。赌书的结果是谁赢谁输，其实并不重要。重要的是，在他们家那间书香四溢的书房里，卢氏就是他赌书问道、谈古论今的好朋友。纳兰每次写了新的作品，妻子也总是他的第一个读者和第一个批评者，卢氏以其堪与李清照匹敌的学识与才华，赢得了丈夫的由衷欣赏与敬佩。

"林下风致"—— 气质美女

卢氏的第二大魅力，是她脱俗的气质，是一个"气质美女"。

我们平时要是夸女性长得漂亮有气质，常常会把女性分成几种类型，最常见的是"小家碧玉"型、"大家闺秀"型等等。一般说"小家碧玉"，意思是这个女性长得甜美秀气，性格也很温顺，但是可能没见过什么大世面，眼界比较狭窄；"大家闺秀"则是称赞女性不仅容貌美丽，而且气质优雅，一看就知道受过良好的教育，出身高贵，知书达理，阅历丰富，言行举止落落大方。我们要是表扬哪位女性：真是个大家闺秀啊！这已经是极高的评价了。

但是，在古典诗词的语境里，还有一个形容女性的词汇，这个词比小家碧玉、大家闺秀还要高一个境界，可以说是对女性气质最高级别的赞美。

这个词就是"林下风致"。

纳兰多次形容妻子卢氏是一个具有林下风致的美女，他的词当中多次出现类似这样的句子，像"林下荒苔道韫家"①，

---

① 《山花子》（词牌名汪元治刻本作《摊破浣溪沙》）：林下荒苔道韫家，生怜玉骨委尘沙。愁向风前无处说，数归鸦。　　半世浮萍随逝水，一宵冷雨葬名花。魂是柳绵吹欲碎，绕天涯。

"林下闺房世罕俦"① 等。这几句词当中的"林下"和"林下风致"中的"林下"意思是一样的。那么，"林下风致"到底是一种什么样的女性气质呢？

要回答这个问题，就要说到古代的另外一位著名女性了——东晋时候的大才女谢道韫。"林下风致"最初就是用来形容谢道韫与众不同的气质的。

谢道韫是东晋安西大将军谢奕的女儿，她的叔父是在淝水之战中运筹帷幄、远程指挥八万士兵大败前秦苻坚号称百万大军的东晋宰相谢安。谢道韫后来嫁给了著名书法家王羲之的次子王凝之，因此也被称为"王夫人"。

谢道韫生活的时代，是名门闺秀辈出的时代。比如说，当时还有一位名媛顾夫人，是张氏家族的女儿，也是以气质高雅著称。谢道韫有个弟弟叫谢遏，特别佩服自己的姐姐；而顾夫人有个哥哥叫张玄，也是特别推崇自己的妹妹。谢遏和张玄每次见面都要争论同一个话题。谢遏说：我的姐姐王夫人最优秀；张玄则说：还是我的妹妹顾夫人最出色。两个人为此争论得不可开交，谁也说服不了对方。最后，为了分出个胜负，他们只好请了一个裁判来评判。

他们请的这个裁判，是跟谢道韫和顾夫人都有交往的一个尼姑。这尼姑既然能够出入名门贵族，当然不是凡人。她聪明得很，这个裁判不好当——双方都是高门大族，谁都不能得罪，怎么办呢？

尼姑想了想，就这样回答了谢遏和张玄："王夫人神情散朗，故有林下风气；顾家妇清心玉映，自是闺房之秀。"②

---

① 《眼儿媚》："林下闺房世罕俦，偕隐足风流。今来忍见，鹤孤华表，人远罗浮。　中年定不禁哀乐，其奈忆曾游。浣花微雨，采菱斜日，欲去还留。"

② 《世说新语·贤媛》："谢遏绝重其姊，张玄常称其妹，欲以敌之。有济尼者并游张、谢二家，人问其优劣，答曰：'王夫人神情散朗，故有林下风气。顾家妇清心玉映，自是闺房之秀。'"

多么机智的回答！尼姑既夸了王夫人谢道韫，又没有得罪顾夫人。那她说王夫人谢道韫有"林下风气"是什么意思呢？

原来"林下"即"竹林之下"的意思。这个词来源于魏晋时代以阮籍、嵇康为首的七位名士，他们都是名重一时的哲学家或文学家，都曾经隐居在竹林之中，号称"竹林七贤"。他们过着喝酒清谈、弹琴吟诗的潇洒生活，远离了尘世，尤其是远离了混乱不堪的政坛，一度维持着清高脱俗的名士气质。

此外，"竹林"还是佛教寺院的前身，最早的寺庙是从印度一片竹园里开始建起来的，称为"竹林精舍"，因此"竹林"在佛家教义中也有出世的意味。① "竹林七贤"不与世俗同流合污的隐居生活，代表了淡泊名利、飘逸脱俗的魏晋风度、名士风流，那是非常令人神往的。

魏晋时代思想相对较为开放，这种令人追慕不已的"竹林"风度也传入了闺阁之中，人们就用"林下风气"或"林下风致"来高度评价具有类似气质的女性了。

"风致"一词还有美好的容貌、姿态的意思，这样看来，用"大家闺秀"赞美一位女性，其评价标准还是比较世俗的；可是"林下风致"用的就不是一般的世俗标准了。以"林下风致"来形容女性，不仅仅是赞美女性的才华、美貌和外形气质，它的关键在于精神的"脱俗"，意味着一种心灵的美，哲学的美，神韵的美。也就是说女性的精神追求不应该被世俗的价值标准所束缚，能够从世俗之人对名利的疯狂追逐和斤斤计较中超脱出来，自成一派淡泊从容、飘逸洒脱的风度。

因此，尼姑用"闺房之秀"来评判顾夫人，用"林下风气"来形容王夫人，表面上都是赞扬，其实还是有了高下之分：顾夫人虽然出色，毕竟还是个俗人；王夫人则"神清散朗"，具有

---

① 参阅陈寅恪《陶渊明之思想与清谈之关系》："东晋初年乃取天竺'竹林'之名加于'七贤'之上。"

与竹林七贤一类名士风流相媲美的脱俗气质，显示出智慧、深邃的人格魅力。"林下风致"亦由此成为千百年来形容极品气质美女的最佳成语。

当然，能够具有"林下风致"这样气质的女性，首先也必须有才学做基础。谢道韫在古典诗词的语境里，本身就是"才女"的代名词。后人一说起谢道韫的才华，喜欢用一个词来评价她："咏絮之才"。这是因为谢道韫很小的时候曾经把鹅毛大雪比作漫天飞舞的柳絮："未若柳絮因风起。"因而被她的叔父谢安大加赞赏。① 后来人们就用"咏絮之才"来专门代指才女了。例如《红楼梦》中贾宝玉在翻看"金陵十二钗正册"时，看到其中林黛玉的判词"堪怜咏絮才"，用的即是谢道韫的这个典故。

《晋书》中还记载了有关谢道韫的一个故事，足以证明她的才华。

魏晋时代有一个风气：名门士子，包括一些佛门弟子喜欢聚在一起"清谈"。所谓清谈，通俗地说，即就某一个文化问题进行长时间的辩论，有点类似于今天的辩论赛，不但分正方、反方，有时还有裁判来判决输赢。

有一次，王家主办了一场重要的辩论赛，请了很多著名人士来参战、观战。当时王家派出的"主辩手"是谢道韫的小叔子，王凝之的弟弟，也是著名的大书法家王献之。眼看着王献之在辩论赛中落了下风，渐渐抵挡不住"对方辩友"的唇枪舌剑了，王家人都为他暗暗捏着一把汗。要知道，王家在东晋是

---

① 《晋书·列女传》："王凝之妻谢氏，字道韫，安西将军奕之女也。聪识有才辩。叔父安尝问：'《毛诗》何句最佳?'道韫称：'吉甫作颂，穆如清风。仲山甫永怀，以慰其心。'安谓有雅人深致。又尝内集，俄而雪骤下，安曰：'何所似也?'安兄子朗曰：'散盐空中差可拟。'道韫曰：'未若柳絮因风起。'安大悦。"

何等地位，要是输了，那还不颜面尽失？

正在尴尬的时候，谢道韫派了个贴身丫鬟，悄悄递给王献之一张纸条，上面写着："愿为小郎解围。"意思是：我愿意帮小叔子继续辩论以摆脱困境。王献之一看，求之不得啊，马上在辩论赛场挂了一面帘子。大家只看到帘子后面坐着一位风姿绰约的女子，听到她接着小叔子王献之的话题，一连几个小时滔滔不绝侃侃而谈，滴水不漏，让本来气焰嚣张的"对方辩友"硬是找不到还击的机会，最终裁判宣布，此次辩论王家获胜。①

在纳兰看来，妻子卢氏无论是在才华方面还是在气质上都不比谢道韫逊色。比如说他写过一句词"急雪乍翻香阁絮"②，就是用了谢道韫咏絮的典故，将卢氏比做是像谢道韫那样的"咏絮之才"。

湖南有部花鼓戏叫《刘海砍樵》在这部戏里，刘海哥把他的妻子胡大姐比作天上的神仙织女："我把你比织女，不差毫分哪。"牛郎织女的故事是民间传说，"织女"在老百姓眼里是又漂亮又贤惠又能干的妻子的代名词，谁要是娶到了"织女"，那就是上辈子修来的好福气了。

不过，文人娶妻，如果要形容妻子出身高贵、才貌双全、飘逸脱俗，还有一个更文雅的比方，那就是将优秀的女性比作东晋的大才女谢道韫。

因此，在纳兰眼里，能够具有林下风致的气质美女，前有王夫人谢道韫，后有他的妻子纳兰夫人卢氏。所以他才会对妻子发出这样由衷的赞美："林下闺房世罕俦。偕隐足风流。"这两句词表达的是和"一生一代一双人"相近的意思。"林下闺房

---

① 《晋书·列女传》："凝之弟献之尝与宾客谈议，词理将屈，道韫遣婢白献之曰：'欲为小郎解围。'乃施青绫步鄣自蔽，申献之前议，客不能屈。"

② 《梦江南》："昏鸦尽，小立恨因谁？急雪乍翻香阁絮，轻风吹到胆瓶梅。心字已成灰。"

世罕俦"是夸妻子脱俗的气质和淡泊的性情——像妻子这样具有林下风致的爱人，真是上天赐予的终身伴侣，人间又有几个男人能享受到这样的福气呢？

"林下闺房世罕俦。偕隐足风流。"纳兰愿和卢氏"偕隐足风流"，这和赵明诚夸李清照是"平生与之同志""真堪偕隐"的意思是一样的。很显然，卢氏的淡泊名利和优雅从容让纳兰忍不住发自肺腑地感慨：这样的妻子、这样的知己之爱是可遇而不可求的，在他以前的人生中，他没有遇到过；在他以后的人生中，也不可能再遇到了。如果能与卢氏这样的爱侣一起远离红尘俗世，去过一种浪迹江湖、自由自在的生活，那才是自己梦寐以求的风流浪漫的人生啊！

"被酒春睡"——性情美女

不过，才女虽然很可爱，但不免让人产生这样的疑虑：才华横溢的女子往往也比较强势。我们一般形容做妻子的，常常会这样打比方：比如说谁是贤妻良母型，谁又是女强人型等等。像李清照和谢道韫，都可以算是"女强人"型的才女。很多人都说李清照是个有大丈夫气概的女性，例如："易安倜傥有丈夫气，乃闺阁中之苏（轼）、辛（弃疾），非秦（观）、柳（永）也。"（沈曾植《菌阁琐谈》）像她写的"生当作人杰，死亦为鬼雄。至今思项羽，不肯过江东"这样的诗就很阳刚很有气势。而丈夫赵明诚相对于李清照来说，无论是才学、胆识还是名气，似乎都被妻子的光环给掩盖住了。李、赵的婚姻在经历了后期的一些波折动荡之后，确实也丧失了早年的那份宁静和满足，这不能不让李清照在她的文字中频频流露出失落和哀怨的忧伤情绪。

很多男性都曾表示：不愿意娶李清照这样的妻子，但是很愿意交李清照这样的朋友。这说明在中国的传统观念影响下，哪怕是在现在，很多男性还是更愿意接受一个小鸟依人的妻子。他们欣赏李清照的才华和胆识，但是作为丈夫，他们并不希望妻子太过强势。

生活经验也常常告诉我们，才女能够享受到幸福婚姻的概率似乎并不高，因为有才华的女子，往往对伴侣的要求也特别高，夫妻在精神上完全达到默契的难度也更高。比如说，谢道韫就是一个婚姻不怎么幸福的才女。

史书上有这样的记载：谢道韫嫁给王凝之后，不久她回娘家探亲，却丝毫没有新娘子的喜气洋洋，而是一副闷闷不乐的样子。叔父谢安看出她的情绪不大对头，就问她："王郎，是王羲之的公子，各方面条件都挺不错的，你还有什么不满意的呢？"叔父这么一问，戳到谢道韫的痛处了，她忍不住发牢骚说："我们谢家人才众多，我的父辈有谢尚、谢据这样出类拔萃的人物；同辈兄弟里也有谢玄、谢朗这些俊秀子弟，他们个个都是顶天立地的人才。怎么偏偏我就嫁了这个跟他们有天壤之别的王郎呢？"[①] 言下之意是她娘家出众的人才那么多，可她这个出自谢家的才女偏偏嫁了王凝之那么一个平庸的丈夫！

其实凭良心说，王凝之也是小有名气的书法家，人品端正，无论从才华还是从门第出身，应该都是属于比较理想的丈夫人选，从外在条件上来看和谢道韫是挺般配的一对。要是换了别的女性，嫁给这样的丈夫也许就心满意足了，偏偏这个眼高于顶的谢道韫还是不满意，觉得丈夫太过平庸。可见，才子配才

---

① 《晋书·列女传》："初适凝之，还，甚不乐。安曰：'王郎，逸少子，不恶，汝何恨也？'答曰：'一门叔父则有阿大，中郎；群从兄弟复有封、胡、羯、末，不意天壤之中乃有王郎！'封谓谢韶，胡谓谢朗，羯谓谢玄，末谓谢川（或曰谢渊），皆其小字也。"阿大指谢尚，中郎指谢据（一说中郎即谢万）。余嘉锡《世说新语笺疏》，中华书局 1983 年版。亦参见张万起、刘尚慈《世说新语译注》，中华书局 1998 年版。

女，并不见得是百分之百的美满婚姻，这种不美满，不是因为门不当户不对，也不一定是因为两人文化修养相差太远，而是在性情这个方面出现了裂缝。

那么，卢氏和纳兰的婚姻，会出现谢道韫和王凝之这样的问题吗？

要回答这个问题，就要说到卢氏的第三大魅力了：温柔的性情和低调的作风。

卢氏不是一个女强人式的才女，而是一个性格温柔、作风低调的传统女性，是典型的贤妻良母型才女。

纳兰曾在词里描写过这样一幕场景："欲眠还展旧时书。鸳鸯小字，犹记手生疏。"① 这是纳兰眼中卢氏的温柔妩媚和他们在婚姻中的幸福甜蜜。这几句词展现出一幅十分动人的画面。

晚上睡觉前，纳兰随手翻开了一本以前常看的书，又看到了妻子卢氏熟悉的笔迹。这让他想起了他们新婚不久的时候：一天，妻子正坐在书桌前发呆，手里还握着一支笔，好像在写什么却又迟迟没有落笔。她神情专注，连丈夫进来都没有注意到。纳兰突然童心大发，蹑手蹑脚地走过去，绕到妻子的身后，想看看妻子到底在写什么。

卢氏没想到丈夫会突然进来，吓了一跳，手忙脚乱地想要藏起桌子上正摊开着的书笺。纳兰哪里会饶过她，嘻嘻哈哈笑着抢过妻子手里的书笺，展开一看，原来妻子写的是"鸳鸯

---

① 纳兰性德《临江仙》："点滴芭蕉心欲碎，声声催忆当初。欲眠还展旧时书。鸳鸯小字，犹记手生疏。　　倦眼乍低缃帙乱，重看一半模糊。幽窗冷雨一灯孤。料应情尽，还道有情无？"上半阕典出宋欧阳修《南歌子》："凤髻金泥带，龙纹玉掌梳。走来窗下笑相扶。爱道画眉深浅入时无？　　弄笔偎人久，描花试手初。等闲妨了绣功夫。笑问双鸳鸯字怎生书？"明代王彦泓《湘灵》诗："戏仿曹娥把笔初，描花手法未生疏。沉吟欲作鸳鸯字，羞被郎窥不肯书。"从纳兰词中袭用的"鸳鸯字"典故来看，"鸳鸯小字，犹记手生疏"也可能是指卢氏绣花时描"鸳鸯"的字样。

小字"。

在中国人眼里，鸳鸯是爱情的象征。妻子卢氏写的"鸳鸯小字"就是写给丈夫的情话。当纳兰看到妻子写给自己的情话，虽然是断断续续写的，还没有写完，可是妻子对自己浓浓的爱意和深情已经流露无遗了。而卢氏呢，看到自己的小"秘密"被丈夫识破，脸上顿时羞得绯红一片……

从这样的画面我们看到的是卢氏作为一个小女子的娇羞和柔情。当然，有人可能会对卢氏的反应觉得有点奇怪：妻子给丈夫写"情话"还有什么不好意思的啊？还用得着躲躲闪闪的吗？

可那个时候毕竟不是二十一世纪。妻子给丈夫写"情书"，只敢像写日记一样留给自己看，或者在做针线活儿的时候悄悄地绣上"鸳鸯"的图案或字样。要是这些私下的"小动作"不小心被人撞见了，哪怕这个人是自己的丈夫，也还是会觉得害羞的。

卢氏是一个非常传统的女性，她不会像李清照那样大胆地表达爱情，也不会像谢道韫那样雄辩以展示自己的才学，她只是把对丈夫的爱深深地埋藏在心里，这恰恰体现出了卢氏娇羞妩媚的一面。

在纳兰的这些文字里，细心的读者可能发现了一个有点矛盾的现象：既然卢氏的才华可以和李清照、谢道韫相媲美，可她怎么会连写"鸳鸯"这样常见的字都会觉得"手生疏"呢？而且纳兰还说过妻子"素未工诗"，也就是说卢氏平时不怎么会写诗。既然在纳兰眼里，妻子是一个才华横溢的知识女性，那怎么同时又会是一个"手生疏"、连诗都不会写的"笨"女人呢？这似乎有点奇怪啊！

说奇怪也不奇怪，因为这个看似自相矛盾的说法，恰恰体现了纳兰对妻子的体贴与呵护。为什么这么说呢？

其实，我们把这个矛盾放到当时那个环境下去看就不难理解了。"女子无才便是德"，那时的女子讲究的是三从四德，女性分内的工作是针黹女红，读书写诗是分外的事，传出去不但不是什么佳话，反而还可能影响女子的名声，甚至会给家人脸上抹黑。

在《红楼梦》中，薛宝钗有一段教训林黛玉的话。薛宝钗是这样说的："咱们女孩儿家不认得字的倒好。男人们读书不明理，尚且不如不读书的好，何况你我。就连作诗写字等事，原不是你我分内之事，究竟也不是男人分内之事。男人们读书明理，辅国治民，这便好了。……你我只该做些针黹纺织的事才是……"

薛宝钗、林黛玉都是名门贵族家的小姐；《红楼梦》创作的年代距纳兰的时代不过几十年：一个是在乾隆年间，一个是在康熙年间，伦理习惯、社会观念相差不远。可见那时候大家族的小姐看重的仍是针黹女红，读书写字那是分外的事，不学也罢；学会了读书认字，弄不好反而移了性情，成天胡思乱想，那就不是做女人的本分了。

所以，在林黛玉初进贾府的时候，当她问起迎春探春姊妹们读的什么书，贾母回答："读的是什么书，不过是认得两个字，不是睁眼的瞎子罢了！"后来贾宝玉问林黛玉读书没有，林黛玉也回答："不曾读，只上了一年学，些须认得几个字。"

其实，薛宝钗也好、林黛玉也好，探春姐妹几个，虽然天分有差别，但都能吟诗作赋，出口成章。尤其是口口声声教训说女孩儿不该读书写字的薛宝钗，更是个学富五车、无所不通的大才女。但是这些吟诗作赋的才华只能私下里姐妹们聚会的时候毫无顾忌地表现一下，如果外传出去可是有损女孩儿家的名声的。

同样道理，以卢氏的经历和所受的教育，再加上结婚之后又和大才子纳兰朝夕相处，经常在一起赌书论道，说她不大写诗这很有可能，说她不会写诗是很难让人相信的。因此，尽管纳兰自己并不赞同"女子无才便是德"的教条，相反他很欣赏妻子的才华，甚至还因为娶了一个才女而"得意忘形"；但他同时也很细心，他要照顾到妻子的名声。

是啊，妻子私下里写写诗、跟他对对诗这样的事虽然经常发生，但是这些闺房中的私密情事是不能随便张扬出去的，不能因为自己的"得意忘形"而伤害到妻子的名声。因此，在纳兰的词里才会出现这样的矛盾：他一方面由衷赞美卢氏的才华堪比谢道韫、李清照，另一方面却又总是说妻子很少读书写诗，平时主要的工作就是针黹女红。这个矛盾恰恰说明了纳兰对妻子的细心呵护。卢氏没有文学作品传世，这同样说明了卢氏是比较传统的女性，并非咄咄逼人的"女强人"。

纳兰还有一句词这样形容他和卢氏的甜蜜婚姻："被酒莫惊春睡重。"那么，这句词又反映了他们夫妻之间怎样的生活情趣呢？

"被酒"① 就是喝醉了酒的意思。李清照有一首很著名的词《如梦令》："昨夜雨疏风骤，浓睡不消残酒。试问卷帘人，却道海棠依旧。知否？知否？应是绿肥红瘦。"这首《如梦令》就是一幅典型的"被酒春睡"图。前一天晚上喝多了酒，一场宿醉，早晨起床的时候还觉得头晕晕乎乎的，"浓睡不消残酒"。

"被酒莫惊春睡重"，妻子喝醉了酒起不了床，丈夫还说：别去惊动她，让她好好睡吧。喝醉了酒睡懒觉算什么情趣啊？为什么妻子喝醉了丈夫还这么怜香惜玉呢？这要是换了一般的夫妻，看到妻子一副醉醺醺的模样，恐怕丈夫心里早不是滋味了吧？

---

① 《史记·高祖本纪》："高祖被酒，夜径泽中，令一人行前。"宋程垓《愁倚阑》词："昨夜酒多春睡重，莫惊他。"

妻子为什么会喝醉，这句词里并没有给出解释。不过，"被酒莫惊春睡重"的下一句便是"赌书消得泼茶香"，既然赌书泼茶用的是李清照和赵明诚夫妻生活的典故，那么我们不妨再用李清照和丈夫赵明诚的故事来推测一下纳兰夫妻生活的情趣。

李清照和赵明诚有一个共同的嗜好：收藏古籍文献、金石文物。有一回，赵明诚偶然得到了一百幅白居易亲笔楷书的《楞严经》，对于他这样近乎疯狂的收藏家来说，那可比天上掉一千两黄金下来还要高兴啊！赵明诚一拿到这些白居易的真迹，立刻骑上马拼命往回赶，"与细君共赏"。细君即夫人，夫人就是李清照！他拿到宝物的第一想法：就是要以最快的速度赶回去，跟妻子李清照一起分享他的快乐。

赵明诚赶回家的时候天已经很晚了，可夫妻俩还是兴奋不已，用赵明诚自己的话说，是"狂喜不支"，哪里还想睡觉？得，开酒庆祝吧。这酒一喝，两个人都喝得醉醺醺的，还舍不得放下宝贝去睡觉。这一晚上，他们一边促膝把玩白居易的手迹，一边喝酒煮茶。蜡烛烧完了，再换一支，又烧完了，再换，还是舍不得睡……喝酒、烹茶、欣赏字画书籍，这是他们很日常的生活方式。①

纳兰和卢氏也有过这样"被酒春睡"的温馨：在一个春天的晚上，纳兰和妻子吟诗唱和，当然也少不了喝酒助兴。可卢氏酒量小，哪里是丈夫的对手呢？他们谈古论今，夫唱妇随，不知不觉喝到了微醺的境界。纳兰是个体贴的丈夫，看到卢氏前一天晚上喝多了酒，一场宿醉，早晨起床的时候还觉得头晕晕乎乎的，"浓睡不消残酒"。那就干脆让妻子好好睡个懒觉，小心一点别去惊动她了吧。这就是"被酒莫惊春睡重"的温馨和幸福！

类似的生活场景对纳兰和卢氏来说，恐怕也是习以为常的

---

① 赵明诚跋白居易《楞严经》："……因上马疾驰归，与细君共赏。时已二鼓下矣，酒渴甚，烹小龙团；相对展玩，狂喜不支。两见烛跋，犹不欲寐。"

了。他们夫妻在一起，品品茶，喝喝酒，看看书，评点一番古人的诗词，谈到兴致浓的时候，他们很可能沉浸在其中，也会忘了睡觉，忘了冬天的寒冷和季节的变换……

卢氏是生活在深闺大院里的女子，她不可能像男人一样经常在外面呼朋唤友，狂歌痛饮。有人说，酒量是要练出来的。卢氏虽然有这样的情趣和酒兴，喜欢陪着丈夫喝酒读书，毕竟酒量有限，偶尔喝过头了，出现词中所描写的"被酒莫惊春睡重"的情景，也并不奇怪。其实，对于优雅的女子来说，即便是端着酒杯，也是别有一番动人之处的。李清照就说过，女子"捧觞别有娉婷"①，端着酒杯的女子别有一番动人风情。

再举个例子，《红楼梦》里的史湘云，也是喝多了酒，趁姐妹丫鬟们不注意，偷偷溜出去，一不小心就醉倒在花园里，落了一身的芍药花瓣，惹得蝴蝶蜜蜂都围着她转。湘云说着梦话还在行酒令呢："直饮到梅梢月上，醉扶归，却为宜会亲友。"如果不是有文化修养有高雅情趣的女子，恐怕没有这样楚楚动人的醉酒场景吧？

没有共同的情趣，外表看上去再般配的婚姻，也不见得是和谐美满的。所以，"才情"似乎比"才华"更为可贵。才华和情趣兼备，美貌与智慧并存，这样的女子，虽然很理想化，很少有，就像俗话说的"打着灯笼也难找"，但可能恰恰是许多男子梦寐以求的。

纳兰就是那个幸福而且幸运的丈夫。从我们能够看到的文字材料上来看，卢氏既是丈夫眼中才华横溢的知性美女、气质美女，同时更是夫唱妇随、柔情万种的小女子。因为学识渊博，

---

① 李清照《新荷叶》："薄露初零，长宵共、永昼分停。绕水楼台，高耸万丈蓬瀛。芝兰为寿，相辉映、簪笏盈庭。花柔玉净，捧觞别有娉婷。　鹤瘦松青，精神与、秋月争明。德行文章，素驰日下声名。东山高蹈，虽卿相、不足为荣。安石须起，要苏天下苍生。"孔繁礼从《诗渊》中录出，收入《全宋词补辑》。

卢氏才能成为与纳兰精神相通、志趣相投的亲密知己；又因为善解人意和柔情万种，她才能改变纳兰多情多病的性格和命运，成为与他在生活上相濡以沫的亲密爱人。

对纳兰来说，卢氏的出现，不是可有可无的锦上添花，而是雪中送炭的情感救赎。纳兰曾这样描绘他们婚后的日子："绣榻闲时，并吹红雨；雕阑曲处，同倚斜阳。"① "红雨"就是落花的意思。这几句词的意思是说：在日常的工作完成之后，他和妻子常常安静地依偎在一起，一起看黄昏的夕阳，一起怜惜春天的落花，享受着新婚宴尔的甜蜜。

纳兰虽然从小体质比较柔弱多病，但多病主要还是心理的因素，多愁善感很容易让人处于忧郁、紧张的"亚健康"状态。就像人们经常说的那样，养身首先要养心。只有心情开朗了，心态健康了，身体健康才有基本的保证。是卢氏用她的善解人意，用她的温柔细腻，熨帖了纳兰的初恋情伤，医治了纳兰的多愁多病身，将他从人生低谷的痛苦里拉回了幸福的婚姻生活中。

如果说，初恋的时候，少年纳兰还太懵懂太草率，并没有真正懂得爱情；那么，直到娶了卢氏这样一位美丽而聪慧的女子，纳兰才真正理解了爱情的真谛，享受到了生命中最灿烂的那一缕阳光。因此，纳兰才会在自己的词中发自肺腑地感叹：他和卢氏真是"一生一代一双人"！

---

① 《沁园春》（丁巳重阳前三日，梦亡妇淡妆素服，执手哽咽，语多不复能记。但临别有云："衔恨愿为天上月，年年犹得向郎圆。"妇素未工诗，不知何以得此也，觉后感赋。）："瞬息浮生，薄命如斯，低徊怎忘。记绣榻闲时，并吹红雨；雕阑曲处，同倚斜阳。梦好难留，诗残莫续，赢得更深哭一场。遗容在，只灵飙一转，未许端详。　重寻碧落茫茫。料短发、朝来定有霜。便人间天上，尘缘未断；春花秋叶，触绪还伤。欲结绸缪，翻惊摇落，减尽荀衣昨日香。真无奈，倩声声邻笛，谱出回肠。"

红颜知己

有人说，男人的一半是女人，其实反过来说也一样。每个人的人生都在寻找自己的另一半，有的人幸运，很快就找到了；有的人不幸，可能一生都没找到。只有找到自己的另一半，才会拥有合二为一的爱情，才会拥有真正完整的人生。纳兰就是这样幸运的人，遇到卢氏，他这一生一代终于合二为一，分裂的人生终于完整了！

不过，才华横溢也好，温柔贤淑也罢，这都不是纳兰和卢氏婚姻幸福的根本原因。他们的幸福，其实还有更加深刻的原因。那就是心心相印的知己之爱。

在现实生活中，夫妻关系可以分为好几种。有的夫妻是"生活伴侣"，生儿育女，柴米油盐酱醋茶，生活得简单朴实，可能很多夫妻一辈子都是这么过来的，普通老百姓的婚姻多是如此。有的夫妻看重的是利益的结合，可以说是"利益伴侣"，物质利益甚至政治利益是这类夫妻追求的主要目的，古代的大家族联姻往往是受"利益"的驱动，现代的夫妻也多有将"利益"置于爱情之上的考虑。有的夫妻，则不仅是生活伴侣，更是志趣相投的精神伴侣，夫妻间的相处就像知心朋友一样，互相理解互相支持，彼此之间很有默契。这样的爱情，才是最高境界的爱情，是一种"知己之爱"。

在我们熟悉的古代名人中，也有过这样的知己之爱。文学作品里，有《红楼梦》中的贾宝玉和林黛玉。虽然贾宝玉和林黛玉并没有结婚，但他们的爱情就是典型的知己之爱。贾宝玉最不喜欢别人逼他读那些所谓的"正经书"，也讨厌薛宝钗、袭人她们老是劝他要多结交点官场上的"朋友"，学点儿仕途经济的道理，以后也好在官场上混出个人样儿来。他认为这些都是

"混账话"，太势利。只有他的知己林妹妹，从来不说这些"混账话"，是和他一样淡泊名利的脱俗之人。在贾宝玉心里，他和林黛玉之间的感情才是超越了现实功利的知己之爱。

在真实的历史中也有这样的例子。例如，李清照和赵明诚早年的婚姻也有过这样情趣相投的知己之爱；明末清初的才子冒襄与"秦淮八艳"之一的董小宛结为伉俪之后，也享受到了琴瑟相谐的知己之爱。

纳兰和卢氏之间的爱情，也是"知己之爱"的典范。

纳兰在《画堂春》（一生一代一双人）这首词的最后两句这样写道："若容相访饮牛津，相对忘贫。""若容相访饮牛津"是指牛郎织女的传说，"相对忘贫"又是什么意思呢？

唐代诗人元稹在写给妻子的悼亡诗中有这样两句："诚知此恨人人有，贫贱夫妻百事哀。"（《遣悲怀》其二）元稹在和原配妻子韦氏结婚时，还只是一个贫寒的读书人，可出身官宦之家的韦氏并不以贫穷为意，而是和丈夫共处患难，俭朴持家，甚至拔下自己头上的金钗去给丈夫换酒喝，过着虽然困窘却精神富足的生活。纳兰词中的"相对忘贫"很可能是受到元稹诗歌的启发，表达了夫妻之间的爱情远远重于物质利益的观点。

在很多人看来，"贫贱"是夫妻幸福生活的一个障碍。纳兰的观点却相反。他说：在相爱的人那里，是富贵还是贫穷又有什么关系呢？"若容相访饮牛津，相对忘贫"①，只要能生生世世都和爱人在一起，那么他那富家公子的身份、那些所谓的荣华富贵，在他看来都可以抛弃，都微不足道了。只要精神上是富足的，感情上是充实的，物质的贫穷又算得了什么呢？

是的，优秀的男人或女人一辈子你可能会遇到很多，但能够相知相爱并且走到一起、走过一生的，却只有这"一个"。因

---

① 《文子》卷上《符言》："《老子》曰，古之存己者，乐德而忘贱，故名不动志；乐道而忘贫，故利不动心。"

此，虽然纳兰一直在夸卢氏多么有才多么有气质多么温柔贤惠，把她夸得跟仙女一样，但其实这些都不是最重要的。因为即便是像卢氏这样完美的女子，也并不是嫁给任何一个男人都会幸福。重要的是，她嫁的人是纳兰容若，是上天注定的她的另一半！换句话说，"一生一代一双人"其实是特指：你的另一半不一定是这个世界上最优秀的人，但他（她）一定是你在这个世界上最知心、最贴心、最暖心的人！

多情的纳兰当然不可能像西方诗人那样公然宣称"爱情至上"，但是"一生一代一双人"的宣言，已经说明知己爱人卢氏的出现，实现了纳兰对于爱情的最高追求。他对卢氏的感情，不再像初恋那样懵懂草率，而是一种真正成熟、深厚的爱情。他们的婚姻，成为纳兰生命中第一次最关键的转折。

第四章
当时只道是寻常——丧妻之痛

　　二十岁的时候，纳兰迎娶了他一生中最爱的女人——卢氏。其实他们夫妻之间并没有发生过多少轰轰烈烈的大事，也没有爱得惊天动地、死去活来。他们的婚姻看上去平平淡淡，可正是这些平平淡淡的小事情，成了纳兰生活中最温馨、最浪漫的回忆，就像他在词中所感叹的那样："当时只道是寻常。"他们一起看落日，惜落花，一起"赌书""泼茶"，一起品酒论道……这些都是婚姻中"寻常"的小事情，他们就这样享受着新婚宴尔的甜蜜，享受着生命中最美丽的时光。

　　纳兰娶卢氏为妻，成为他整个人生中最重要的一次转折，这门婚姻，不仅仅是改变了他的爱情轨迹，同时还改变了他在事业上的发展轨迹，让他重新找回了堂堂相门公子的风流倜傥和勃勃雄心。

文学创作的灵感源泉

　　卢氏对纳兰在文学创作和学术研究方面的成就都

有莫大的帮助。首先，卢氏的才华、美貌和柔情直接激发了纳兰的创造力，成为丈夫创作的重要主题。

以前很多人认为，卢氏成为纳兰诗词当中的主题主要是在她去世以后，纳兰因为怀念妻子而写了大量的悼亡词，这些凄婉动人的悼亡词被视为纳兰词当中最经典的作品。但其实，在纳兰和卢氏结婚不久，卢氏就已经成了纳兰笔下美丽的文学形象，直接激发了纳兰的创作灵感。

纳兰曾经写过一组七言绝句，一共四首，诗题为《艳歌》，很可能就是纳兰新婚不久的作品。诗中有两句："红烛迎人翠袖垂，相逢长在二更时。"①"翠袖"当然是代指美丽的女子；"红烛"既有可能是指"洞房昨夜停红烛"的那种洞房花烛，也可能是含蓄地表达婚后他和卢氏的夫妻恩爱。

什么才是家的感觉？家，就是每天无论你多晚回来，都会有一盏温暖的灯为你亮着。"红烛迎人翠袖垂，相逢长在二更时"表达的就是一种令人留恋的家的感觉。而这样的家，不仅是对纳兰，其实对我们任何一个人都具有强大的吸引力。正是因为有了温柔贤惠的爱妻的守候，才有了纳兰留在世间关于爱的词句。

在《艳歌》这组诗当中，第四首最能看出纳兰对妻子的深情：

> 洛神风格丽娟肌，不见卢郎少年时。无限深情为郎尽，一身才易数篇诗。

"洛神风格丽娟肌"是赞美卢氏的美貌，纳兰是将妻子比做曹植《洛神赋》当中像洛神那样美丽的神仙女子，冰肌雪肤，

---

① 《艳歌》其一："红烛迎人翠袖垂，相逢长在二更时。情深不向横陈尽，见面销魂去后思。"

談志伊《桃花圖》軸

风姿绰约。

"不见卢郎少年时"则是纳兰的自喻。"卢郎"这个称呼来自一个很有趣的典故。① 据说在唐代的时候，有个姓卢的书生很有才华，仕途却不太顺利，年岁老大了才当上校书郎这种小官。不过这个官运不济的卢郎倒是很有艳福，后来娶了一个比自己年轻很多的崔姓女子为妻。崔氏女子年轻貌美，而且也颇有才情。才女往往都心比天高，崔氏也是如此。她总觉得这门老夫少妻的婚姻委屈了自己，言语当中常常流露出对丈夫卢郎的不满。

面对妻子的满腹牢骚，卢郎并没有和妻子争吵，而是故意幽默了一把。他问崔氏："我对你这么好，你还有什么不满意的呢？你要是真觉得委屈，那就把你心里的不满写成诗让我看看啊？"

崔氏一听，也不客气，立刻写了这么一首诗："不怨卢郎年纪大，不怨卢郎官职卑，自恨妾身生较晚，不见卢郎年少时。"意思是说：我不怨你年纪大，也不怨你官职低微，恨只恨我自己生得太晚了，没赶上你年轻英俊的时候！

卢郎固然幽默，崔氏的智慧也毫不逊色啊！

纳兰用卢郎和崔氏夫妻的这个典故，当然不是说自己和卢氏的婚姻也是老夫少妻不般配，卢氏对他有怨言。纳兰的真正意思应该是：他和卢氏也是相见恨晚，他真恨不得和妻子再早一点相遇、相知、相爱！

而且，纳兰和卢氏结婚的时候，确实连进士都还没考上，因此他也是借用卢郎的典故自嘲一下：面对卢氏这样才貌双全、对自己付出了"无限深情"的妻子，自己真是有些自惭形秽啊！

---

① 宋钱易《南部新书》丁："卢家有子弟，年已暮犹为校书郎，晚娶崔氏女，崔有词翰，结褵之后，微有慊色。卢因请诗以述怀为戏。崔立成诗曰：'不怨卢郎年纪大，不怨卢郎官职卑，自恨妾身生较晚，不见卢郎年少时。'"

"一身才易数篇诗。"纳兰一边赞美卢氏，一边也顺带着自谦一番：自己才疏学浅，妻子一身的才华才换来自己的几篇诗词而已。①

虽然"无限深情为郎尽，一身才易数篇诗"是纳兰谦虚的说法，但从这样的诗句可以看出来，妻子的柔情和才华确实激发了纳兰创作的灵感，成为他文学艺术创作的直接动力。纳兰正是从二十岁开始逐渐走向他文学创作上的"黄金时期"，卢氏对纳兰的文学成就起了重要的推动作用。

学术研究的得力助手

纳兰不仅是诗人、词人，还是清代初年的优秀学者，梁启超评价纳兰在清代学术上的地位是"清初学人第一"。卢氏则不仅是纳兰创作灵感的源泉，她还成了丈夫在学术研究道路上的贤内助。

最能体现纳兰学术成就的著作，莫过于他在十九岁时开始主持编印的大型儒家经解丛书《通志堂经解》。这部著作主要工作的开展都是在纳兰和卢氏婚后的几年当中。

尽管纳兰从小受到很系统很严格的儒家思想教育，对汉族文化有深厚的理解，对自己也很有信心，但当时他毕竟是一个年仅十九岁的青年公子，学识的积淀毕竟有限，要独立完成规模这么宏大的一项学术研究工作，其难度可想而知。除了老师、朋友们的鼎力相助之外，妻子卢氏也堪称他学术事业中的"贤内助"。

---

① 一说"一身才易数篇诗"出自汉代的典故：汉卢充出猎，至崔少府女墓，忽见朱门迎充，崔公将女嫁充。三年后充于水上见崔女抱三岁小儿于犊车中。女抱儿还充，并赠诗及金碗。见《纳兰成德诗集诗论笺注》，马乃骝、寇宗基编注，1988 年版。

卢氏对纳兰事业的影响，主要在于她给丈夫提供了一个幸福安定的"大后方"。

人们经常说，爱情是伟大的。这种伟大，就在于它能够转化为一种精神上的内在动力，转化为一种充满激情的创造力。许多伟大作品的成功，背后都有着爱情力量的支撑：马克思和燕妮的伟大爱情成就了马克思伟大的思想成就；卢梭《忏悔录》的完成也有赖于爱情的驱动；中国现代的梁思成和林徽因、钱钟书和杨绛也用各自的事业成就诠释了动人的爱情力量；即便是在古代，也有像唐太宗李世民和长孙皇后、李清照和赵明诚等这样的爱情佳话，他们的成功背后，都离不开爱情的伟大力量。

同样，纳兰学术事业的成功，也离不开妻子卢氏的理解和无私奉献，离不开他们之间的心灵默契和情投意合。1800卷《通志堂经解》，就是在他们结婚之后的两年内完成的。当时纳兰和卢氏还处于新婚宴尔的阶段，丈夫即投身于这么重要的工作，1800卷儒家经典的校勘、注释等，需要耗费主持者多少时间和精力！一个学术团队的高效运转，需要团队的领导者付出多少劳动和智慧！纳兰是这个学术团队的灵魂人物，当他一头扎入浩如烟海的典籍之中，又该忽略身边多少的美丽风景！

作为纳兰身边最为亲近的人，卢氏恐怕也是常常被丈夫"忽略"甚至"冷落"的"风景"。如果妻子是个心胸狭隘的人，看到刚刚结婚丈夫就这样"冷落"自己，成天以书为友，以笔墨为伴，肯定少不了经常发发牢骚，甚至拖丈夫的后腿。

现在有些女孩子就面临这样的问题：既要求自己的男朋友有事业心，买车买房，升官发财；同时又恨不得男朋友天天陪在自己身边，形影不离。如果男朋友成天守着自己，女友可能会嫌弃他没有事业心，没有经济实力，将来靠不住；如果男朋友一心奔事业，女友又会觉得他不够爱自己，觉得受了冷落很委屈。这不是让人左右为难吗？

卢氏却没有让自己的丈夫左右为难。面对一个"拼命三郎"式的丈夫，她没有喋喋不休地抱怨，而是充分显示了她的大度和体贴。

聪慧的妻子，她会在丈夫挑灯夜战的时候，温柔地陪在丈夫身边，安安静静地绣着花儿或是写着"鸳鸯小字"。隔一会儿她会起身给丈夫的杯中添点热茶，拨亮一下灯花，给丈夫披上一件外衣……

看看夜已经深了，妻子心疼熬夜的丈夫，也会温言软语地催促："别太晚睡啊，已经很晚了。你生病才刚刚好一点，要注意身体啊……"

有时纳兰和老师、朋友聚会回得太迟，卢氏总会为他留着一盏烛光，让迟归的丈夫感受到家的温暖……

卢氏不仅仅用自己的温柔和善解人意，细心照料纳兰的生活，化解丈夫在工作当中的辛苦，她还经常用她的才华和敏锐的思想，帮助丈夫在学术研究中打开思路，推动他的研究顺利进行。"无限深情为郎尽"，妻子不仅仅是丈夫温柔体贴的生活伴侣，在情感上也是和他心灵相通的亲密爱人，在事业上更是和他志同道合的知己。

纳兰经常将自己和卢氏的婚姻比作李清照和赵明诚夫妇的婚姻。卢氏确实在很多方面很像李清照：虽然自己本身已经是个才女，但是当丈夫的事业需要的时候，她们都是全心全意、毫无保留地付出。例如李清照就说过，丈夫赵明诚是个收藏家，家里的储蓄几乎全部用来收藏古籍文物。为了全力支持丈夫的事业，李清照心甘情愿放弃了物质的享受："食去重肉，衣去重采，首无明珠翡翠之饰，室无涂金刺绣之具"（《金石录后序》），宁可不吃大鱼大肉，不戴金银首饰，不住金碧辉煌的豪宅，也要全力支持丈夫的工作。

赵明诚和李清照，一个是相门公子，一个是名门闺秀，可他们选择的是最朴素的生活方式。因为有了惺惺相惜的爱情，李清照不但不觉得这种清贫的生活多么艰苦，反而觉得很幸福很充实。没有李清照无私的支持，赵明诚很难成为与欧阳修并称"欧赵"的金石专家。

卢氏对丈夫事业的全力支持，和李清照也有相似之处。丈夫事业的成功和丈夫对妻子发自内心的尊重，是对妻子的最好报答。这是卢氏和李清照作为女性、作为妻子最成功的地方。

但卢氏和李清照也有不同：李清照是一个当时来看很有些叛逆的女性，自己也留下了不少经典作品，成为文学史上公认的才女、最著名的词人之一。卢氏却是一个深受传统教育熏陶的女性，她对纳兰的爱情，是那种"润物细无声"的默默付出。她不求自己风光无限，也不求自己青史留名，她的存在只有一个目标：那就是深深地爱着丈夫，并且被丈夫深深地爱着。

"无限深情为郎尽"，从这个"尽"字可以看出，卢氏对纳兰的付出是无怨无悔，是竭尽全力的，这是卢氏的人生理想。而她的付出获得的最大回报，就是丈夫对她深深的感激和至死不渝的爱情。他们的幸福婚姻，是纳兰大踏步实现事业理想的根本保证。我们应该感谢卢氏的"无限深情"，虽然她自己并非青史留名的文学家，但是，如果没有她对纳兰全心全意的爱，历史上就会少一个带给我们无数感动的词人，这是爱情的伟大，也是卢氏对历史的一大贡献。

爱妻离世

从二十岁到二十二岁，这是纳兰一生中最幸福、最美丽的一段时光。但是，对于纳兰而言，这样美丽的人生就像烟花一样，她太美了，太美了！美得灿烂，美得炫目，美到极致之后却是跌入了无尽的黑暗！这样美丽的日子只持续了短短的三年——康熙十六年（1677），也就是纳兰二十三岁这年，令他痛苦一生的悲剧发生了！

在这一年前，卢氏生下了儿子海亮。喜添贵子，这本来是一件大好事，也给纳兰府平添了喜庆和快乐的色彩。可是，卢氏因为难产，生下儿子后身体一直很虚弱，只能卧床调理。

心爱的妻子病倒，纳兰顾不上体验当父亲的喜悦，而是心急如焚地关心着妻子的病情。他有一首词《唐多令》，很可能就是描写卢氏病重时期的情景：

> 金液镇心惊，烟丝似不胜。沁鲛绡湘竹无声。不为香桃怜瘦骨，怕容易，减红情。　　将息报飞琼，蛮笺署小名。鉴凄凉片月三星。待寄芙蓉心上露，且道是，解朝酲。①

"金液"是道家炼制的"仙药"，这里是指为卢氏熬制的汤药。"烟丝"就是柳树的枝条，此处是形容病中的妻子，身体已经虚弱得像柳丝那样弱不禁风。

尽管身体已经无比孱弱，但卢氏还是不想让丈夫太过担心，她只是背着丈夫偷偷地伤心垂泪——"沁鲛绡湘竹无声"。鲛绡，指的是丝绸制的手帕；湘竹，本是指斑竹，传说是湘妃的泪水浸染而成，词中借此代指泪水。无声的泪水浸透了她的手帕，细心的纳兰怎么会察觉不到卢氏的忧虑呢？他又怎么可能不担心不伤心呢？

"不为香桃怜瘦骨，怕容易，减红情。"香桃，是道教传说

---

① 词牌名一作《南楼令》。葛洪《抱朴子·金丹》："金液，太乙所服而仙者也，不减九丹。"任昉《述异记》："南海出鲛绡纱，一名龙纱，其价百余金，以为服，入水不濡。"将息：休息，调养身体。飞琼，女仙名。

中的仙物，李商隐《海上谣》诗中曾写道："海底见仙人，香桃如瘦骨。""红情"则是指像鲜花一般娇艳的红颜。此时的纳兰，看着原本娇艳丰润的妻子，渐渐变得苍白消瘦，心里真如刀割一样难受！

纳兰府上，也正在想尽一切办法，求医问药，只求保住卢氏的性命。求医问药没有好转，绝望之中，纳兰甚至想到了求助于神仙。"将息报飞琼，蛮笺署小名。"他将妻子的小名写在信笺上，希望能够把他殷切盼望妻子病愈的心情传递给神话传说中的神仙许飞琼，请她指引一条道路，让妻子能够继续留在自己身边。①

"鉴凄凉片月三星。""片月三星"相当于一个字谜，谜底即为"心"字。纳兰多么希望神仙能可怜可怜他此刻心情的焦虑和凄凉；他多么希望神仙能赐给他一粒"还魂丹"，让奄奄一息的妻子康复起来；他多么希望躺在床上的妻子，只是像往常一样，和他一起对饮赋诗，不知不觉喝醉了酒，"被酒莫惊春睡重"，沉沉一觉一直睡到第二天清晨还没醒过来……他多么希望妻子只是宿醉未醒，只是像往常那样的"被酒""春睡"啊！

"待寄芙蓉心上露，且道是，解朝酲。"朝酲，即宿醉的意思，指前一夜喝醉至次日清晨尚未醒酒。纳兰不想惊动昏睡的妻子，只是像往常一样，给她准备了一杯芙蓉花露，等她醒过来，好让她喝下去，醒醒酒……他希望，一切"只是像往常一样"！

可是，这一回，他的一切努力，都再也唤不回他最心爱的

① 《太平广记·女仙》："进士许瀍，游河中，忽得大病，不知人事，亲友数人，环坐守之。至三日，蹶然而起，取笔大书于壁曰：'晓入瑶台露气清，坐中唯有许飞琼。尘心未尽俗缘在，十里下山空月明。'良久渐言：昨梦到瑶台，有仙女三百余人。内一人云是许飞琼，曰：'君终至此，且归。'若有人导引者，遂得回耳。"秦观《南歌子》词："天外一钩残月，带三星。"芙蓉：吴文英《齐天乐》词："芙蓉心上三更露，茸香漱泉玉井。"

妻子了。妻子这回是真的"醉"过去了，而且再也不会醒来了！

康熙十六年（1677）的五月三十日，卢氏永远地离开了纳兰。

如果说，此前的纳兰是沉浸在温暖的爱情中，那么，此后的纳兰，对于爱情的姿态，就定格成了孤独的遥望——他在人间，爱人却在天上。纳兰的《画堂春》词这样写道："一生一代一双人，争教两处销魂。相思相望不相亲，天为谁春。"曾经美满的"一生一代一双人"被残酷的命运拆散了，从此以后，他们只能"相思相望""两处销魂"，却再也不能亲密地依偎在一起。春天依然每年还会回来，可是，纳兰爱情的春天却永远逝去了，他的内心世界，从此只剩下了冰冷的冬天。

悲剧情怀

卢氏去世以后，纳兰写下了无数的悼亡词，从此以后，他的一生都沉浸在对妻子的怀念和追忆当中，也只有在回忆中，他才能回到妻子温暖的怀抱，他才能暂时忘记现实世界的冰冷。

在他所有的悼亡词中，可能这首《浣溪沙》是人们最熟悉的：

> 谁念西风独自凉。萧萧黄叶闭疏窗。沉思往事立残阳。被酒莫惊春睡重，赌书消得泼茶香。当时只道是寻常。

在这首词里，词人一开始就营造了浓郁的悲伤气氛："谁念西风独自凉。萧萧黄叶闭疏窗。沉思往事立残阳。"这几句显然是词人当时所处的环境和心情。

"西风"，说明当时正是秋天。古典诗词里出现"东风"，其语境往往是在春天，"西风"则是在秋天。中国文人向来有"悲秋"的传统，每当秋风起时，草木枯萎，落叶飘零，凄凉萧瑟的景象总能引发文人关于时间流逝、生命垂老的无限感慨。从屈原的"袅袅兮秋风，洞庭波兮木叶下"（《湘夫人》），到杜甫的"无边落木萧萧下"（《登高》），都是在抒发"悲秋"的伤感。

这种传统一直延续到了当代的歌词当中，例如周杰伦演唱的《菊花台》（方文山词），也蕴含着一种浓厚的悲秋情绪："夜太漫长，凝结成了霜，是谁在阁楼上冰冷地绝望。""我一生在纸上，被风吹乱。"这里的"风"也是从西边吹来的秋风。西风给人带来的本来就是冰冷的凉意；更何况，在这首词里，纳兰一开始就发出了深沉的叹息："谁念西风独自凉。"①

"独自"一词看上去很平淡，但是仔细琢磨，会觉得它其实非常不平淡。因为秋天对每个人都是平等的，当西北风肆虐的时候，不管你是富家公子还是平民百姓，不管你是文人墨客，还是美貌佳人，都能感受到这个季节的寒冷。可是现在，在秋风中感受秋天的凉意的，只有词人"独自"一个人。

全世界都寒冷，寂寞却只有词人独自体会、独自品尝。就这一句话，纳兰把自己与一般人区别开了。这就是诗人与常人的不同啊：只有诗人才能够在最常见的景象中产生独特的感受。

词人独自伫立在萧瑟的西风中，他眼中的景色是"萧萧黄叶闭疏窗"。"疏窗"是指雕有镂空花纹的窗子，天冷了，黄叶飘零，门窗紧闭；他感受到的是秋天刺骨的寒冷——"谁念西风独自凉"。明明窗户里面就是温暖的房间，可是词人在冰凉的西风中一站就是老半天，一站就站到了黄昏，还舍不得进屋去，是什么原因让他如此失魂落魄？

因为，屋子里再也没有他爱的人了！屋子里再也没有从前

---

① 宋秦观《减字木兰花》"天涯旧恨，独自凄凉人不问。欲见回肠，断尽金炉小篆香。　黛蛾长敛，任是东风吹不展。困倚危楼，过尽飞鸿字字愁。"

那样"被酒莫惊春睡重，赌书消得泼茶香"的温馨场景了！没有了爱人的温暖，窗内和窗外又有何区别？

"被酒莫惊春睡重，赌书消得泼茶香。"这两句词的意思我们在前一章中已经详细分析过。"被酒""春睡""赌书""泼茶"，这些都曾经是他们夫妻生活中的快乐场景。而如今，那样温暖而快乐的场景再也不会出现了，那个曾经无比温馨的房间现在也和秋天一样，冷了，再也不像从前那样令他留恋了。

"沉思往事立残阳。"[①] 此刻的纳兰，唯一的精神安慰，就是活在回忆中，在追忆中重温他与妻子经历过的一切。

如果说，在与卢氏结婚之前，纳兰经历过的磨难，比如初恋的失败，比如考试的挫折，这些都还能够用语言来描述；那么这回妻子的离去带给纳兰的痛苦，才是人生真正的悲剧。对这样的伤痛，他已经无法用任何语言、任何文字来表达了。他只能很平淡地说一句："当时只道是寻常。"

"当时只道是寻常"——这是《浣溪沙》词的最后一句。

前面说过，纳兰词主要有四大特点：真情、自然、追忆和伤心。这首《浣溪沙》之所以能够成为纳兰词经典中的经典，正是因为它集中体现了这四大特点。

首先是追忆。

在纳兰的追忆里，我们看到的是他与妻子的幸福生活："被酒莫惊春睡重，赌书消得泼茶香。"夫妻朝朝暮暮相守的短短三年，是他们在一起吟诗品酒、赌书泼茶的日子，是他们一起并吹红雨、同倚斜阳的日子。那样的日子很平淡，他曾经以为这样平淡的日子会延续一生，他还没来得及细细品味，好好珍惜，一切，就这样突然结束了。当这样平淡的幸福骤然消逝之后，他才真正醒悟过来：原来那些寻常的日子，才是他这一生最宝

---

① 五代李珣《浣溪沙》："晚出闲庭看海棠，风流学得内家妆。小钗横戴一枝芳。　镂玉梳斜云鬓腻，缕金衣透雪肌香。暗思何事立残阳？"

贵的财富！

不过，最深切的痛苦，其实并不一定需要最浓烈的语言来渲染。纳兰的词自然平淡，是因为他不会刻意用一些很晦涩很生僻的典故和词句，但这些词并非完全没有艺术技巧。相反，纳兰填词的技巧很高明，高明到了让人看不出的境界。这好比女孩子化妆：让人一眼就看到脸上的五颜六色，厚厚的脂粉，夸张的描画，这是蹩脚的化妆，不但不会让人变得漂亮，反而会更显庸俗。真正高明的化妆应该是明净的，清澈的，是和人的整体气质协调的，它会让人忽略掉化妆的痕迹，而对和谐的自然美留下深刻印象。

纳兰词的技巧，就像是经过了高明化妆后的女子，既充分展现了她的天生丽质，又显示出高雅的艺术修养和审美情趣。

这首《浣溪沙》就运用了一种很重要的艺术手法——"时空穿梭"，当然这是套用了时髦的语言，其实说白了就是"对比"——今昔对比，也即现在和过去的对比。

今昔对比是这首词的主线：现在的情景是"萧萧黄叶闭疏窗"，是秋日的凄凉；回忆中的过去却是"被酒莫惊春睡重"，是春天的温暖。

在今昔对比中还包含着哀乐对比：现在的词人是孤独凄凉的——"谁念西风独自凉"；沉浸在爱情中的词人却是甜蜜快乐的——"赌书消得泼茶香"。

此外还有动静对比："沉思往事立残阳"是长时间默默伫立的词人；在词人的追忆里，"被酒莫惊春睡重，赌书消得泼茶香"却是多么活泼欢快的场景。

那么，在这样短短的一首小词中，纳兰为什么要进行这么多层次的对比呢？

明末清初的著名思想家王夫之曾经说过这么一句话，他说在诗词艺术中："以乐景写哀，以哀景写乐，一倍增其哀乐。"

（《姜斋诗话》）也就是说，明明诗人词人想要表达的是一种哀伤的感情，可是他在诗词中却偏偏选择那些欢乐的场景来描写。欢乐的场景又如何能够传达出哀伤的感情呢？

这就是人们常说的：什么是悲剧？悲剧就是将最美的东西毁灭给人看！

最快乐的场景，在你最想留住它的时候，却突然消失得无影无踪，这种悲剧的力量才是最震撼人心的，这才是最伤最痛的感情！所以，在文学艺术作品中，美丽、快乐的场景越是渲染到了极致，快乐的消逝、美丽的毁灭才越是让人感觉到加倍的悲痛。

纳兰的这首《浣溪沙》就将这种艺术手法用到了炉火纯青的境界：他越是极力渲染过去的幸福，失去幸福的痛苦才会越发显得强烈。

有一部很经典的美国电影《人鬼情未了》，男主人公说过一句同样很经典的台词："当我感到快乐的时候，我最害怕的就是失去它。"

而在另一部国产电影《唐山大地震》中，固然有许多惊天动地的大场面，但最让人印象深刻的还是其中的一句台词。女主人公在地震中痛失丈夫和女儿，她守着丈夫和女儿的遗像，孤独地过着下半辈子。多年之后当她再提起这段经历，只是轻描淡写地说了一句话："没了，才知道什么是没了。"

没有撕心裂肺的痛哭，没有惊天地泣鬼神的山盟海誓，没有喋喋不休的倾诉，只有最平淡的一句："没了，才知道什么是没了。"

最平淡的，才是最震撼的！

"当时只道是寻常"，在经过了那么多的今昔对比、哀乐对比、动静对比之后，纳兰好像已经把他对妻子的思念、他和妻子过去的幸福以及他现在的凄凉全都表达出来了。可是直到最后，他才发现，真正经历过悲剧的人，一切文字、一切语言，都无法准确表达出他内心深处的伤痛。"当时只道是寻常"，最后这平平淡淡、简简单单的一句话，才真正包含了他所有想说却又说不出来的话。

有人说，夫妻相处久了，就像左手握着右手，已经平淡得没有任何感觉，可是真要失去了一只手，那种钻心的痛才会真正从骨子里提醒你："当时只道是寻常！"

"当时只道是寻常"——真正的痛，不是号啕大哭，不是捶胸顿足，也不是呼天抢地，也许只是一声轻轻的叹息，也许只是长久的沉默之后，脸颊上淌落的一行清泪。

当拥有幸福的时候，人人都会觉得这样的幸福很平常，平常得随处可见，平常得甚至让人轻易地忽略了它的存在。只有当你失去它的时候，你才会明白，什么是真正的痛。

纳兰的伤心，纳兰的凄婉，也没有撕心裂肺的痛哭，没有惊天地泣鬼神的山盟海誓，在频繁的追忆之后，他只是很平淡地说了一句："当时只道是寻常。"

最平淡的，才是最伤心的，才是最令人"不忍卒读"的！

第五章
不辞冰雪为卿热——悼亡哀思

痛失爱妻的纳兰，沉浸在极度的悲伤和无尽的追念之中，有很多细节足以证明纳兰对卢氏感情的深度。

天人永隔

古代有个惯例，一般人去世之后不会马上下葬，而是要在家里停放一段时间，有地位的家庭也会借寺庙的地方来停灵，以表达生者对逝者的难以割舍之情。停灵的时间长短也有讲究，死者身份越尊贵，停灵时间越长。例如天子停灵的时间最长，古礼甚至规定天子驾崩要停灵三年。清代顺治九年定下了礼制：亲王停灵一年，郡王七个月，贝子以下五个月。① 民间风俗则根据各家的情况尤其是经济状况的不同，停

---

① 《清史稿·礼志·凶礼》："凡葬期，亲王期年，郡王七月，贝子以下五月。"

灵的时间可能从三天到七七四十九天不等。

卢氏去世以后，灵柩停放在双林禅院，双林禅院的遗址据说在今天北京西北海淀区的紫竹院公园。① 卢氏于康熙十六年（1677）五月去世，直到康熙十七年（1678）七月才下葬，停灵的时间竟然长达一年多！按道理，卢氏的地位远远不能同亲王贝勒相比，可纳兰竟然违反礼制，停灵的时间大大超过了亲王贝勒。可能造成这种情况的原因只有一个：纳兰舍不得让妻子就这样离开自己的世界；他始终都不愿意相信，挚爱的妻子已经永远地离他而去了。

在纳兰的心里，妻子并没有死，她还一直陪伴在自己身边。这首《忆江南》即是纳兰在卢氏去世不久后写下的悼亡词：②

> 挑灯坐，坐久忆年时。薄雾笼花娇欲泣，夜深微月下杨枝。催道太眠迟。　　憔悴去，此恨有谁知。天上人间俱怅望，经声佛火两凄迷。未梦已先疑。

这首词前面有序云："宿双林禅院有感。"这说明，纳兰是在妻子停灵期间，住在双林禅院的时候有感而发。在卢氏停灵双林禅院的这一年多时间，纳兰总是利用一切机会到寺庙里去"看望"妻子，有时甚至会在这里一住就是好几天。

在纳兰所有的悼亡词中，这首《忆江南》并不是最有名的，可这首看上去普普通通的小词却格外动人。

"挑灯坐，坐久忆年时。"冷冷清清的寺庙里，纳兰挑灯独坐，微弱的灯花把他的回忆带到了不久前他们夫妻厮守的日子。

"薄雾笼花娇欲泣，夜深微月下杨枝。"也许就在去年的此

---

① 关于双林禅院地址亦有不同说法，一说在辽宁凌海松山。参阅张草纫笺注《纳兰词笺注》，上海古籍出版社1995年版。

② 亦作《望江南》。

时，也是这样宁静的夜晚，纳兰像往常一样挑灯苦读，时而陷入沉思，时而奋笔疾书，浑然不觉已经从薄雾笼罩的黄昏一直坐到了月上柳梢的深夜。卢氏陪在丈夫的身边，安安静静地绣着花儿或是写着"鸳鸯小字"，偶尔她会起身拨亮一下灯花，或者深情地凝视着忘我工作的夫君……

看看夜已经深了，妻子心疼熬夜的丈夫，会温言软语地催促丈夫："天色已经很晚了，又这么冷，还是早点休息吧。"纳兰抬起头来，对妻子笑一笑，说："还有最后一段文字没有写完，马上就好了啊，你先去睡吧。"妻子摇摇头，给他披上一件外套，往他的茶杯里添上热水，然后在他身边坐下来，顺手拿起没做完的刺绣，继续陪伴着熬夜工作的丈夫。

"催道太眠迟。"这是夫妻生活中最细小最平淡的事情，也许这样的小事每天都在身边发生，甚至妻子频繁的催促会让丈夫觉得唠叨烦人。可是当这样的催促将要永远地从耳边消失，你还会嫌她琐碎嫌她唠叨嫌她烦吗？

过了好一会儿，纳兰手头的工作终于告一段落，他抬起头来，看着低头刺绣的妻子，心里既充满着幸福，又觉得心疼。他站起身来，想要拥抱一下妻子，可是当他伸出双手时，妻子却不像往常那样娇羞地倚在他怀里——他扑了个空，刚刚还坐在一边的妻子突然像影子一样消失得无影无踪了……

当代词学大师唐圭璋先生也写过一首悼念妻子的词，词牌名也是《忆江南》。唐先生的悼亡词是这样写的：

> 人声悄，夜读每忘疲。多恐过劳偏息烛，为防寒袭替添衣。催道莫眠迟。

读书人往往体质比较弱，妻子怜惜废寝忘食的丈夫，担心丈夫太辛苦伤了身体，不单是为丈夫添衣加水，催丈夫早点去休息；在屡次催促，丈夫仍然不为所动、继续沉浸在书中的时候，妻子甚至还会走过去，不由分说地故意把蜡烛吹灭……

妻子看似"刁蛮"的举动，其实蕴含着最深沉的爱啊！唐圭璋先生中年丧妻，从此没有再娶，他将一生唯一的爱全部都奉献给了妻子。他的这首《忆江南》几乎可以说是纳兰悼亡词的翻版。

"当时只道是寻常"，这些最寻常的细节也许最容易被忽略，可是当这一切只能出现在回忆中的时候，这些最寻常的细节就成为无价之宝，成为沉淀在生命中最痛的那一处伤口。

如今，妻子的灵柩就停在身边，纳兰在长时间的呆坐之后，恍然觉得妻子好像还和当年一样，会轻轻地走过来，给他披上外套，在他耳边温柔地再次催促："去睡吧，已经很晚了……"

"憔悴去，此恨有谁知。"妻子已经去了，独自留在人间的纳兰，他内心的憔悴，内心的痛苦又有谁能知晓？

"天上人间俱怅望，经声佛火两凄迷。"在寺庙的这个晚上，他一个人坐在冷冷清清的房间里，也不知道这样呆呆地过了多久。当他从呆坐中突然惊醒，他的眼前不是妻子娇美的身影，耳边不是妻子温柔的声音，他看到的只有昏黄的香火，听到的只有寺庙里隐约传来的僧人诵经的声音——他这才发现，原来已经到了寺庙里做早课的时间了，原来不知不觉中，他竟然已经呆坐了整整一个通宵。神思恍惚中，他怎么也想不明白：刚才明明妻子还在催促自己早点睡，明明还坐在身边绣花，怎么一转眼就不见了呢？

"未梦已先疑。"刚才的这一幕，难道是在做梦吗？妻子是放心不下自己，所以在梦里也要来提醒自己早点休息，就像往常一样吗？

"天上人间俱怅望"，如今，妻子和自己，一个在天上，一个在人间，只能遥遥对望，可是那份牵挂，那份心疼，仿佛还和从前一样，没有一丝改变。

此时的纳兰，心中只有一个愿望：他希望也能够得到仙药，飞到天上去和他的爱人相聚；他还希望在人间和天上中间搭起一座鹊桥，让他能够渡过天河，去会见他朝思暮想的爱人；他更希望他和妻子也能像传说中的裴航和云英一样，"在天愿为比翼鸟，在地愿为连理枝"。在人间的时候，他和妻子是不能分离的"一生一代一双人"；在另一个世界里，他仍然渴望和妻子是永不分离的"一生一代一双人"！

可是，这样的愿望能达到吗？不能！我们谁都知道不能，纳兰也知道不能！所以他曾在《画堂春》词中说"桨向蓝桥易乞"，他知道像裴航和云英那样一见钟情，结为夫妻并不难，难的是一辈子不离不弃的相守。妻子已经先他而去了，可"药成碧海难奔"，人间、天上相隔那么遥远，即便他能炼成仙丹，又怎样才能再见到他的爱人呢？

"若容相访饮牛津"，连牛郎织女都能一年一度相会一次，可那毕竟只是神话；现实中的纳兰，他也想乞求上天，哪怕是像牛郎织女一样，一年只能见一次，他也愿意抛弃世间的一切功名富贵，去换取和妻子的一次拥抱。

如果说《画堂春》（一生一代一双人）流露了纳兰对于神仙夫妻生活的期盼，那么《浣溪沙》（谁念西风独自凉）就是词人无力改变现实的伤心咏叹，而《忆江南》（挑灯坐）则是用梦境的形式表达了词人试图摆脱现实、在梦中延续美好回忆的徒劳的努力。

在卢氏停灵的一年多时间里，双林禅院成了纳兰的精神归宿。虽然此时的纳兰已经高中进士，不久又被授予了官职，成为康熙皇帝身边的近臣侍卫。初入仕途的他，工作十分辛苦，任务也尤其艰巨，但是再繁忙的工作也无法驱遣他对妻子的刻骨思念。只要一有空，他就会来到双林禅院，在这里住上一夜，安安静静地陪着妻子。在他频繁的梦境和幻觉里，妻子常常会像以前一样，迈着轻悄悄的步子，笑意盈盈地来到他的身边。

"梦相伴、绮窗吟和。薄嗔佯笑道，若不是恁凄凉，肯来么？"① 他常常梦到妻子依偎在他的身边，在窗前和他一起吟诗唱和。在梦里，妻子就像过去一样，风情万种地跟他撒着娇。"薄嗔佯笑"，"薄嗔"就是轻声责怪的意思。一个"薄"字，说明卢氏并不是真的生气，被纳兰嬉皮笑脸地一哄，卢氏就忍不住笑了，还假装气呼呼地笑着问他："哼，你还知道要来看我啊？这么久不来，是不是寂寞了才想着来陪我的呀？"

卢氏去世的时候才不过二十出头，要放在今天，还真是一个没长大的女孩子，有事没事、有理没理都要跟心上人撒撒娇，发点小脾气，使点小性子。在相爱的人那里，女孩子的撒娇任性不过是恋爱中的点缀，甜蜜还来不及，谁会去当真生气呢？

纳兰也是这样，他哄着假装生气的妻子，忙不迭地解释来迟了的理由：这段时间好忙，总是加班啊；或者这段时间出差了，去了好多地方，其实心里哪里也不想去，就一心想着回来陪你啊……当然，妻子并不是真的要听什么理由，只是喜欢这样被丈夫哄着宠着的感觉。

对纳兰来说，这样"绮窗吟和""薄嗔佯笑"的日子，这样娇美可爱的妻子，真是他一个永远不愿醒来的梦。

快乐总是短暂的。沉浸在温暖梦境里的纳兰，最害怕的就是梦醒的时候。可是，最害怕的时刻还是很快就来了——天亮了，寺庙里的钟声敲碎了他快乐的梦境，他又要告别深深眷恋的妻子，又要匆匆忙忙赶去"上班"了，又不知要过多久才能

---

① 《寻芳草·萧寺记梦》："客夜怎生过。梦相伴、绮窗吟和。薄嗔佯笑道，若不是恁凄凉，肯来么？　　来去苦匆匆，准拟待、晓钟敲破。乍偎人、一闪灯花堕，却对着、琉璃火。"

再来这里陪伴他的爱人。

下次再来的时候，妻子还会如往常一般"薄嗔佯笑"，和他一起"绮窗吟和"吗？

守望来生

纳兰的悼亡词，几乎每一首都是这样的"凄婉"，"令人不忍卒读"。不过，在他的所有悼亡词中，我个人感触最深的还是这首《蝶恋花》：

辛苦最怜天上月。一昔如环，昔昔都成玦。若似月轮终皎洁，不辞冰雪为卿热。　　无那尘缘容易绝。燕子依然，软踏帘钩说。唱罢秋坟愁未歇。春丛认取双栖蝶。

细心的读者可能会注意到，这首词用普通话来诵读并不押韵，因为当时填词用的并不是我们现在的普通话。这首词押的是入声韵，入声在现在的普通话中已经不再使用；但是古典诗词的魅力不仅仅在于它的意象、典故和词汇，也在于它独特的声律美。因此，如果想更深入地了解纳兰在这首词中赋予的沉痛的情感，可以试试用方言——像吴语、湘语、粤语等这些相对来说更加接近古音的南方方言来诵读。如果自己不会讲这些方言，可以请来自江浙、湖南或者广东这些地方的朋友来读一读，这样一来，这首词的感染力就强烈了很多。

唐代诗人李贺有句很著名的诗："天若有情天亦老。"（《金铜仙人辞汉歌》）天到底有没有感情呢？当然没有！所以天是永恒不变的，它不会哭不会笑不会叹气不会熬夜不会失眠更不会衰老。可是，在多情善感的人眼里，天又是有情的。纳兰的这首词一开篇就说："辛苦最怜天上月。"天也好，月也好，本来都是无情之物，可是有情的人偏偏给这些无情之物赋予了深沉的感情。那么，在纳兰的眼里，天上的月又有怎样的感情呢？无情的月又怎么会觉得"辛苦"呢？

"一昔如环，昔昔都成玦。"环和玦的本义都是玉，但环和玦有很大的差别——环是圆形（中间有孔）的玉，玦是半环形有缺口的玉。如果月亮没有感情，那它为什么每个月只有一个晚上是圆形的，其他晚上都是不圆满的呢？宋代大诗人苏轼有一首很有名的咏月词《水调歌头》，其中几句说："人有悲欢离合，月有阴晴圆缺，此事古难全。"月亮的圆缺本来是自然界的规律，可是一旦跟人间的悲欢离合联系起来，这种自然规律就显得那么凄凉那么无奈了。为了仅仅一个晚上的团聚，月亮要积聚整整一个月的力量，这该是何等的辛苦！

可是在词人看来，月亮的这种辛苦跟人的辛苦比起来，又是微不足道的——毕竟不管怎么样，月亮一个月还能等来一次圆满。只要有一次圆满的相聚，再辛苦也还是有盼头的。可人呢？"若似月轮终皎洁，不辞冰雪为卿热。"如果人也能像月亮一样，不管要等多久、等得多么辛苦，只要最终能换来皎洁圆满的那一天，那么，无论是什么样的代价，纳兰都会不惜一切地去付出、去投入的。这会是什么样的代价呢？

"不辞冰雪为卿热。"这是这首词里最令人感动的一句，也是这首词中力量最厚重的一句。在这里，纳兰给出了一个最悲壮的答案——"不辞冰雪为卿热"！

原来，"不辞冰雪为卿热"也是运用了一个典故，这个典故出自《世说新语》：

> 荀奉倩与妇至笃，冬月妇病热，乃出中庭，自取冷，还，以身熨之。妇亡，奉倩少时亦卒，以是获讥于世。

　　这个故事讲的是三国时候魏国的一位名士叫荀粲，荀粲字奉倩。魏晋时候的名士，大多很有个性，与众不同，荀粲就是特有个性的一位。荀粲没结婚的时候就很狂妄地宣称：他要是结婚，就要娶天下最美貌的女子为妻。后来，他听说骠骑将军曹洪的女儿有倾城倾国的美色，于是他用最隆重最华丽的婚礼迎娶了曹家小姐。绝色美女娶回来之后，荀粲果然对妻子非常好；最难得的是，在那个风流浪漫的时代，荀粲对妻子忠贞不贰，夫妻感情深厚。

　　然而，不幸的是，过了几年，荀粲的妻子得了重病，高烧不退，吃什么药都不管用。当时正是寒冬腊月，冰天雪地，荀粲着急得没办法了，就脱光衣服跑到院子里，让风雪将自己的身体冻冷，然后再回到屋子里，用自己冻冷的身体贴到妻子的身上，给妻子"物理降温"。但是这样的深情、这样的努力还是没有挽回妻子的生命，不久，妻子就去世了。

　　妻子去世之后，荀粲悲痛不已，就像纳兰一样，他也始终舍不得让妻子的灵柩下葬，每天呆坐在妻子身边，"不哭而神伤"，没有号啕痛哭，没有眼泪，只是目光呆滞，黯然神伤。他的好朋友去吊唁的时候，看到荀粲这么伤心，就劝他：你的妻子只不过是长得漂亮而已，并没有什么特别之处，天涯何处无芳草，这天下漂亮女人多的是，你又何必这么悲伤呢？

　　荀粲回答朋友时只说了这么一句话："佳人难再得。"

　　"佳人难再得！"这样的回答，和纳兰"一生一代一双人"的誓言如出一辙：这个世界上，漂亮优秀的女人确实到处都有，可是爱人只有这一个，失去了就再也找不回来！

　　不久，荀粲也因为悲伤过度而去世，去世的时候年仅二十九岁。①

----

　　①　事载《三国志》裴松之注。

这件事在当时成了轰动一时的"新闻"，也引起了当时人的"热议"，有人"顶"，也有人"拍砖"。在很多人看来，荀粲只不过是一个"好色"之徒——没结婚的时候就口出狂言要娶绝色美女，结婚以后又儿女情长，甚至为了美女连自己的性命都不要了。因此，《世说新语》把这个故事放在"惑溺"篇里，目的是为了警戒世人：你们千万别像荀粲那样沉溺于美色不能自拔啊！

　　的确，荀粲是娶了绝色美女，但是夫妻相处多年之后，感情的因素早就超过了美色的诱惑。何况，在那个时代，名士风流是时代风气，就像荀粲的朋友劝他的那样：绝色美女多的是，你又何必吊死在一棵树上呢？可是在荀粲的心目中，其他的女人再漂亮再有才再有钱再优秀对他都没有任何意义，"佳人难再得"！他最深爱的女人在他心里是任何人都不可能取代的。他为了坚守心中这份唯一的爱，宁可付出生命的代价。

　　三百多年前的纳兰容若也是这样想的。纳兰在自己的词里不止一次地用到荀粲的这个典故，比如他还曾写下这样的句子："欲知奉倩神伤极，凭诉与秋檠。"①"檠"就是灯台的意思，这两句词是说纳兰内心的悲哀就像当年的荀粲荀奉倩一样，因为失去爱人"不哭而神伤"。可是这世间有谁能懂得他内心的这种悲苦呢？也许只有那盏夜夜陪着他一起失眠的秋灯吧！

　　正因为有这种无法用语言来表达的悲痛，所以纳兰才会在这首《蝶恋花》中，重重地写下了这一笔："不辞冰雪为卿热。"如果能用自己被冰雪冻过的身体为妻子降温，只要能够挽回妻子的生命，那么他也像荀粲那样，愿意为此付出一切的代价，包括生命！至于别人会怎么看待他，嘲笑也好，批评也好，说

---

　　① 《眼儿媚》："手写香台金字经，惟愿结来生。莲花漏转，杨枝露滴，想鉴微诚。　欲知奉倩神伤极，凭诉与秋檠。西风不管，一池萍水，几点荷灯。"

他儿女情长也好，他都不在乎。因为在他心里，他最爱的女人的生命高于一切，他们之间的爱情高于一切。

有人曾经说过，古代的中国人没有真正的爱情。从来没有哪个中国的文人，像西方诗人那样骄傲地宣称过"生命诚可贵，爱情价更高"。可是当你翻看纳兰的词集，你会发现，爱情就在那里。也许他不懂"爱情"这个时髦的词儿，也许他也不懂什么叫"爱情至上"，可是他却用自己的行动，用自己饱含深情的笔墨，告诉了我们，什么是"爱情至上"！为了爱情，为了他深爱的人，他愿意付出的最高代价，是自己的生命！

纳兰的悲剧，也许就在于他懂得了什么是爱情，正因为他太懂爱情，所以在失去爱情的时候，他才会比别人更痛苦，更不能从悲伤中解脱出来。

可是，人的力量又怎么能对抗得了天的力量呢？

"无那尘缘容易绝。""无那"就是无奈的意思。上天夺走了妻子的生命，也夺走了纳兰一生的最爱。这是纳兰的宿命，他无力对抗这种宿命，他和妻子在尘世间的缘分已经断绝，可是纳兰不死心、不甘心。尘缘虽短，人间天上，他和妻子的缘分还能重续吗？

这样的问题，我们不忍心回答纳兰。可是纳兰自己给了自己回答，他曾经写过这样的词句："手写香台金字经，惟愿结来生。"（《眼儿媚》）"香台"这里是指寺庙里的佛堂，有的贵族家庭自己家里也设有佛堂。纳兰常常把自己一个人关在佛堂里，抄写佛家的经典。纳兰原本是一个深受儒家思想影响的人，可他怎么会这么虔诚地信佛呢？

原来，当他无力对抗宿命，无力挽回他和妻子的缘分的时候，他只有寄希望于佛教，因为只有在佛教里，人们才会相信有前生、今生和来生。所以，在佛的面前，他苦苦地哀求着：即使他和妻子今生今世"尘缘"已绝，那么他只恳求佛再给他一次机会，"惟愿结来生"，让来生他和妻子能再度相逢。

卢氏的离世，不但改变了纳兰的人生轨迹，甚至还改变了纳兰的人生信仰——他从一个执着儒家经典的读书人，转变成了一个痴迷于佛经的伤心人。这种转变还有两个非常明显的证据。

其一，纳兰曾经在二十二岁时第一次出版自己的词集，名为《侧帽词》，这个集名充分体现了他风流倜傥的文人雅士的情怀（详见第二章《多情自古原多病——少年坎坷》）。可是，卢氏去世以后，纳兰再版自己的词集时，集名改成了《饮水词》。

"饮水"一词即来自佛家的故事。据唐代裴休集《黄檗山断际禅师传心法要》记载："（道）明于言下，忽然默契，便礼拜云：'如人饮水，冷暖自知。'"人世间的冷暖甘苦，只有经历过的人才最清楚，种种细微的感受是很难用语言表述出来的，那是一种无法与人分担与分享的孤独。

由风流儒雅的"侧帽"改为凄凉寂寞的"饮水"，纳兰心境的转变可见一斑。

其二，在卢氏去世以后，纳兰给自己取了一个别号"楞伽山人"，这个别号同样源于佛家经典《楞伽经》，表达了他对人世沧桑的空寂感与虚幻感。

一个沉浸在现实的幸福和充实中的人，是很难对人生产生如此不信任的感觉的。显然，卢氏的离去，带走了纳兰对于人生的眷恋和希望，他对佛家经典的痴迷，并不意味着他从此能够看破红尘。对纳兰来说，佛教的信仰，与其说是让他超脱世外，不如说是让他更加沉浸在现实的悲剧之中不能自拔。当他痴痴地期盼着佛家所承诺的"来生"的时候，他越发不能忘怀现实的痛苦。

因为，来生能不能再见面，其实谁也不能保证。即便是纳兰自己，在佛灯前虔诚的祈祷，也不能换来一个肯定的答案：

"谁能许我一个来生，让我再和挚爱的人一起长相厮守？"

春天来了，熟悉的燕子又飞回来了，"燕子依然，软踏帘钩说。"① 燕子仍然成双成对地踏上帘钩，轻柔的鸣叫声好像是在诉说着甜蜜的悄悄话。燕子那恩爱的样子，多像当年的纳兰和卢氏啊——往年的这个时候，他们也是那样恩爱地倚在窗前，看着燕子双双归来，栖息在屋檐下。可现在，燕子还和从前一样；倚在窗前的人儿却只剩下了纳兰一个。

这让人不由想起北宋词人晏殊的两句词："无可奈何花落去，似曾相识燕归来。"（《浣溪沙》）这世上，有什么是亘古不变的？又有什么是变化无常的？"似曾相识"的燕子年年都会回来，那代表着循环不已、亘古不变的自然；可是时光和生命却在无法挽回的流逝中，那是世事无常的"无可奈何"。

纳兰正是在这种亘古不变的自然中，体会到了生命流逝的悲怆。在永恒与无常的对比中，他痛切地感受着生命的软弱无力。

"唱罢秋坟愁未歇。"② 这句化用了李贺的诗句"秋坟鬼唱鲍家诗"。唐代诗坛有李白这样的"诗仙"，有杜甫这样的"诗圣"，而李贺则被称为"诗鬼"。李贺一生多愁多病，仅仅活了二十七岁便去世了，他的诗常常会运用一些很诡异的意象，来反映充满悲剧的现实和人生。甚至有人说，在李贺的笔下，"每一页书简都是一片招魂幡"③。

---

① 李贺《贾公闾贵婿曲》："燕语踏帘钩，日虹屏中碧。"吴文英《双双燕·咏燕》："还相雕梁藻井，又软语商量不定。"

② 李贺《秋来》诗："秋坟鬼唱鲍家诗，恨血千年土中碧。"

③ 过常宝《每一页书简都是一片招魂幡——试释李贺〈秋来〉诗》，载《文史知识》2010 年第 9 期。

纳兰在词坛上也被称为是"鬼才"①，可是纳兰唱了那么多悲怆的挽歌，都招不回妻子卢氏的魂魄，他只能寄希望于来生——"春丛认取双栖蝶"——这是《蝶恋花》词的最后一句。

　　这最后一句多像著名的梁山伯与祝英台的故事②——活着的时候不能"执子之手，与子偕老"，死了也要化为一双蝴蝶，不离不弃。这和纳兰"惟愿结来生"的祈祷是何等的一致！

　　《蝶恋花》讲到这里，似乎已经解释完了。不过，需要补充的是，在这首充满悲情的悼亡词里，最后的这一句"春丛认取双栖蝶"却似乎洋溢着淡淡的喜剧色彩：在花丛中翩翩起舞的一双蝴蝶，是春天里很美好的景色。这好像是纳兰给这首悼亡词安的一个"光明的尾巴"，是一个充满希望的"happy end"。可透过表面上这一点喜剧色彩，我们看到的是更浓厚的悲情——没有来生！

　　这也是我们前面说过的："以乐景写哀，一倍增其哀感。"用快乐来反衬悲哀，悲哀会显得更加浓厚。

　　越是殷殷地期待着来生，越是清醒地意识到没有来生！

　　说透这一点很残忍，毕竟，在中国真正相信有来生的人很少，而像纳兰这样充满智慧的人，更不会相信真有什么来生。当我们殷殷地寄希望于来生的时候，我们比谁都清楚地知道：没有来生，化蝶成双只是一个虚幻的梦。纳兰也知道，不管他在佛前苦苦祈求过多少遍，他都知道：没有来生了！他这一生都将在孤独和悲伤中度过。他唯一能够再见到妻子的机会，只有在梦中。

------

　　① 傅庚生《中国文学欣赏举隅》十三："仙品、鬼才，何由判耶？试别举他例以明之。……纳兰容若《临江仙》'别后闲情何所寄'云云，寓目之顷，俄有踽踽悸悸之情，是鬼才也。"

　　② 《山堂肆考》："俗传大蝶必成双，乃梁山伯、祝英台之魂，又韩凭夫妇之魂。"李商隐《偶题二首》之二："春丛定是双栖夜，饮罢莫持红烛行。"

只有在梦中，他才能重续他和妻子的情缘。纳兰在另外一首悼亡词《沁园春》前写过一段小序，序是这样写的：

> 丁巳重阳前三日，梦亡妇淡妆素服，执手哽咽，语多不复能记。但临别有云："衔恨愿为天上月，年年犹得向郎圆。"妇素未工诗，不知何以得此也，觉后感赋。

在重阳节前的三天，纳兰又梦到了妻子，淡妆素服，握着纳兰的手，喃喃地叮咛着什么。虽然她的叮咛时不时会被哽咽声打断，但是纳兰却清清楚楚地记得妻子临别时留下来的那两句诗："衔恨愿为天上月，年年犹得向郎圆。"

卢氏和纳兰，一个在天上，一个在人间，但是这样遥远的距离，也阻隔不了他们之间的心有灵犀。在人间的纳兰说："辛苦最怜天上月。一昔如环，昔昔都成玦。"在天上的卢氏说："衔恨愿为天上月，年年犹得向郎圆。"尘缘已绝，他们只能把满腔深情都寄托在月亮的阴晴圆缺上。生命和自然的变与不变是永恒的矛盾，他们无法把握消逝的生命，只有寄希望于亘古不变的自然，希望月光的永恒能够将他们的爱情永远地延续下去。

当卢氏去世以后，纳兰曾经发出悲痛的感叹："知己一人谁是？已矣。赢得误他生。"[①]"知己一人谁是？"纳兰这一生，只有一个真正的红颜知己，那就是他的妻子卢氏。"已矣"，他的知己已经永远离他而去了；"赢得误他生"，留在人间的纳兰，唯一能做的就是等待，等待"他生"，等待下一辈子，他和卢氏还做永远的知己。

---

① 《荷叶杯》："知己一人谁是？已矣。赢得误他生。有情终古似无情。别语悔分明。　莫道芳时易度。朝暮。珍重好花天。为伊指点再来缘，疏雨洗遗钿。"

纳兰和卢氏的这份知己之爱深深感染了他身边的朋友。纳兰的一个好朋友叶舒崇曾经在《卢氏墓志铭》中这样说过："于其没也，（容若）悼亡之吟不少，知己之恨尤深。"这就是说在卢氏去世以后，纳兰写过很多悼亡词，了解他的朋友都知道他们夫妻情同知己，因而纳兰的丧妻之痛也比一般人更深切。失去卢氏，对于纳兰而言，不仅仅只是失去了一个生活的伴侣，而是失去了人生当中最重要的亲人、爱人和知己。就像纳兰经常引用的荀粲的故事里说的那样：世上漂亮的女子多的是，多才多艺的女子多的是，优秀的女子也多得是，可为什么偏偏只认准了这一个呢？为什么这一个离开了，就不可能再有另外一个"替代品"呢？

　　遇见她，是偶然的缘分；爱上她，则是因为在冥冥之中找到了唯一能够与自己身心合一的另一半。一个人身心的另一半，又怎么可能有其他的替代品呢？

　　可以想见，失去卢氏，对于纳兰来说，就是锥心刺骨的"知己之恨"；生活的伴侣可以再找，他还可以续弦，也可以纳妾。可是，"曾经沧海难为水"（元稹《离思》），"知己一人谁是"？"已矣"，今生唯一的红颜知己，已经永远不可能再回来了。

哀感顽艳之词

　　理解了纳兰和卢氏的这份爱情，我们才能真正理解，失去卢氏带给纳兰的是怎样的伤痛。纳兰的好朋友、同样是清词大家的陈维崧曾经这样评价纳兰的词，他说："《饮水词》哀感顽艳，得南唐二主之遗。"（《词评》）"哀感顽艳"可以视为对纳兰词整体风格的经典评价。

　　南唐二主指的是五代时南唐中主李璟和南唐后主李煜父子。

"哀感顽艳"一词最早出现在三国时期繁钦的《与魏文帝笺》中，魏文帝即曹操的儿子曹丕。曹丕这人在当时"广求异妓""兼爱好奇"是出了名的，对身怀绝技的人更是一心访求，一睹为快，而其中的音乐"达人"是他最感兴趣的。所以，当繁钦发现了一个14岁的男孩，运气的方式和声音特点都不同于常人，类似于胡笳发出的声音，这种声音特别擅长表达强烈的悲情，于是他就郑重地向魏文帝推荐了这位少年歌唱家。"哀感顽艳"就是形容这个14岁的男孩的悲声具有一种特别强的感染力和穿透力，无论是聪慧的还是愚钝的人都会被他的声音所感动。陈维崧用"哀感顽艳"一词，也是用来形容纳兰词悲情淋漓的艺术感染力，并认为纳兰词的这个特色是继承了南唐二主的创作传统。

南唐二主的词都是以悲情的力量打动人心，尤其是李煜后期的词，蕴含了更深刻的亡国之恨和生命之悲，王国维评价李煜的词时引用了德国哲学家尼采的一句话："一切文学，余爱以血书者。"而李煜的词"真所谓以血书者也"。(《人间词话》)因此，所谓"哀感顽艳"主要是指在作品中蕴含的强大的悲情意识，而这种浓郁的悲情对读者（听者）而言也是极具感染力和震撼力的。

纳兰出生于锦衣玉食的富贵之家，又生活在处于上升阶段的康熙王朝，就像前人所说的那样，他是一个"承平少年，乌衣公子"①。按道理，他并没有什么值得过分忧虑的事情，更没有经历过像李后主那样的大起大落、大喜大悲。但是，纳兰的词，同样是"以血书者也"。纳兰和李后主的词，最相似的地方

---

① 况周颐《蕙风词话》："容若承平少年，乌衣公子，天分绝高。适承元、明词散，甚欲推尊斯道，一洗雕虫篆刻之讥。独惜享年不永，力量未充，未能胜起衰之任。其所为词，纯任性灵，纤尘不染，甘受和，白受采，进于沉着浑至何难矣。"

之一，就是他们赋予了词以最深厚最真挚最悲切的情感，而且这份情感不需要任何刻意的雕饰，只是因为情感浓烈到了不得不爆发的地步，这样的"血书"之词，才最具有感动人的力量。

在纳兰的人生经历中，真正意义上的悲剧，就是妻子卢氏的离去。这一场生离死别，几乎耗尽了纳兰对生命所有的希望。前人这样评价纳兰："以承平贵公子，而憔悴忧伤，常若不可终日，虽性情有独至，亦年命不永之征也。"（李慈铭《越缦堂日记》）

"年命不永之征"，类似于我们平时所说的"情深不寿"，一个太多情太执着的人，往往心情总是处于忧郁惆怅之中，这样的人是很难长寿的。在与卢氏结婚之前，虽然纳兰也遇到过一些小小的挫折，可对他的人生并没有造成太大的影响；卢氏的离去，几乎是彻底摧垮了纳兰生命的根基，本就多愁善感的容若如今更是终日"憔悴忧伤"。

在卢氏停灵的双林禅院，纳兰度过了无数以泪洗面的不眠之夜；在卢氏离开的那些日子里，纳兰沉湎在"凄婉令人不忍卒读"的悼亡词句里。甚至可以这样说，妻子的去世，成了纳兰人生的分水岭，这场爱情的悲剧彻底改变了纳兰的人生观。一位本来应该是不知人间疾苦的翩翩相门公子，由此成为一位对人间悲剧有着最为深刻体会的"千古伤心词人"。

第六章

不是人间富贵花——父子矛盾

康熙十六年（1677）五月三十日，纳兰最钟爱的妻子卢氏永远地离他而去，留下了襁褓中的儿子。短短三年的婚姻生活，成了纳兰后半辈子永远的追忆。卢氏的去世，带走的不仅仅是纳兰的爱情，她的离去，几乎是将纳兰的生命连根拔起。那些在他的性格当中潜藏的悲剧意识完全被激发出来，他的人生观也从此发生了巨大的改变。

这种改变首先表现在纳兰开始对自己的身世进行深刻的反思——别人眼里人人羡慕的豪门公子生活，纳兰自己却越来越觉得厌倦；别人趋之若鹜的"官二代"和"富二代"身份，在纳兰眼里，却只是束缚自由的枷锁。他曾经写过一首《采桑子》，表达对自己"富贵"身份的蔑视：

非关癖爱轻模样，冷处偏佳。别有根芽。不是人间富贵花。　　谢娘别后谁能惜，飘泊天涯。寒月悲笳。万里西风瀚海沙。

傅抱石《竹林七贤》

这是纳兰出使塞外时写的一首咏雪花的词。词的表面是咏雪花，其实句句都是纳兰对身世的自咏。词一开篇就说："非关癖爱轻模样。"雪花在天空中飘飘洒洒的样子，似乎有些轻浮，一点儿都不稳重。按道理，正人君子是不应该喜欢这种"水性杨花"的东西的。可是为什么"我"偏偏特别喜欢这样的雪花呢？

对这个问题，纳兰的回答跟一般人不同："冷处偏佳。"——雪花的好，就好在它不喜欢凑热闹，只有在特别寒冷的冬天，在百花都忍受不了严寒而凋谢的时候，它才绽放出惊人的美。不要因为雪花没有"根"就鄙视它，它根本就"不是人间富贵花"。[①] 它确实不像牡丹那样雍容华贵，也不像海棠花那样娇艳妩媚，雪花的"根"，并不在人间。

纳兰说的"人间"，就是他所轻视的所谓的富贵豪门，是他厌倦的红尘俗世。

这句词让人想起宋代词人辛弃疾很有名的几句词："众里寻他千百度。蓦然回首，那人却在灯火阑珊处。"

纳兰和辛弃疾表达的其实是同样一个意思：他们的理想，不是纷纷扰扰、熙熙攘攘的俗世，不是和别人争名夺利的表面繁华，而是宁可在寒冷孤独的地方保持自己高洁的人格。

这种不与俗世同流合污的人格，才是他们真正的"根"。纳兰说雪花"别有根芽，不是人间富贵花"，就是这个意思。可是，雪花的这种高洁又有谁能够真正懂得呢？

除了纳兰之外，还有一个人能懂，这个人就是纳兰的知音——"谢娘"。

---

① 富贵花：周敦颐《爱莲说》："牡丹，花之富贵者也。"陆游《留樊亭三日，王觉民检详日携酒来饮海棠下，比去，花亦衰矣》诗："何妨海内功名士，共赏人间富贵花。"

"谢娘别后谁能惜。""谢娘"本来是指东晋的大才女谢道韫，她曾经将雪花比做漫天飞扬的柳絮，纳兰遂引"谢娘"为雪花的知己了。不过，纳兰这里提到的"谢娘"，还是代指他的红颜知己——妻子卢氏，因为他曾经多次将妻子比作谢道韫。因此，"谢娘别后谁能惜"真正的意思是：妻子卢氏离开自己之后，还有谁能跟自己一样懂得雪花的高洁呢？还有谁才是我真正的知己呢？

"飘泊天涯。寒月悲笳。万里西风瀚海沙。"现在的纳兰，身在塞外漂泊，心也在天涯流浪，他看到的是寒冷的月光，听到的是胡笳吹奏出来的悲凉的旋律，他觉得自己就像塞外的雪花一样，根本就不属于这个"人间"。他厌倦了人间的所谓"富贵"，他生来就"不是人间富贵花"。

"不是人间富贵花"，这正是纳兰对自己人生的一种悲剧性的反思。

造成这种悲剧的直接原因，就是卢氏的去世。爱人的去世，对于一般人而言，固然是一件特别悲痛的事，可是一个人的生命，好像不应该只是为爱情而生的啊！他还有父母，还有事业，还有其他理想，难道所有这些加起来，都比不上卢氏一个人对纳兰的意义吗？

的确，对很多人来说，爱情不是人生全部的意义所在；可是为什么卢氏的去世，会让纳兰对人生如此失望，甚至是感到绝望呢？为什么他的家庭、他的事业就不能带给他生命的希望呢？

要回答这个问题，我们需要首先来看看纳兰对自己家庭的认识。在传统的家庭关系中，最重要的是父子关系，其次才是夫妻关系。夫妻关系虽然是基本人伦，但对个体的家庭成员而言，毕竟在他出生和成长的岁月中首先接触到并且被深刻影响着的，还是父母与子女的关系；夫妻关系则只能发生在成年之后。因此，要考察纳兰性格中的矛盾情结和悲剧意识，还是要先从他和明珠之间的父子关系谈起。

父亲——儿子眼中的骄傲

纳兰的一生是矛盾的一生，他这一生面临的第一个矛盾，是他跟明珠的父子矛盾。

明珠给了纳兰一个身份："官二代"和"富二代"的身份，这个身份在别人眼里可能是求之不得的，用现在时髦的网络语言来说，那是"羡慕嫉妒恨"都来不及的。少年时代的容若公子也确实享受到了父辈的成功给他带来的各种先天优势。确切地说，明珠是第一个深刻影响着纳兰的重要人物。

绝大多数的男孩子第一个最亲近最崇拜的对象就是自己的父亲，纳兰也不例外。

在童年的纳兰眼里，明珠是一个值得他骄傲的父亲。作为父亲，明珠最让纳兰感到骄傲的有两点：一是他在政治上的成就，二是他在文化上的成就。

首先来看明珠的政治成就。这里只简单举两个例子，从康熙年间发生的两件大事来看看明珠的政治才能。

参与打击鳌拜集团

顺治十八年（1661），顺治皇帝福临驾崩，八岁的玄烨即位，这就是后来的康熙皇帝。就在康熙皇帝登基后，纳兰明珠改任内务府郎中；第二年，即康熙元年（1662），明珠升任内务府的一把手——内务府总管。

玄烨登基之初，还没有能力亲掌朝政，康熙初年的朝政大权主要掌握在四位辅政大臣手中：索尼、苏克萨哈、遏必隆和鳌拜。这四位辅政大臣几乎可以决定官员们在朝中的进退。而明珠跟四位辅政大臣之间的关系都比较微妙。

首先，苏克萨哈姓叶赫纳兰氏，和明珠是同一大家族，关系自然比较接近。

其次，明珠隶属满洲正黄旗，而索尼也属满洲正黄旗人。索尼的孙女赫舍里氏嫁给康熙皇帝，是与康熙伉俪情深的第一任皇后。康熙四年（1665），12岁的玄烨与13岁的赫舍里氏举行大婚典礼。皇帝大婚，婚礼的一应活动都是由内务府一手操办，当时明珠的职务正是内务府总管，他理所当然是婚礼筹办的大功臣，索尼因此比较信任明珠。

最后，明珠与鳌拜和遏必隆也有一定的渊源。遏必隆、鳌拜都属镶黄旗，清初两黄旗由皇帝亲掌。玄烨年少登基，起初对旗权、皇权都无掌控能力；在索尼、苏克萨哈相继死后，四位辅政大臣的势力发生严重倾斜：遏必隆性格软弱，实际上是由鳌拜控制的镶黄旗独揽朝政。因此，明珠既是遏必隆的老部下，深得遏必隆的赏识，同时又在鳌拜的控制范围内。

这样看来，明珠跟四位大权在握的辅政大臣关系都这么密切，那应该是左右逢源、一团和气吧？

事实并不完全是这样。

康熙初年，四位辅政大臣之间矛盾非常尖锐，明珠不得不在他们中间巧妙周旋，任何一方都不能得罪，也不能明确表示出投靠任何一方，他一直小心翼翼地让自己置身于他们的斗争之外。后来，四位辅政大臣的矛盾公开化时，鳌拜甚至逼着小皇帝玄烨杀了苏克萨哈，并且要求将苏克萨哈满门抄斩。康熙坚持不允，鳌拜竟矫旨将苏克萨哈及其子孙全部处死，几乎是满门斩绝。

在这场你死我活的血腥斗争中，和苏克萨哈同属于叶赫纳兰家族的明珠居然没有受到直接的冲击，反而升了官，初次显示了过人的政治智慧。

鳌拜如此骄横专权，根本不把小皇帝放在眼里，年少志高的康熙能不憋屈吗？于是，十六岁的玄烨决定反击。表面上看来，小皇帝根本不是老奸巨猾的老臣鳌拜的对手，势力的对比是显而易见的。但聪明的明珠没有依附鳌拜，而是坚定地站到了皇帝一边，再一次表现出清醒的政治头脑。

举个例子来说，康熙三年（1664）的时候，朝廷发生了震惊中外的"汤若望案"。原来，顺治朝时由德国传教士汤若望主掌钦天监制订历法。康熙三年，鳌拜的部下杨光先攻击汤若望，提出要驱逐洋人，钦天监多名官员被处死，汤若望等被下狱。

康熙六年（1667），14岁的玄烨亲政，开始秘密筹划打击鳌拜。明珠不顾鳌拜的阻挠，建议康熙利用西方传教士的科学技术来修改历法中的错误，将原本主持修订历法的杨光先革职。康熙帝亲自主持历法测试之后，接受了明珠等人的意见。杨光先本是鳌拜忠实的追随者，因此，表面上这是历法之争，实则也是明珠在康熙的授意下间接地削弱鳌拜集团的势力。

1669年（康熙八年），16岁的康熙智擒鳌拜，一举消灭鳌拜同党。这段历史还颇有些传奇色彩。鳌拜是四朝老臣，在朝中羽翼丰满，又手握重兵，要扳倒他可不是件容易的事，一不小心康熙可能连皇位都保不住。据说，少年康熙为了这场斗争，韬光养晦，忍耐了很多年，也秘密筹备了很多年。他做的准备之一就是在宫中召集信得过的满族少年，以陪他练习摔跤（满语"布库"）为名义，暗中训练一支可靠的近身宫廷侍卫队，一旦时机成熟，这支卫队便可以发挥威力。

鳌拜仍然把小皇帝玄烨当成是一个可以任他玩弄于股掌之间的黄毛小子，以为他不过是稚气未脱，玩玩而已。何况，满族少年练习骑马射箭摔跤也是一直以来的传统，不足为奇。于是，玄烨将计就计，请鳌拜来观看他们的摔跤表演。鳌拜满不在乎地前往内廷，没想到，不动声色的玄烨，命令表演摔跤的少年们一举将鳌拜擒住，宣告了鳌拜集团的灭亡。

由于这段历史太富传奇色彩，正史的记载也有些含糊其词，极为简略，因此野史传闻就添油加醋，传得更加神乎其神。甚至有人说，在一举擒拿鳌拜的满族少年中，就有和玄烨同龄的表弟——纳兰性德。纳兰性德从小就是玄烨的伴读，和玄烨等少年一起苦练摔跤格斗、攻读诗书，是一起长大的知心伙伴。

以纳兰和康熙的亲戚关系，以明珠当时在朝中的地位，而且纳兰入仕之后又确实是康熙的近身侍卫，这样的传说似乎还挺有可信度的。当然，既然没有可靠的历史文献记载，我们也只能姑妄言之姑妄听之了。

话说回来，鳌拜一倒台，康熙就重用明珠。他先是出任都察院左都御使，不久又调任兵部尚书、吏部尚书等要职，成了鳌拜集团倒台后升迁最快的高官之一，这也奠定了他在康熙朝的政治地位。

从康熙元年起，明珠任内务府总管，到康熙八年，明珠任都察院左都御史。这八年，正是清朝政局动荡不安的关键时期，从八岁长到十五岁的纳兰，也从懵懂无知开始走向成熟。他对复杂的政治斗争可能还没有清醒的认识，但父亲明珠在这一系列斗争中越走越稳，越走越辉煌，他肯定是感受很强烈的。父亲在政坛上的形象越来越高大，在儿子心目中的形象也越来越高大。

参与平定三藩叛乱

纳兰明珠还是清初平定三藩叛乱的功臣之一。

康熙亲政之后面临的重大问题之一，就是他的祖辈和父辈留下来的历史包袱——三藩问题。三藩的格局是顺治十七年形成的，指的是镇守云南的平西王吴三桂，镇守广东的平南王尚可喜，镇守福建的靖南王耿继茂。其中平西王吴三桂的势力最大。

吴三桂早在顺治元年（1644）投降多尔衮，顺治帝迁都北京后，他帮助清军平息南明和农民军的抗清斗争，为清朝平定天下发挥了重要作用。封藩以后，他拥兵自重，势力迅速扩张，几乎成了自己地盘里的"王中王"，是地地道道的"土皇帝"，成为威胁朝廷中央集权的重要祸患。康熙皇帝认为"天下大权，当统于一"，在他智擒鳌拜之后，就决意要处理三藩的问题。

康熙十二年（1673）三月，平南王尚可喜因为家庭原因，奏请朝廷将王爵移交给儿子，自己回去养老。康熙皇帝接到这份奏章之后，认为这是一个撤藩的好时机，不但顺水推舟批准了尚可喜"退休"的请求，而且下旨命令尚可喜全藩尽撤，长子不能袭封。

朝廷的这个旨意让平西王吴三桂和靖南王耿精忠（耿继茂的长子）很不爽：平南王撤掉了，那我们到底是该撤还是该留呢？于是，吴三桂和耿精忠也紧接着提出了同样的撤藩请求，但他们其实是言不由衷，只不过想试探一下朝廷对待三藩的态度而已。他们真实的想法当然是希望朝廷好言相劝，让他们保留目前的状况，在各自的地盘上继续称王称霸。

这就等于是将了康熙一军。这一点康熙看得很清楚。所以康熙后来说："吴三桂轻朕，谓乳臭未脱。"吴三桂身经百战，老谋深算，他的这一举动，确实明摆着是欺负康熙年轻，想当然地以为他们重兵在握，康熙不敢轻举妄动。

接到吴三桂和耿精忠的奏章之后，康熙将这个事情交给大臣们讨论。朝中大多数人都畏惧吴三桂等人的声势，而且私下与三藩交结者也不在少数，因此多对撤藩持反对意见；或者干脆模棱两可，不愿明确表态。这时只有极少数人挺身而出，态度鲜明地表达了撤藩的主张。康熙说当时讨论的结果是"云不可撤者甚多，云宜撤者甚少"（《康熙起居注》第 1 册）。

明确支持撤藩的极少数人中，就包括了纳兰的父亲——当时任兵部尚书的明珠。在明珠等人的坚持下，康熙最终坚定了撤藩的意见。①

这个决定下达以后，很多大臣还是心存顾虑。他们这样劝告康熙：陛下您千万别偏信了某些人的建议，如果撤藩，恐怕会引起吴三桂等人的叛乱，后果不堪设想啊！

在这种大是大非面前，康熙皇帝再一次显示了他过人的智慧和果敢。他说："吴三桂这些人蓄谋已久，羽翼已成，你撤他，他会谋反；你不撤他，他早晚也会谋反。还不如趁早把他们一锅端了，免得养虎为患，到时候局面会更加不可收拾。"②他果断地下达了撤藩的旨意。

果然，不出康熙所料，撤藩的旨意一下达，平西王吴三桂就率先举兵反清。

这下，朝廷里像煮开的水一样沸腾开了。大家顿时议论纷纷，还有些人甚至幸灾乐祸：你看，说了不能轻易撤藩，你偏要一意孤行，现在知道惹火上身了吧？更有人"趁火打劫"，他们不敢公开指责皇帝，就把矛头对准那些主张撤藩的大臣，要求严惩他们。大学士索额图甚至提出要斩杀主张撤藩的大臣，向吴三桂求和！

鳌拜死后，索额图成为明珠在朝中最大的政敌，他以三藩叛乱为借口，企图借刀杀人，除去明珠这个最厉害的政治对手。在这种情况下，当时力主撤藩的明珠就被推到了舆论的风口浪尖上。

---

① 首言撤藩意见者为富察尚书米思翰。

② 《啸亭杂录》："上曰：'吴、尚等蓄彼凶谋已久，今若不及早除之，使其养痈成患，何以善后？况其势已成，撤亦反，不撤亦反，不若先发制之可也。'因立下移藩之论。三逆果叛，时争咎首谋者，上曰：'此出自朕意，伊等何罪？'故明相感上恩，竭力筹画以致成功也。"类似记载亦见《清史稿·明珠传》等。

这个时候，又是康熙出来力挺明珠，不但坚持了撤藩的决定，而且还掷地有声地说："撤藩的主意是我决定的，跟明珠他们有什么相干？他们有何罪过？"经过了这件事，"明相感上恩，竭力筹画以致成功也"。明珠对皇帝的感恩之情越发强烈，也更加全力以赴地协助康熙投入到平定三藩叛乱的战争当中。

吴三桂举兵反清以后，早有心理准备的康熙皇帝迅速做出了反应，他立即调动八旗将士，下旨出征平叛。尽管这个时候康熙面临内忧外患：外有三藩叛乱，内有京师大地震、火烧太和殿、他钟爱的皇后赫舍里氏去世等等一系列重要事件发生，但他临危不乱，镇定指挥。

首先，康熙命人逮捕了留守北京作为人质的驸马——吴三桂的儿子吴应熊。第二年四月，又接受明珠的好朋友、汉人兵部尚书王熙的建议，处死了吴应熊。吴应熊被捕之后，跟他暗中勾结的杨起隆提前于康熙十二年（1673）十二月在北京起兵响应吴三桂，诈称是明朝的"朱三太子"。兵部尚书明珠立即派人捉拿杨起隆的党羽，在京城内布下天罗地网，逮捕了好几百人。

同时，明珠还出面安抚老百姓，让他们不要被流言所惑，各自像平时一样安居乐业；并且晓谕百姓：除首犯杨起隆等四人之外，其他同党都从宽处理，不予追究。这一系列举措平定了京城的人心和局势，为朝廷出兵平叛营造了一个稳定的大后方。

康熙十三年（1674）四月二十日，明珠又遵旨发布告示，说吴三桂反叛，各地方官员迫不得已依附叛兵的，如果能够及早悔过，将功赎罪，朝廷一律不予追究，仍旧官复原职，并且还要论功行赏。这一举措无疑又瓦解了叛兵的人心，孤立了吴三桂。作为兵部尚书，在平叛的过程中，明珠协助康熙运筹帷幄，是恪尽职守，功劳显著的。

智擒鳌拜，平定三藩……朝廷中发生的这一系列重大事件，作为明珠长子的纳兰，对于父亲的日理万机以及在这一系列事件中表现出来的冷静、智慧是不可能没有深刻体会的。一向以埋头读书出名的纳兰公子，竟然也上书康熙皇帝，主动请缨，请求到平定三藩叛乱的前线上去冲锋陷阵。纳兰的这个举动，可能很多人都意想不到，但这也无疑从一个侧面显示出父亲对他的积极影响。

主动请缨

别看纳兰平时文质彬彬，风流倜傥，从气质上来看更像一个江南文人。可他也是一个八旗子弟，从小就骑马射箭，武艺高强，他身上也流淌着八旗子弟那种与生俱来的血性。

康熙十三年（1674），广西富川县一个叫刘钦邻的知县死于吴三桂的叛乱，纳兰写了一首《挽刘富川》诗。在诗中，他义愤填膺地写道："我生二十年，四海息戈矛。逆节忽萌生，斩木起炎州。"

写这首诗的时候，纳兰刚刚二十岁。二十年来，康熙王朝基本没有大型战事，所以他说"我生二十年，四海息戈矛"；可是没想到忽然发生了吴三桂逆贼叛乱，"逆节忽萌生，斩木起炎州"。刘钦邻为国捐躯，他的精神激励了太平公子纳兰。在这首诗里，纳兰不但赞扬了刘钦邻的气节，同时也表达了自己的态度："卓哉刘先生，浩气凌斗牛。投躯赴清川，喷薄万古流。"他希望自己能够像刘钦邻一样，奔赴前线杀敌，挥洒一个八旗子弟的热血。

纳兰并不仅仅是在诗里表现出豪迈的气概，在实际行动中他也是这么做的。康熙十五年（1676），东线的荆湘战场，也就是湖南湖北战场上，清兵和吴三桂的叛兵开始了拉锯战，呈胶着状态；西线四川陕西战场清军处于暂时的守势，没有取得明显的进展。两线作战的局势非常微妙，满朝文武大臣都为瞬息万变的战场风云捏了一把汗。这时候，年轻的纳兰坐不住了，他开始频频上书朝廷，希望能到前线去横刀立马，在疆场上杀敌报国。

明珠的公子主动请缨要去前线，这可不是件小事，这样的事情必须得到康熙皇帝的批准才行。

然而，等来等去，满腔抱负的纳兰等来的却不是什么好消息，他一而再再而三的上书被屡屡驳回。

康熙为什么不让纳兰上战场？有两种可能的原因：一是他对纳兰还不太了解，担心他没有战场经验，到了前线不但不能建功立业，反倒白白送了性命；另一种可能是他对纳兰很欣赏很信任，对纳兰有更重要的任命，而朝中并不缺能征善战的将士，因此他不想把纳兰派遣到前线去。

后来的事情表明，后一种猜测可能更接近事实，当然，其原因后面会详细解释。可以肯定的是，对于纳兰来说，皇帝不让他上前线，他是很失望的，所以他曾经写过这么几句诗表达他的心情："平生纵有英雄血，无由一溅荆江水。荆江日落振云低，横戈跃马今何时。"① 他认为自己的血管里流着的是八旗子弟的"英雄血"。"荆江"应该是代指东线湖南湖北的战场，他渴望到前线去"横戈跃马"，但很可惜，他的满腔热血没有机会抛洒到荆江的战场上。

纳兰的热血澎湃，不仅表现在诗中，在一贯以抒写爱情见

① 《送荪友》："人生何如不相识，君老江南我燕北。何如相逢不相合，更无别恨横胸臆。留君不住我心苦，横门骊歌泪如雨。君行四月草萋萋，柳花桃花半委泥。江流浩淼江月堕，此时君亦应思我。我今落拓何所止，一事无成已如此。平生纵有英雄血，无由一溅荆江水。荆江日落阵云低，横戈跃马今何时。忽忆去年风月夜，与君展卷论王霸。君今偃仰九龙间，吾欲从兹事耕稼。芙蓉湖上芙蓉花，秋风未落如朝霞。君如载酒需尽醉，醉来不复思天涯。

长的小词中，他也含蓄地流露过希望在战场上建功立业的迫切心情。例如这首《生查子》：

> 短焰剔残花，夜久边声寂。倦舞却闻鸡，暗觉青绫湿。
> 天水接冥濛，一角西南白。欲渡浣花溪，远梦轻无力。

在这首词里，纳兰用了两个重要的典故，一个是"倦舞却闻鸡"，这是用到了东晋时候的著名北伐将领祖逖、刘琨闻鸡起舞的故事，表达自己刻苦练武、报效国家的志向。

另一个典故是"浣花溪"。浣花溪在四川成都，浣花溪的旁边就是杜甫草堂。在古代诗人当中，杜甫是一个忧国忧民的典范。在这里，纳兰写到四川成都的浣花溪，实际上是表达了他对四川、陕西战场的密切关注。"欲渡浣花溪，远梦轻无力"则抒发了他不能驰马上战场的无奈、失望之情。

这首词看起来似乎写得挺温和的，一点儿都没有那种主动请缨上战场、勇往直前的气概。但其实这是由词体的特性决定的。纳兰的词以婉约为主，抒情的语气比较委婉柔和，和"横戈跃马今何时"这样的激昂慷慨比起来，诗与词的不同审美风格立显。

纳兰主动上书康熙要求上前线，这样的事儿肯定是得到了父亲支持的。这也证明了明珠对纳兰的积极影响。

在平定三藩叛乱的事件中，纳兰战场立功的理想遭遇了挫折。不过他并没有灰心丧气，他有满腹文韬武略，骑马射箭的功夫都很了得，更重要的是，他还年轻，他还有的是机会。

惩治鳌拜、平定三藩这两件大事，都发生在纳兰从少年成长为青年的关键时期，明珠在这两件大事中表现出来的政治立场和智慧，都是值得纳兰为之骄傲、为之自豪的。纳兰自己满腔热情主动请缨到平叛的前线战场，也未尝不是明珠言传身教的结果。

当然，明珠的政绩还远远不止这两件事，他在治理黄河、收复台湾等事件中都表现出了卓越的才干。他这一系列辉煌的政绩，少年纳兰当然是仰慕至极的。哪个做儿子的，不希望自己的父亲是英雄、是顶天立地的男子汉呢？在少年纳兰的心目中，父亲明珠就是这样的伟大人物。

父子同心——搭建满汉文化交流的桥梁

明珠精通满汉文化，家里藏书无数，他不但自己是一个大学者，还当过康熙皇帝的经筵讲官，给皇帝讲解儒家经典和汉族文化。而在文化方面，明珠对纳兰最直接的影响，还是他对汉人学者的团结意识。当时的明珠府，是汉人学者云集的地方。很多汉族的奇才都是通过明珠的举荐，最后成为得到康熙皇帝重用的大臣。例如康熙朝的名士高士奇屡次科考落第，流落街头时被明珠收留，后举荐给康熙，康熙对他恩宠有加，名重一时。

一向酷爱读书，痴迷于汉族文化的纳兰，更是近水楼台先得月，父亲交往的这些汉族文人，在明珠府里营造出浓郁的文化氛围。纳兰后来的至交好友顾贞观、吴兆骞等人，也都是明珠资助过的汉族文人。

明珠还给儿子聘请了一流的汉人学者当老师。纳兰能够小小年纪就成为天才学者、天才词人，跟明珠的这种文化熏陶是分不开的。纳兰成人之后，他也继承了父亲的这种传统，成为汉族文人结交的核心人物。明珠府里的渌水亭，更是成了满汉文化交流的集结地，一时风云际会，风流无限。

可以说，从大的方面来看，无论是在政治上，还是在文化上，明珠对儿子纳兰的影响，有不少是很积极很正面的，他的成功甚至为纳兰树立了一个事业上的标杆。在少年纳兰的心目中，父亲曾是一个慈爱的长者，更是一个叱咤风云的强者。

父子之间的三大矛盾

然而，如果明珠对纳兰只有正面影响，那他们父子之间就不会存在任何矛盾了。但实际上，明珠和纳兰的父子关系矛盾重重。

家庭温情的缺失

在纳兰最渴望父爱的时候，明珠却没有能够给儿子足够的关爱。这是他们父子之间的第一个矛盾。

不错，纳兰是出身相府，明珠也确实是康熙朝一人之下万人之上的堂堂宰相，可是，身为"官二代""富二代"的纳兰并没有因此获得真正的幸福。

事实上，"富贵"并不等于幸福，至少对纳兰来说是这样。他成长的重要阶段，也正是父亲事业蒸蒸日上的关键时期。成天忙于公事的明珠，能够给儿子的成长提供足够的物质保证，也可以给他聘请最好的老师，让他接受最好的教育，可他实在没有时间给儿子多少父亲的关爱。纳兰不能像现在的孩子一样，可以经常跨在爸爸的肩膀上骑骑高马，或者缠着爸爸玩玩捉迷藏的游戏，或者让爸爸当"坏蛋"，自己"扮演"警察一枪把"坏蛋"打倒在地……这些在普通孩子看来最平常的"亲子"游戏，在纳兰的生活中却是一种奢侈。

另一方面，关于纳兰的母亲爱新觉罗氏，有关的文献记载比较少，可有一个流传很广而且还很耸人听闻的传说却是有关纳兰母亲的。根据乾隆时期的一位叫昭梿的亲王说：明珠的夫人是个悍妇，性格特别霸道强悍，喜欢妒忌。她强悍到什么程度呢?

据说，她生怕明珠有什么花花心思，甚至不准明珠府上的丫环们跟明珠说话，丫环们有什么事只能跟她汇报。有一天，夫人正在跟明珠闲聊，一个丫环给他们端茶进来，明珠随口夸了一句："哎，这丫头眼睛长得还挺俊的啊。"

说者无意听者有心。第二天早晨，明珠夫人命令一个侍者捧了个盒子放到明珠面前。明珠觉得奇怪：一大早这么神神鬼鬼的干什么呀？他打开盒子一看，倒吸了一口冷气，吓得一连往后退了好几步。

原来盒子里装的，正是那个丫环的眼珠子![1]

虽然这个传说的真实性颇为可疑，一个出生在亲王家庭的大家闺秀竟然能狠毒到这个地步，这是一般人难以想象也难以理解的。但是，纳兰从小在一个缺少家庭温暖的环境中长大却很有可能。我们只要对比一下《红楼梦》中的贾宝玉就知道了。同样是豪门公子，宝玉的父亲贾政平时也根本不管儿子，偶尔管一下不是骂就是打，搞得宝玉一听说父亲要见他，就像老鼠要见猫一样害怕；而母亲王夫人呢，虽然将宝玉看成是掌上明珠，可她的教育方法却很有问题。比如说宝玉只是跟王夫人的丫环金钏开了几句玩笑，王夫人就说金钏是在勾引宝玉，逼得金钏投井自尽。这样不近人情的父母，自然让宝玉敬而远之甚至是惧而远之了。

纳兰的情况，可能跟宝玉有点相似：父母总是高高在上，普通人家孩子可以享受到的父母的温情，在纳兰那里，反而成了一种奢望。纳兰的潜意识里，他宁愿偶尔生场大病，似乎只有病倒在床，他才可能享受到父亲慈爱的抚慰。

---

[1] 《啸亭杂录》："纳兰太傅明珠，康熙时煊赫一时。其夫人……性妒忌，所使侍婢，不许与太傅交谈。一日太傅偶言某婢眸子甚俊，次晨夫人命侍者捧盒置太傅前，即某婢双目也。"

父爱的缺失，是少年纳兰对豪门公子的身份产生厌倦的一个重要原因，也应该是纳兰跟父母之间的第一层矛盾。

然而，这还不是父子之间最根本的矛盾。毕竟纳兰是一个很懂事的孩子，他知道父亲并不是不爱自己，只是他的工作实在是太忙了。父亲对自己缺少关爱，这一点纳兰是完全可以理解的。但是，他跟明珠之间还有一个最大的矛盾，这个矛盾却是无法解决的，也是最让纳兰感到痛苦的。

价值观的对立

纳兰和明珠之间最大的矛盾，是人生观、价值观的矛盾。这个矛盾，才是父子间最根本的矛盾。

纳兰自称"不是人间富贵花"，这表明了他将俗世中的名利富贵看得很淡，可是他的父亲纳兰明珠恰恰相反——明珠是一个将功名富贵看得比什么都重要的人！他是一个聪明的政治家不错，可是，他同时又是一个贪得无厌的贪官。卖官鬻爵，贪污受贿，假公济私，在朝中联结党羽，几乎可以说是翻云覆雨，一手遮天。

至于明珠的为人，后来御史大夫郭琇弹劾他时这样说过："（明珠）见人辄用柔言甘语，百般款曲，而阴行鸷害，意毒谋险。"① 当面对人温言软语，和蔼可亲，背后算计却阴险狠毒。

如此世故狡诈的一位父亲，却生养了纳兰容若这样纯情、至情的儿子，命运何其难以预料？

而明珠的经历，确实也印证了一句老话：玩火者必自焚。后来他因为私结党羽、贪污纳贿，被弹劾罢了官，算是自食其果了。当然这是后话，纳兰并没有看到父亲从权力巅峰上摔下来的那一天。但是明珠那种为了功名富贵不择手段的做法，正

---

① 《郭华野先生疏稿》卷一，雍正刻本。

是纳兰看不惯，甚至是很不齿的地方。

俗话说得好，身正不怕影子斜。明珠自己身不正，连他的奴才都狗仗人势，为非作歹。明珠有一个很信任的管家叫安三（一名安图），这个奴才仗着明珠的权势，又得到主子的纵容，在外面肆意妄为，很多想要谋个一官半职的人都争先恐后地巴结安三，希望能够通过安三得到明珠的帮助；更有甚者，有些皇亲国戚为了巴结他，都争着跟他结成儿女亲家。① 不过，纳兰却很讨厌安三这个人，有这么个小故事可以看出他们之间的矛盾。

纳兰有个好朋友，叫姜宸英，是著名汉族文人、江南三布衣之一。姜宸英个性狂傲不羁，虽然参加过几次科举考试，可是他在考场中不是喝醉了酒违反考场规矩，就是顶撞考官，所以一直没考上。纳兰很欣赏姜宸英的才华，他想通过父亲的关系帮姜宸英一把，可是明珠没有答应他的请求。

有一次，纳兰私下里对姜宸英说："先生才华盖世，老是被埋没实在太可惜了。我虽然很想帮您，可是跟您说老实话，您的事情，连我都帮不上忙。倒是有一个人肯定可以帮得上您。"

姜宸英何其聪明，马上就反应过来了，问："你说的是安三吧？"

纳兰点点头，回答说："正是安三。您也知道，我的父亲相信我还不如相信他的那个奴才。先生如果肯屈尊去求求安三，那您的事情就没有办不成的了。"

纳兰是一番好心委婉地提醒姜宸英，可姜宸英不高兴了：让我去求一个奴才，这不是侮辱我的人格吗？

因此，听了纳兰的话，姜宸英大怒，霍地站起来，将手里

---

① 《啸亭杂录》："明太傅擅权时，其巨仆名安图，最为豪横。士大夫与之交结，有楚滨、蕈山之风。其子孙居津门，世为鹾商，家乃巨富，近日登入仕版。有外典州牧不肖宗室至有与其连姻眷者，亦数典忘祖矣。"

的酒杯一把摔到地上，摔个粉碎，指着纳兰就是一通臭骂："我一向以为你是个君子才和你交往，没想到你也是个势利小人，居然让我去跟一个奴才磕头作揖！对不起，我们从此绝交吧。"说罢，拂袖而去。①

姜宸英这么一做，纳兰是什么反应呢？

出人意料的是，纳兰不但没有生气，反而更加敬重姜宸英的人格。他没有和姜宸英绝交，而是千方百计去跟姜宸英请罪，他这种真诚的态度最终感动了姜宸英。康熙十九年（1680），姜宸英因为母亲病逝要回家奔丧，纳兰还慷慨解囊相助。后来提起这份友谊，姜宸英感慨地说道：我成天在纳兰身边叫嚣谩骂，可是纳兰从来没有怪罪过我，他知道我是因为怀才不遇、疾恶如仇才表现得如此狂傲不羁啊！②

这个故事除了说明纳兰的心胸宽广之外，还反映出明珠和纳兰父子之间的关系矛盾重重：一方面，纳兰如果想要帮助那些怀才不遇的汉族文人，当时凭借他个人的力量，是不可能办到的，他必须依靠父亲的力量。所以他才提醒姜宸英：让他去求求那个"无所不能"的安三。奴才尚且如此，主子的势力就更可想而知了。

但是，另一方面，纳兰不但看不惯明珠他们主仆的行为，更不愿意和他们成为一丘之貉，他们追求的东西完全不一样：明珠和安三可以为了追求富贵不择手段，纳兰却只想做一个干

---

① 《国朝先正事略》："相国明珠长子性德甚才，从先生学，欲援以登朝。相有幸仆安三，势倾京外，先生不少假借。性德乘间曰：家君遇先生厚，然卒不得大有作助，某以父子之亲亦不能为力者，盖有人焉。愿先生少假颜色，则立谐。先生大怒，掷杯起绝，弗与通。于是时相子百计请罪先生，始终执礼。而安三知之甚恨，时相遂与尚书（翁叔元）比而尼先生。"案：先生即姜宸英。

② 姜宸英祭纳兰性德文："我时嫚骂，无问高爵。兄不余狂，知余疾恶。"载华东师范大学出版社 2008 年版《通志堂集》附录。另见姜宸英祭文："虽以余之狂，终日叫号慢侮于其侧"，而纳兰性德"不予以予怪，盖知予之失志不偶而嫉时愤俗特甚也，然时亦以规予，予辄愧之。"见《通志堂集》附录。

干净净的人。他甚至说父亲相信儿子还不如相信一个奴才！

价值观如此之不同，这就构成了纳兰心里的一个根本矛盾，这才是他内心最大的痛苦。

遵守孝道与坚持独立人格的矛盾

既然纳兰跟明珠之间有这么大的矛盾，那是不是意味着纳兰就是一个不孝的"逆子"呢？

这就要谈到纳兰面临的第三大矛盾了：既要遵守孝道，又要保持自己干净的人格。明珠那些极不光彩的所作所为，对光明磊落的纳兰来说，是一种莫大的耻辱。可是另一方面，作为明珠的长子，纳兰又是一个不折不扣的孝子，他对父母的孝顺是出了名的。

比如说，明珠偶尔生病的时候，纳兰一定会守在父亲床前，衣不解带地伺候父亲，连明珠吃的药他都要先亲自尝过。俗话说，久病床前无孝子，纳兰却是一个"至孝"的人，他不分白天黑夜地伺候父亲，以至长时间下来，脸色都黑里带黄，憔悴不堪。一直等到父亲病完全好了以后，他才恢复自己的饮食、生活规律，才能恢复原来的神采。

再比如说明珠工作忙，他们一家人难得在一起吃顿饭，只要在一起吃饭，如果父亲和母亲那一顿胃口好一点，吃得稍微多一点，纳兰就会兴高采烈。平时不管多忙，他每天早晚都要去向父母请安。父母的身体健康，一直是纳兰心里的头等大事。①

---

① 《清史稿·列传二百七十一·文苑一》之纳兰性德传："性德事亲孝，侍疾衣不解带，颜色黧黑，疾愈乃复。"徐乾学《通议大夫一等侍卫进士纳兰君墓志铭》："容若性至孝，太傅尝偶恙，日侍左右，衣不解带，颜色黝黑，及愈乃复初。太傅及夫人加餐，辄色喜以告所亲。友爱幼弟，弟或出，必遣亲近傔仆护之，反必往视，以为常。"

　　纳兰的这种表现说明：在血缘亲情上、在生活上，纳兰是关心父母、尊重父母、以孝道为先的好儿子；但是在思想上、在处世态度上，他选择了坚持人格的独立。

　　纳兰和明珠，一个"不是人间富贵花"，高洁清雅，不染尘俗；另一个却是追名逐利，将富贵当成人生追求的目标。两种截然不同的价值观，导致了纳兰父子在思想上背道而驰。在精神上，他和父亲离得越来越远，却和姜宸英这样的江湖文人走得越来越近。事实上，明珠结交汉族文人的动机并不像纳兰那么纯粹，而是掺杂了重要的功利目的——迎合康熙皇帝重视满汉融合的基本政策。说白了，他还是出于自己仕途和利益的考虑，是在利用汉族文人达到增加自己政治资本的目的。而纳兰结交江湖文人唯一的动机和目的，就是精神上的投契。出于孝道，他不能对父亲表示出任何明显的反抗，但越是不能反抗，心里的压抑就越是不能排遣。

　　父子之间的矛盾，压抑的心情，家庭温暖的缺失，是纳兰心里积压的又一层痛苦。当善解人意的妻子走进他的生活，他才享受到渴望已久的家庭温情，了解纳兰的朋友都说卢氏是他的"闺房知己"，不幸的是这份温情只持续了短短的三年。

　　不过，除了妻子，还有一个人，也曾给青少年时代的纳兰带来过短暂的温情，一定程度上缓解了父子矛盾给他带来的痛苦。这个人，就是被纳兰视为恩师的一代大儒——徐乾学。可是，这个在纳兰心目中恩深似海的老师，偏偏又与纳兰家族的关系千回百转，矛盾重重。那么，师生之间的恩情与矛盾又会给纳兰的生命带来哪些巨大的改变呢？

第七章
留将颜色慰多情——师生关系

纳兰容若不仅是一位多情多病、缠绵悱恻的词人，他还是一名极为优秀、极有潜力的学者，最能证明其学术水平的成果就是他主持编撰的《通志堂经解》。《通志堂经解》是一套阐释儒家经义的大型丛书，收集了历代解释儒家经典的书籍一共140种，总共1800卷。而这项浩大的工程在他二十二岁的时候即已大功告成。学术研究的成功，既得益于当时较为宽松的学术环境，也得益于他身边良师益友的鼎力相助。

宽松的学术环境

二十二岁，可能很多人在学术上才刚刚处于"学步"的阶段，还在起跑线上艰难徘徊，年轻的纳兰就已经崭露了过人的才华。他很有天赋，自幼就被人看成是"神童"，正像他的老师评价的那样："自幼聪敏，读书一再过即不忘。善为诗，在童子已句出惊人。"① 但即便是天才也不可能仅凭一个人的孤军奋战便取得如此成就，在他成长为优秀学者的过程中，他曾经获得过很多人的帮助。其中尤其值得一提的有四个人：

第一个人，是为他提供了优厚的物质条件与教育平台的父亲纳兰明珠。明珠先后为自己的儿子聘请过好几位名动一时的汉族文士为师，而且明珠与汉族文人的广阔交游，又为儿子的成长营造了浓厚的文化氛围。

第二个人，是堪称纳兰红颜知己与贤内助的妻子卢氏。

除了父亲和妻子之外，还有两个人对纳兰成长为儒学名家起了至关重要的作用——一个是间接影响纳兰学术方向的康熙皇帝玄烨；另一个则是直接影响和指导纳兰学术研究的恩师徐乾学。

尽管纳兰和康熙的性格及成长经历都大不相同，但这对表兄弟的命运注定是要紧紧联系在一起的。有人可能会疑惑：康熙贵为一代帝王，他和纳兰地位悬殊；而且在各自成长的这二十年当中，他俩并没有多少机会直接接触。康熙对纳兰的学术研究究竟能有多大的影响呢？

要知道，康熙之所以能被称为"千年一帝"，除了他出众的"武功"之外，还有他出色的"文治"。他虽然是满洲血统，可他身上同时还流着蒙古人和汉人的血液：对他影响深远的祖母孝庄太皇太后是蒙古族人，生母佟氏又有汉人的血统，因此，康熙是一个思想上兼容并蓄的开明皇帝。尤其是他亲政之后，深深感到要稳固大清的江山、要创造一个和谐稳定的社会，就不可忽视儒家文化的作用和影响。例如康熙发现宋朝著名的理学家朱熹主张"帝位在德不在人"，意思是皇帝是哪个民族的人并不重要，重要的是他是否具备当皇帝治理天下的才德。康熙

---

① 徐乾学：《通议大夫一等侍卫进士纳兰君墓志铭》。

觉得这样的主张很好，有利于清朝皇室正统形象的树立和满汉之间民族隔阂的消减，于是决定大力提倡以理学家程颐、朱熹等的学说为代表的儒家文化。

提倡儒家学说的同时，当然也要重用汉族文人。满族刚刚入关的时候，对待汉人主要是采取打压的政策，如初期的"扬州十日""嘉定三屠"等残酷的镇压和屠杀，如多尔衮推行的"剃发、易服、圈地、占房、投充、捕逃"等"六大弊政"，再如接连不断的文字狱等更是大大伤害了汉族士人的身心，结下了刻骨铭心的民族仇恨……

玄烨登基之后，接连做了三件事。这三件事情表明，康熙朝对汉人的政策开始由打压转向怀柔，开始重用汉人、重视汉族文化典籍的收集和整理、研究。

其一，开设博学鸿词科，择优录取汉族儒生，大力笼络汉族士人。

其二，设置南书房。南书房官员的主要职责之一就是给皇帝讲解儒家的经典，讲解汉族的历史文化。

其三，康熙十年（1671），恢复经筵日讲。也就是专门挑选学问渊博的满汉学者，定期为皇帝讲解经史。纳兰的父亲明珠就是在康熙十年的时候被选为经筵讲官的。这一年，纳兰正好十七岁，刚刚进入最高学府国子监读书。

除了这三件大事之外，康熙皇帝还颁下诏书，下令大量采购、收集遗失的儒家经书。对于从小就好学勤奋的纳兰来说，康熙皇帝这一系列的举措无疑是一个重大信号：汉族文化和文人被打压的情况将要有所改观了！

皇帝对汉文化的大力提倡和身体力行，使得很多汉族臣民渐渐改变了过去与清廷不合作的态度，纷纷通过各种途径试图获得朝廷的重用。整理研究儒家文化经典就成为其中的重要途径之一，就连满族的大臣和学者，也倾注了大量的精力去研究汉族的经典。

纳兰之所以敢于在他十九岁的时候着手编撰大型儒家经典阐释的丛书，跟康熙皇帝创造的重视儒家经典的大文化背景是有着密切关系的。康熙对纳兰学术研究的影响，主要在于营造了一个宽松的学术环境，这个环境客观上指引了纳兰的研究方向。纳兰在《经解总序》中就说道："明章之世，天子留意经学，宣敷大义，诸儒林立……"这说明纳兰编印《通志堂经解》确实是在康熙皇帝鼓励和提倡儒学的大背景下进行的。

既然皇帝如此重视儒学、重用儒臣，上有所好，下必甚焉，底下的臣民自然争先恐后地投其所好。十九岁的纳兰挑战这样一项艰巨的学术工程，其中还有一个重要因素——通过《通志堂经解》，投皇帝之所好，向康熙皇帝展示自己渊博的学问，为实现事业理想铺垫好道路。

据《清史列传》载："（纳兰性德）生平淡于荣利，书史外无他好。爱才喜客，所与游皆一时名士。晚更笃意经史，嘱友人秦松龄、朱彝尊购求宋元诸家经解，后启于乾学，得钞本一百四十种，晓夜穷研，学益进。尝延友人陆元辅合订删补《大易集议萃言》八十卷、《陈氏礼记集说补正》三十八卷，又刻《通志堂九经解》一千八百余卷，皆有功后学。"

纳兰不仅自己"笃意经史"，"书史外无他好"，对儒家经典有浓厚的兴趣，并且不懈钻研；他的周围，更是团结了一大批学识渊博的汉族文人，"所与游皆一时名士"，如秦松龄、朱彝尊等，因此他的研究工作往往还受益于他身边的学者朋友，其学术成果多是团队合作力量的结晶。他曾让朋友们四处访求、收购宋元以来各种阐释儒家经义的著作，后又从老师徐乾学那里得到140种抄本，于是益加"晓夜穷研"，学问突飞猛进；他还与朋友"合订删补《大易集议萃言》八十卷、《陈氏礼记集说补正》三十八卷"，主持刊刻的1800卷《通志堂经解》更是

"有功于后学"，不少罕见的文献通过这次校勘、刻印才得以面世，为更多的学术研究者提供了珍贵的资料，从而奠定了他在学术界的地位。

在《通志堂经解》的编印工作中，纳兰不但亲自参与校勘，还亲自撰写了关于《周易》《尚书》《诗经》《论语》等九种经典的注释，因此《通志堂经解》又称为《通志堂九经解》。在《经解总序》中，纳兰解释编印这套丛书的目的是为了弘扬宋代以来的程朱理学（程颐、程颢、朱熹），作为后来之学者，应以"发明先儒之精蕴，以羽卫圣经"为学术使命，使程朱理学的"微言奥旨"能得以阐发，巩固和捍卫儒家经典的地位。

除了总序之外，纳兰还为《通志堂经解》撰写了 64 篇序跋，其中有关于《易经》的 27 篇，关于《春秋》的 15 篇，关于《尚书》的 9 篇，关于《诗经》的 7 篇，关于《礼记》的 4 篇，关于《论语》的 1 篇，关于《孟子》的 1 篇，加上总序共 65 篇。这些序言在弘扬程朱理学的大前提下，也蕴含了纳兰不少富有个性的学术观点。

序跋的文字往往最能反映学者的核心理念和基本学术观点，是高屋建瓴的、总括性的理论概述。这 65 篇序文，不仅体现了纳兰对于儒家典籍深入研究之后的融会贯通，反映了他求真务实的学术态度，其"尊朱子（朱熹）"、阐明儒家义理的核心思想也始终贯穿其中，成为他主持这一大型学术工程的指导方向。而这一指导方向，正是与康熙赞赏、推崇程朱理学的理念保持了高度一致。

《通志堂经解》的完成，实际上向世人透露了年轻的纳兰在为自己设计事业蓝图时显示出来的雄心。因为，他非常清楚，最终能够决定自己事业发展的关键人物，就是这个跟他同岁、但现在距离他还很遥远的表哥——康熙皇帝。

幸遇名师

当然，在学术研究方面，此时的康熙皇帝对纳兰的影响还是间接的；而老师徐乾学对纳兰的影响则更为直接更为关键。

说起徐乾学，也许现在的人并不是太熟悉，但在康熙年间，徐乾学可是一个鼎鼎大名的大儒。他是江苏昆山人，母亲顾氏是当时著名思想家顾炎武的妹妹。

顾炎武大家应该不陌生，"天下兴亡，匹夫有责"这句名言即出自他的笔下。徐乾学自幼读书就是由舅舅顾炎武亲自指导点拨的，母亲顾氏本人也是学问渊博的才女，因此徐氏兄弟都成长为名闻遐迩的博学大儒。徐乾学兄弟三人在当时号称"昆山三徐"：老大徐乾学是康熙九年（1670）庚戌科探花，授翰林院编修；老二徐秉义是康熙十二年（1673）癸丑科探花；老三徐元文是顺治十六年（1659）己亥科状元。"昆山三徐"都是汉人，他们的舅舅顾炎武学富五车，但是拒不与清朝廷合作，是一个很有民族气节的遗民学者。不过在顾炎武的默许下，三个外甥"昆山三徐"都在康熙朝受到了重用。

例如老三徐元文在顺治十六年高中状元后被授予翰林院修撰，后来又补国史院修撰，在康熙朝还充当了康熙的经筵讲官。纳兰十七岁进入国子监读书的时候，他的老师就是徐元文，徐元文当时担任的是国子监祭酒。

纳兰一进入国子监，就得到了徐元文的器重。不久徐元文便向大哥、也就是名满天下的大儒徐乾学隆重推荐了纳兰，他对哥哥这样说："司马公贤子，非常人也。"

司马公即明珠，明珠当时任兵部尚书，司马是兵部尚书的别称。徐元文的意思是说：明珠的儿子真不是一般人啊！

因为弟弟的隆重推荐，徐乾学也就格外留意到明珠这个非同一般的长子了。

"昆山三徐"中，徐乾学在当时的地位最高名气也最大，康熙曾经御笔钦赐徐乾学，夸他是"光焰万丈，一代大儒，博学明辨"。康熙皇帝在读过徐乾学的文章后，还这样高度评价他："朕观翰林文颇多佳卷，而笔力高古无出徐乾学之右。朕向闻徐乾学文字最工，诸翰林官莫不向彼请正。今细阅其所试文，果堪领袖。"[1] 康熙认为在所有官居翰林的文人当中，只有徐乾学堪称"领袖"人物。

能够得到见多识广又眼光挑剔的康熙如此青睐，徐乾学的学识文章可见一斑。如果能得到徐乾学的指点和提携，那可是学子们难得的幸运。纳兰正是这样一个幸运的学子。

康熙十一年（1672），十八岁的纳兰考中顺天府乡试的举人，这次考试主考官之一正是徐乾学。按照惯例，主考官和举人之间自然而然形成了师生的关系。

在科举制度中，"老师"有好几种性质：其一为受业师，也就是主要负责教学的老师；其二为"问业师"，即在遇到疑难困惑的时候偶有请教的老师；其三为"受知师"，即在乡试、会试等重要考试中担任主考官、阅卷官的人……

从身份上来看，徐乾学正是纳兰的"受知师"。但在纳兰心目中，他和徐乾学并非只是考官和举人的简单关系，他曾经在《上座主徐健庵先生书》中这样说过："'老师'这个称呼传到今天已经比较杂乱了：在私塾中上学有老师，各地方长官也有被称为老师的，乡试、会试的主考官更要称为老师，连有权有势的高官权贵也被称为老师。这样一来，所谓的学术、文章、道德，似乎都不是确立师生关系的主要标准了。难道'老师'之所以被称为'老师'，仅仅是为了帮弟子求名求禄、充当他们晋

---

[1] 《康熙起居注》。

升的阶梯吗？"①

说实话，纳兰看不起那种为了功利的目的，随便称有权有势者为"老师"的行为。（顺带提一句：我们当下"老师"的称呼也不免泛滥。）而纳兰心目中真正的老师应该是学术、文章、道德兼而有之者。"夫学术文章道德，罕有能兼之者，得其一已可以为师。"

在年轻的纳兰眼中，徐乾学正是他梦寐以求的真正的老师，学术、文章、道德"不止得其一也"。在他看来，徐乾学写文章不亚于唐宋散文八大家之一的韩愈；学术、道德又是渊源于宋代理学家程颢、程颐和朱熹；再加上徐乾学还是他参加乡试的"举主"。这样的老师，"为师之道无乎不备"，是学术、文章、道德"兼举其三"，具备了优秀老师的所有素质。有幸遇到这样的老师，纳兰能不"沾沾自喜"吗？②

按惯例，当年考中的举人都应该去谒见主考官，也称"座师"或"座主"。在这次拜见之后，纳兰一回家就兴高采烈地告诉父母亲人："吾幸得师矣！"一出门又忍不住兴高采烈地告诉自己的好朋友："吾幸得师矣！"真是喜形于色，逢人便告：我真幸运，得到了一个好老师啊！他甚至连做梦都会开心得笑出来，说的梦话都是："吾真得师矣！"③

---

① 纳兰性德《上座主徐健庵先生书》："古之患，患人不知有师；今之患，患人知有师而究不知有师。夫师者以学术为吾师也，以文章为吾师也，以道德为吾师也。今之人谩曰师耳师耳，于塾则有师，于郡县长吏则有师，于乡试之举主则有师，于省试之举主则有师，甚而权势禄位之所在则亦有师。进而问所谓学术也、文章也、道德也，弟子固不以是求之师，师亦不以是求之弟子。然则师之为师，将廑廑在奉羔贽雁履执杖之文也哉？"

② 纳兰性德《上座主徐健庵先生书》："文章不逊于昌黎（韩愈），学术道德必本于洛（程颢、程颐）闽（朱熹），固兼举其三矣，而又为某乡试之举主，是为师之道无乎不备，而某能不沾沾自喜乎？"

③ 纳兰性德《上座主徐健庵先生书》："由是入而告于亲曰：'吾幸得师矣。'出而告于友曰：'吾幸得师矣。'即梦寐之间，欣欣私喜曰：'吾真得师矣。'"

纳兰是如此的"欣欣私喜"，徐乾学对这位第一次谋面的青年学子又是什么印象呢？

据徐乾学自己说，当时十八岁的纳兰和举人们一起来拜见他，他端坐在堂上。底下的举子们穿着一色的青色袍子，其中唯独纳兰"举止闲雅"，给他的第一感觉是：鹤立鸡群。

而此刻的纳兰，对端坐堂上的座师也充满了景仰之情，他"随诸生后，端拜堂下，仰瞻风采，心神肃然"①。

当然这只是一次礼节性的拜谒，他们并没有机会深谈，但这位风度翩翩、气度不凡的青年公子已经给徐乾学留下了深刻的印象，徐乾学觉得弟弟徐元文对他的夸奖并没有言过其实。

三天后，纳兰投下帖子，专程来拜访徐乾学。徐乾学对这位相门公子也很好奇，想看看他年纪轻轻就名闻遐迩，到底是浪得虚名，还是确有真才实学。于是欣然接见了他。

这一次，他们促膝长谈，谈的内容很深，无论是儒家的"经史源委"，还是各类文体的风格变化和发展历史，纳兰都侃侃而谈，条分缕析，极有见地。

如果说第一次见面徐乾学还只是欣赏纳兰的外在形象和气质，那么这一次的促膝长谈，让徐乾学对这位贵族公子进一步刮目相看了。他没有想到，年纪轻轻的纳兰，竟然对儒家文化有那么深刻的认识，"老师宿儒有所不及"②，连一般的汉族文人学者可能都比不上他。

这一次拜见徐乾学，可以说是一次历史性的见面，意义非同一般。因为这一次见面极大地推动了纳兰在学术上的发展。

师者，所以传道、授业、解惑也。没有徐乾学，就没有纳兰在学术上的巨大成就。此前的纳兰，虽然对儒家文化很有兴趣，也有不错的造诣，但主要还是处在一个积累、学习期，并

---

① 纳兰性德《上座主徐健庵先生书》。
② 徐乾学《通议大夫一等侍卫进士纳兰君墓志铭》。

没有进入实质性的研究阶段。而这次拜谒徐乾学，纳兰终于达成了一个愿望：他和这位当代大儒不但确立了师生的名分，而且还结下了深厚的师生情谊，他的学术道路从此进入了实质性的研究阶段。

徐乾学不仅成为纳兰学术研究上的良师，而且对他的为人处世也提出了谆谆教诲。例如，他告诫纳兰"为臣贵有勿欺之忠"，希望年轻的学子养成忠君勿欺君的品质。纳兰初听到这一教诲时还有点疑惑：自己不过刚刚考中举人，还没有任何官职，更谈不上和皇帝有什么关系，老师为什么要专门为此训诫他一番呢？

直到后来纳兰读历史书，读到北宋名相寇准十九岁登第时，因为当时风气崇尚老成，对年少者往往不予重用。有人就劝寇准修改一下年龄，增加几岁。寇准不肯，说："吾初新进，何敢欺君！"虽然年少，又怎么能欺骗皇帝呢？

北宋另一名相晏殊，十四岁时以神童应召，与其他进士一起参与廷试。晏殊拿到试题一看，竟然是自己平时做过的题目，于是当即启奏说："臣曾有作，乞别命题，虽易构文，不敢欺君。"

纳兰以寇准和晏殊诚实守信的故事反思徐乾学的训诫，从中领悟到"勿欺"其实是一种珍贵的品质，并非只有皇帝的近臣才需要具备诚实的操守。无论何时何地，无论身份高下，无论何种处境、地位，诚实都是衡量一个人操守的主要标尺。

勿欺于心，勿欺于人。一个具有诚实"勿欺"品质的人，才不会自欺欺人，不会欺骗朋友和亲人，当然更不会欺骗君王、欺骗国家。

纳兰就是这样一个具有"勿欺之忠"的人。在一个处处充满欺骗、充满谎言的世界里，纳兰宁可委屈了自己，也绝不失信于人。因为他的绝假纯真，也许他失去了很多追名逐利的机会，却收获了人间至情——他拥有最深挚的爱情和最淳厚的友情。也许，这样的人间至情，才是纳兰最为珍惜的财富。

徐乾学对纳兰"为臣贵有勿欺之忠"的训诫，或许只是座师对年轻举人的惯常忠告，或许别的学子听听就过去了，未必会有多么深刻的印象。然而对纳兰来说，他从这一训诫中领悟到的，是为人处世最容易被人遗忘同时也是最深刻的道理——"勿欺"。因为这样的训诫，其实是那么贴合他一贯奉行的人生准则，因此老师的这番话才会在他心中激发起如此强烈的认同感和深刻的反思。

而纳兰后来的人生也同样证明了：勿欺于心，勿欺于人，这正是延续他一生最可贵的品质。

师生情深

好学的纳兰，自拜徐乾学为师后，每个月的三、六、九日，都会一早就来到徐乾学府上，和老师"讲论书史"，讨教学问，每次都要在老师家里待到傍晚才离开。这种定期求学的状况风雨无阻地持续了好几年，一直坚持到他后来进宫担任康熙的御前侍卫。[①] 即便是入宫当了侍卫，时间上不再能自由掌控，纳兰也还是一有时间就去找老师请教、切磋。不单是纳兰对老师一直很尊敬，徐乾学对这位好学、博学的青年也是青睐有加、爱护有加。

有两件事情可以说明徐乾学对纳兰这个学生有多么喜欢。

馈赠礼物

康熙十二年（1673），当时徐乾学十分看好这个学生，但没想到十九岁的纳兰因为"寒疾"在殿试的最后关头功败垂成。

---

① 徐乾学《通志堂集序》："自癸丑五月始，逢三六九日，黎明骑马过余邸舍，讲论书史，日暮乃去，至入围侍卫而止。其识见高卓，思致英敏，天假之年，所建树必远且大。"

就在纳兰十分痛苦失落的时候，徐乾学派人到他府上，给他送来了一份珍贵的礼物，这件礼物给纳兰带来了极大的安慰和鼓励。

这件礼物竟然是一筐樱桃。

有人可能觉得奇怪，樱桃算什么珍贵礼物啊？虽然现在卖得是要比一般的水果贵一点，但毕竟也是寻常可见之物。对于一个山珍海味多得吃不完的相门公子来说，樱桃应该不算什么值钱的东西吧？

这就要说到樱桃对一个读书人的特殊意义了。

樱桃的珍贵，不在于它的价格，而在于它的文化含量。原来，在唐朝，新科进士发榜的时候正好是樱桃成熟的季节。俗话说"樱桃好吃树难栽"，比起别的水果来，樱桃的身价自然要高很多。于是从唐朝开始形成了一个惯例——新科进士会在庆功宴上用樱桃来款待客人。

据说唐僖宗的时候，有个新中的进士叫刘覃，他的父亲就是官至宰相的刘邺。为了庆祝刘覃中进士，刘家竟然买下了几十棵树的樱桃，专门办了一个隆重的樱桃宴。要知道，对一般的老百姓来说，樱桃可不是随随便便吃得起的。当时樱桃才刚刚上市，连很多达官贵人都还没来得及尝鲜。可是在刘覃的樱桃宴上，樱桃堆积如山，大家可以任意享用。

樱桃可以算得上是水果中的"骄子"，新科进士又是读书人当中的"天之骄子"，于是樱桃从此便代表了进士的荣耀和金贵。①

---

① 《太平广记》："唐时新进士，尤重樱桃宴。乾符四年，刘邺第三子覃及第。时邺以故相镇淮南。敕邺吏曰：'以银一锭资醵置。'而覃所费往往数倍。邺吏以闻，邺命取足而已。会时及荐新，状头已下，方议醵率。覃潜遣人，厚以金帛，预购数十树矣。于是独置是宴，大会公卿。时京国樱桃初出，虽贵达未适口。而覃山积铺席，复和以糖酪。用享人兼献一小盘，亦不啻数升。以至参御辈，靡不沾足。"

董其昌《关山雪霁图》（局部）

这样一说，我们就明白徐乾学给纳兰送樱桃的含义了：你虽然因病没有参加殿试，但在老师的心目中，你就是当之无愧的新科进士啊！

以纳兰的博学，他当然能够领会老师送樱桃的这一番苦心，礼轻情义重啊！他收到樱桃后很感动，也很受鼓舞，为感谢老师对他的厚爱，他专门写了一首《临江仙·谢饷樱桃》词：

> 绿叶成阴春尽也，守宫偏护星星。① 留将颜色慰多情。② 分明千点泪，贮作玉壶冰。　　独卧文园方病渴，强拈红豆酬卿。感卿珍重报流莺。③ 惜花须自爱，休只为花疼。

这首词曾一度被解读为爱情词，尤其是其中有些关键词如"守宫""红豆"等很容易让人产生误解。爱情词和谢师词怎么会让人混淆呢？我们来具体分析一下这几个容易被误读的关键词。

先看"守宫"一词。据说古时候人们用朱砂喂养蜥蜴，久而久之，蜥蜴通体呈赤红色，喂满七斤朱砂后，再将蜥蜴捣碎，点在女性身体上，其赤红色终生不会褪去。只有在夫妻同房后，红色的守宫砂才会褪掉。因此古人也常用查看守宫砂的方式，检验女子是否还保有处女之身。

再看"红豆"一词。"红豆"在古典诗词的语境里更是相思的代名词了。王维的诗句说："红豆生南国，春来发几枝。劝君

---

① 守宫：蜥蜴类动物，用朱砂喂养则其身体尽呈赤色。见张华《博物志》。此以守宫言樱桃红若朱砂。星星：形容樱桃个小而晶莹。亦同"猩猩"，谓樱桃色泽的猩红色。

② 《吴氏本草》："樱桃味甘，主调中，益脾气，令人好颜色，美志气。"

③ 流莺：《礼记·月令》郑玄注："含桃，樱桃也。"《淮南子·时则训》高诱注："含桃，莺所含食，故言含桃。"李商隐《百果嘲樱桃》诗："流莺犹故在，争得讳含来。"

多采撷，此物最相思。""红豆"是传达爱情和相思的信物。

除了这些和爱情有关的意象之外，还有一些词句似乎也隐约透露出爱情的意味。如词的首句"绿叶成阴春尽也"，就用了晚唐诗人杜牧的一个故事。

传说杜牧曾经喜欢上一个十多岁的女孩，并与女孩的母亲约定以十年为期限，十年后他将郑重迎娶女孩为新娘。

岁月蹉跎，直到十多年后，杜牧才找到机会来重寻当年心仪的女孩。然而，当初的恋人已经为人妻、为人母了。杜牧万分遗憾、伤感地写下了一首《叹花》诗："自恨寻芳到已迟，往年曾见未开时。如今风摆花狼藉，绿叶成阴子满枝。"①

杜牧在诗中以"花"比喻他心中的女孩，以"绿叶成阴子满枝"比喻女孩已经嫁作他人妇、成为他人母。

尽管这些典故似乎都与男女爱情相关，纳兰的这首《临江仙》却并非为恋情所作，他用的这些典故其实只是扰人眼目的"烟幕弹"而已。这首词，是纳兰专为感激老师徐乾学赠送樱桃而作，有充分证据可以证明这一理解。

在《临江仙》这个词牌后，纳兰还缀了一个词题"谢饷樱桃"。其中这个"饷"字就颇值得玩味。

在古代，表示赠送的词还有"奉""赐"，等等。"奉"，一般是向尊者、长者馈送礼物；"赐"则是尊者长者向地位比自己低的人赠送礼物，比如皇帝要送给大臣什么东西，就是用"赐"字。"饷"，也可用来表示赠送之意，一般也是年龄较长者针对少者而言，而且双方情感较为亲密，而非过分强调尊卑秩序。②

因此，纳兰称"谢饷樱桃"，则送他樱桃之人，应是他尊敬

① 计有功《唐诗纪事》："牧佐宣城幕，得垂髫者十余岁。后十四年，牧刺湖州，其人已嫁生子矣。乃怅而为诗云云。"

② 《太平御览》引《唐书》："太宗将致樱桃于隽公，称'奉'，则以尊言；'赐'，又以卑，问之虞监，曰：昔梁帝遗齐巴陵王，称'饷'。遂从之。"

的长者或尊者，他们之间的情谊较为深厚，绝无可能是他的平辈，更不可能是他相恋的女子。据学者推测，当时具备这样的身份和情谊，能够"饷"纳兰以樱桃者，只能是他尊敬的师长徐乾学。[1]

此外，词之首句"绿叶成阴春尽也"虽用杜牧的典故，但在这里只是强调错过了期限：错过的并不是爱情，而是距离纳兰仅一步之遥的殿试。因为放榜的时候恰逢樱桃成熟，按惯例新科进士将以樱桃大宴宾客。纳兰在此感叹"绿叶成阴春尽也"，既点出了樱桃成熟的时令，暗中也是惋惜他错过了以令人艳羡的樱桃宴表达高中进士之喜悦的机会。

"守宫偏护星星。"此句也并非表达女性的处女身份，而是强调成熟的樱桃那种诱人的颜色和体态：像处女守宫砂一般的猩红，像星星一样的娇小晶亮。

"留将颜色慰多情。"这一句更是较为直白地表达了感谢之意：谢谢您送来的这些娇艳的樱桃，安慰着我多情善感的心灵。这一份"安慰"，不仅仅是樱桃本身带来的，更是"樱桃"的喻义带给纳兰的心灵抚慰。因为这意味着，老师送来的樱桃，让纳兰深深感到：自己虽然错过了殿试，可在老师的心目中，他已经是当之无愧的新科进士了！

"分明千点泪，贮作玉壶冰。"这两句词也有一个典故。据说曹操的儿子，也就是魏文帝曹丕爱上了一个叫薛灵芸的美人，薛灵芸离开父母的时候，伤心欲绝，一路泪流不止。泪水流到玉唾壶里，壶都被她的眼泪染成了红色，等到了京师一看，壶中的眼泪都凝结成了血一般的鲜红。

不过，纳兰这里用薛美人的典故，并非形容女子伤心的眼泪，而是用"红泪"进一步渲染樱桃成熟的颜色，也渲染自己因病

① 详参赵秀亭、冯统一笺校《饮水词笺校》，中华书局 2005 年版，第 290 页。

错失殿试机会的伤感，再一次呼应上一句"留将颜色慰多情"。

"玉壶"也暗用了鲍照《代白头吟》诗中的句子："直如朱丝绳，清如玉壶冰。"诗句本是形容诗人的风骨气节。唐代诗人王昌龄也有这样的名句："洛阳亲友如相问，一片冰心在玉壶。"也是用"玉壶冰"的意象来表达心志的高洁清纯。

因此，"分明千点泪，贮作玉壶冰"这两句的真正用意是纳兰将老师馈赠的樱桃比喻成晶莹、纯洁的"红泪"，贮藏在玉洁冰清的"玉壶"之中，并借此表达内心对老师馈赠的感谢，对老师理解的欣慰，也表达他对这份深厚、纯洁的师生情谊的珍惜。

第三个证据就更为明显了："独卧文园方病渴，强拈红豆酬卿。"这里又用到了一个典故：汉代的司马相如据说也是一个多病的大才子，曾任孝文园令，患有消渴疾（即糖尿病，口渴消瘦为主要症状），称病闲居。后来文人多以文园自称，以文园病渴指文人患病。于是，当时卧病在家的纳兰就用司马相如来自比了。

有感于老师的深情厚谊，病中的纳兰还是强撑病体，拈起一颗颗像红豆一样美丽、深情的樱桃。他不能亲自去拜谢老师，可是他想借樱桃表达自己对老师的思念之情。

"感卿珍重报流莺。""流莺"也是樱桃的别称。古时樱桃又称"含桃"，因为这种小小的水果常常被莺含在口中。李商隐曾写过一首《百果嘲樱桃》诗："珠实虽先熟，琼莩纵早开。流莺犹故在，争得讳含来。"

李商隐的诗原本是讽刺唐代一个叫裴思谦的人。当时正是宦官仇士良炙手可热的时候，裴思谦为了考中进士，打通了仇士良的关节，拿着仇士良的推荐信趾高气扬地去找主考官高锴，要高锴录取他为状元。高锴慑于仇士良的淫威，不敢拒绝。结果放榜之后，裴思谦果然高中状元。

纳兰在词中用到这个典故实际上是反用其意：就像当年仇士良力挺裴思谦一样，老师您对我也实在是青睐有加啊！我虽然没能高中进士，可是老师您却将我当成进士看待，这份赏识和情谊实在让我感动啊！

词的最后两句说："惜花须自爱，休只为花疼。"纳兰以花自比，既感谢老师对自己的赏识，也请老师不要为自己过于担心、牵挂，也要好好保重自己的身体。

徐乾学馈饷樱桃，以及纳兰对老师这份心意的感动，这是体现师生情谊的第一件事。

促成《通志堂经解》的编撰

就在纳兰这次大病痊愈以后，在徐乾学的鼓励和支持下，《通志堂经解》的编撰工作开始提上日程。这项工程启动的时候，徐乾学除了在精神上鼓励纳兰之外，他还提供了更为直接的帮助。关于这一点，纳兰在《经解总序》里面曾经充满感激地写道：

> 间以启于座主徐先生，先生乃尽出其藏本示于小子，曰："是吾三十年心力所择取而校定者。"余喜且愕，求之先生，钞得一百四十种，自子夏《易传》外，唐人之书仅二三种，其余皆宋元诸儒所撰述，而明人所著间存一二，请捐资经始，与同志雕版行世。先生喜曰："是吾志也。"

在这段文字里，纳兰至少说明了五个问题：

第一，徐乾学慷慨地提供了自家收藏的古籍文献，这些古籍是他花了三十年心力选择和校定的经典，"先生乃尽出其藏本示于小子"，而这些珍贵的文献是纳兰闻所未闻的，也难怪他乍一看到如此丰富的藏本，既"喜且愕"，惊喜莫名了；完全可以说，没有徐乾学，就没有纳兰性德编撰的《通志堂经解》。

第二，这些钞本主要集中于宋元著作。

第三，纳兰的主要工作是提供必要的资金并且主持编撰工作，"捐资经始"，并且还独立完成了其中部分经解的注释。

第四，这套丛书的完成，靠的不是纳兰一人之力，而是"与同志雕版行世"，实际上是团队合作的成果。

第五，对这项工作的最终完成，老师徐乾学是很满意的，认为弟子纳兰实现了自己长期以来的一个愿望——"先生喜曰："是吾志也。'"

为什么要强调这五个问题呢？这里有个很重要的原因，需要补充说明一下。后来乾隆皇帝在评价《通志堂经解》的时候，认为凭一个二十来岁的青年，不可能独立完成这么浩大的文化工程，实际上主要工作都是徐乾学做的，纳兰只是署个名字而已。乾隆认为纳兰"滥窃文誉"，是个沽名钓誉之徒。

乾隆对纳兰性德主持编撰《通志堂经解》一事评价如此之低，其中是另有隐情的。这一隐情竟然要牵涉到清初一件非常重大的政治事件——康熙立储事件。

这事儿说来话长。乾隆之所以如此诋毁纳兰，主要还是因为他的父亲——雍正皇帝胤禛与纳兰家族埋下的仇恨的种子。

原来，康熙皇帝的第八位皇子允禩和纳兰家的关系十分亲密。允禩小时候是由纳兰的亲戚、康熙皇帝一度宠爱的惠妃叶赫纳兰氏（叶赫纳喇氏）抚养的。因为这层亲戚关系，纳兰的弟弟揆叙从小和允禩走得很近，后来更成为允禩谋取皇位的有力支持者。

康熙皇帝废掉太子允礽后，曾与大臣们商量继立太子一事。揆叙则频繁活动，与大臣们私通消息，希望能联合起来一起推荐八阿哥允禩。

后来，允禩谋立太子失败，其门下甚至可能散布谣言，说皇四子胤禛趁父皇重病之时进人参汤毒死了康熙，并矫诏登基。胤禛（后为雍正皇帝）即位后，对当年谋立太子并造谣诽谤的允禩一党深为嫉恨，甚至放下话来，说："朕与阿灵阿、揆叙不共戴天之恨也。"当时揆叙已经去世，雍正还不解恨，命人将揆叙墓碑上的碑文磨去，改刻上"不忠不孝柔奸阴险揆叙之墓"几个字。

纳兰家族与雍正皇帝的"不共戴天之恨"就是这样结下来的。

皇位的争夺，历来都是充满了血腥。胜利者拥有天下，掌握生杀予夺之大权；失利者则落魄潦倒，甚至被赶尽杀绝。因此，雍正对允禩的忌讳、对揆叙等拥戴允禩的人更是厌憎无比，就不难理解了。

雍正如此憎恶揆叙，对纳兰家族其他成员的印象自然也好不到哪里去，他的这一好恶也深深影响了他的儿子乾隆皇帝。乾隆并没有亲自阅读过《通志堂经解》，他只是凭先入为主的偏见，即对纳兰作下了"滥窃文誉"的判断，认为他是将老师徐乾学的成果据为己有，实乃恬不知耻。

乾隆皇帝的评价又影响到了同时及稍后的一批文人。例如，有人说，徐乾学和纳兰共同编撰《通志堂经解》，实是师徒两人狼狈为奸。老师徐乾学支持学生，是为了迎合奉承明珠，有"逢迎权贵"之嫌；而纳兰校勘如此鸿篇巨制，都是窃取了老师的学术成果，放到现在，就是典型的"学术不端"行为了。①

其实，乾隆的这个判断很主观、也很武断。我们只要仔细阅读纳兰自己所写的《通志堂经解》总序就能了解事实的真相，也完全可以还纳兰一个清白了：他对老师徐乾学和自己在这项工作中各自的贡献说得很明白，既没有故意抬高自己，更没有

---

① 姚元之《竹叶亭杂记》："《通志堂经解》纳兰成德校刊，实则昆山徐健庵家刊本也。高庙（乾隆帝）有'成德借名，徐乾学逢迎权贵'之旨。"

掠人之美，掩盖老师和其他同志的功劳。"先生乃尽出其藏本"，而他"求之先生"，方"钞得一百四十种"，已说明刊本尽出自徐乾学。而编撰刊刻工作自始至终都是在老师徐乾学的指导下进行，也是在诸多同仁共同帮助下完成，"捐资经始，与同志雕版行世"。纳兰在自己的文字中，丝毫没有将他人之功据为己有的意思。从这一点也可以看出，纳兰是诚实的，并不像乾隆想象的那样工于心计。

恩师与父亲的矛盾

不过，既然徐乾学学问那么好，为什么他不能自己来完成《通志堂经解》的编撰工作，而是将这么浩大的工程交给年纪轻轻的纳兰来主持呢？

这里主要有两方面的原因。

一方面是纳兰得到了徐乾学真心的赏识和信任，徐乾学也愿意大力提携这个得意门生。徐乾学曾说过，他见过的人多了，收过的学生也堪称桃李满天下，可是，他还没见过像纳兰这么优秀的人才："余阅世将老矣，从我游者亦众矣。如容若之天资之纯粹，识见之高明，学问之淹通，才力之强敏，殆未有过之者也。"[1]

这说明，徐乾学愿意帮助、指导纳兰完成他学术研究道路上的一次飞跃，这其中的主要原因，还是师生之间的高度信任与深厚感情。徐乾学说，他常常忘了纳兰只是自己的学生，而是将他当成自己的儿子一样看待。至于纳兰，更是怀抱着"一日为师，终身为父"的信念，尊敬老师就像侍奉父亲一样尽心尽力，自己在学术上的每一点进步、每一次飞跃，他都归功于

---

[1]　徐乾学《通议大夫一等侍卫进士纳兰君墓志铭》。

老师的悉心指点。师生感情，是他们彼此信任的基础。

另一方面，就要提到徐乾学的为人了。纳兰是一个聪明却没有心计的人，这一点，徐乾学却跟他不太一样。

徐乾学其实是个城府颇深的人，只是年轻而单纯的纳兰一时还看不透他的城府而已。

乾隆等人对纳兰"滥窃文誉"的评价虽然太过武断，可是评价徐乾学"逢迎权贵"却并非空穴来风。从两件事可以看出，徐乾学的为人，也许并不像纳兰想象的那样纯粹。

其一，徐乾学为官早期，正当明珠的势力如日中天之时。明珠集团和索额图集团是朝中对立的两大政治集团，康熙此时尤为倚重明珠，借以打压皇亲国戚索额图的势力。此时的徐乾学，和明珠一直保持着比较密切的关系，被朝臣们视为明珠集团的重要成员，也是索额图集团的劲敌。与纳兰建立师生感情，除了对纳兰才学性情的由衷欣赏之外，对明珠势力的忌惮之心与逢迎之意很可能也是其中原因之一。

其二，后来当明珠势力衰落之时，徐乾学却仕途亨通，官拜左都御史，深得康熙宠信，被他弹劾的人很多。明珠失势直至后来被罢相，朝廷中人私下都认为徐乾学起到了关键作用。

索额图失势之后，朝中主要的党派斗争来自北党和南党之间，北党首领为明珠，南党的领袖俨然就是徐乾学了，两人渐渐从朋友变成了水火不容的政敌。①

明珠是生养纳兰的父亲，徐乾学是纳兰最为敬爱的老师。纳兰曾说过："夫师岂易言哉？古人重在三之谊，（师）并之于

---

① 《清史稿·徐乾学列传》："初，明珠当国，势张甚，其党布中外，乾学不能立异同。至是，明珠渐失帝眷，而乾学骤拜左都御史，即劾罢江西巡抚安世鼎，讽诸御史风闻言事，台谏多所弹劾，不避权贵。明珠竟罢相，众皆谓乾学主之。时有南、北党之目，互相抨击。尚书科尔坤、佛伦，明珠党也，乾学遇会议会推，辄与龃龉……"

君亲，言亲生之，师成之，君用而行之，其恩义一也。"① 在纳兰心中，老师不是随随便便叫出来的，师生感情是和父子、君臣一样神圣的感情。一个人，是由父母亲生养、由老师教导成人成才、由君王重用而施展才干的。由此可见师长在纳兰心目中崇高的地位。

然而，纳兰没有料到，他最亲近的两位长辈——父亲明珠、恩师徐乾学会由朋友变成敌人。尽管，明珠与徐乾学之间的矛盾公开化、激烈化的时候，纳兰已不在人世。可是，九泉之下的纳兰，如若得知他曾经最敬爱、最信赖的两位亲人、长辈竟然反目成仇，纯情、多情而又深情的纳兰，不知是否能承受得起如此情感撕裂的痛苦？

好在，纳兰毕竟是带着一份纯洁的师生情谊离去的："留将颜色慰多情。"他离去的时候，师生的感情还像樱桃的颜色那样晶莹明澈，没有被任何杂质玷污过。我们宁可他永远不知道徐乾学后来的变化，永远不知道恩情也可以转变成仇恨，永远不知道人世间有那么多他怎么也看不清楚的黑暗与污浊。

"亲生之，师成之，君用而行之。"对父亲、老师、君主的感情，都应该是最神圣的感情。可是最亲爱的父亲，在价值观和人生方向上与纳兰背道而驰；最尊敬最信任的老师，偏偏又反复无常，从父亲的朋友变为父亲的仇敌。纳兰的一生，似乎总是躲不过矛盾纠结的宿命。他追求一份纯粹而不容亵渎的感情，命运回报他的却总是那么多的无奈：爱情得而复失的矛盾、父子的矛盾、师生的矛盾……可这一切矛盾，还不是他一生矛盾的全部。因为，在他接下来的人生中，他还将面临更大更激烈的矛盾：那就是他和君主——康熙皇帝之间的矛盾。

---

① 纳兰性德《上座主徐健庵先生书》。

第八章
幽怨从前何处诉——君臣恩怨

什么是人生中真正的痛苦？也许，最大的痛苦，是内心顽强执着于人生的理想，而现实又总是将理想一次次残酷地摧毁。纳兰的痛苦，在他进入仕途，迎来事业风光的时候，反而表现得比以前更加强烈。那么，为什么外表越风光，内心却越痛苦？为什么大多数人拼命追求的所谓成功，却成了纳兰痛苦的根源？

要回答这个问题，我们还是得从纳兰自己的文字中去寻找答案。这首《蝶恋花·出塞》应该是纳兰在事业鼎盛的时期写下来的，可就在他的事业一步步走向辉煌的时候，他的文字里却显示出越来越浓厚的悲剧情感。

今古河山无定据。画角声中，牧马频来去。满目荒凉谁可语。西风吹老丹枫树。　　幽怨从前何处诉。① 铁马金戈，青冢黄昏路。一往情深

---

① 亦有版本作："从前幽怨应无数"。

深几许。① 深山夕照深秋雨。

这首词里有一个很重要的关键词——"青冢"。青冢在内蒙古呼和浩特的郊区，据说是王昭君的陵墓，民间俗称昭君坟。

有学者考证，这首词很可能是在纳兰奉康熙皇帝旨意出使西域，经过昭君坟的时候写下来的。古代四大美女之一王昭君，本来是汉朝的一名宫女。汉元帝的时候，匈奴呼韩邪单于请求和亲，汉元帝派遣王昭君出塞，嫁给了呼韩邪单于。

一千多年前，昭君出塞给汉王朝带来了长时间的和平；一千多年后，纳兰出塞的目的，也是为了安抚西域各少数民族，稳定清王朝的西北边疆。昭君出塞和纳兰出塞，方式不同，目的却是一致的。因此，纳兰才感慨万分地写下了这首词。

如果这个考证不错的话，那么，写这首词的时间应该在康熙二十一年（1682）的秋天。这一年，纳兰二十八岁，当时他的身份是康熙皇帝的御前侍卫。纳兰以康熙最贴身的侍卫身份出使西域，充分证明了皇帝对他的信任和重用，也正说明了这个时候的纳兰，应该是处于仕途得意的时候。

可是，既然他肩负着这么光荣的使命，为什么他的词里却流露出一种悲凉的情绪呢？——"满目荒凉谁可语"。除了他之外，这种荒凉还有谁能领略得到呢？

尤其是这首词一开篇就说："今古河山无定据。"古往今来，王朝更替，山河变化，都没有一个凭据和标准，人世间到底有什么是永恒不变的呢？当年的昭君出塞，换来的是王朝的和平，可大汉王朝的辉煌功业如今不也只剩下"满目荒凉"吗？

"画角声中，牧马频来去""西风吹老丹枫树"。伫立在现在

----

① 《世说新语·任诞》："桓子野每闻清歌，辄唤奈何，谢公闻之曰：子野可谓一往有深情。"

的昭君坟畔，只听到断断续续的画角①的声音，"牧马"并不是寻常的牧马，而是象征了北方游牧民族对中原的入侵，因此"牧马"其实是边境战争的婉称，所谓"牧马频来去"当然是指边境战争不断、争夺土地资源的意思了。

当战火消歇，深秋的西风也吹老了红枫树。当年的辉煌早已烟消云散，如今经过昭君坟的纳兰，虽然率领着浩浩荡荡的出使大军，金戈铁马，气势雄壮威武，可他的内心体验到的并不是指挥千军万马的意气风发，而是无数说不清道不明的"幽怨"——千年前出塞和亲的王昭君是否也有着和他一样欲诉还休的"幽怨"呢？

纳兰的情绪在本应慷慨激昂的出塞词中却产生了如此强烈的反差，原因何在？

最重要的一个原因，就是他的人生理想和康熙皇帝赋予他的职业使命之间产生了巨大的矛盾，而这个矛盾一直纠结在纳兰整个的职业生涯当中。

殿试奏捷

纳兰与康熙，虽然是同年出生的表兄弟，但他们之间真正产生交集还是在纳兰二十二岁那年。这第一次正式见面，同时也是他们第一次矛盾的源起。

这一年，正是康熙十五年（1676），文质彬彬的公子纳兰容若，终于迈进了雄伟的紫禁城，来到了殿试的殿堂。这一天，本来早在三年前就该来到了，可是直到三年后的今天，纳兰才摆脱了"寒疾"的梦魇，以一名"准进士"的身份站在了康熙大帝的面前。

---

① 一种管乐器，出自西羌，用竹木或皮革制成，古时多用于军中，以警昏晓。

三年前，也就是纳兰十九岁参加会试的时候，他已经顺利地通过了各场考试。会试录取的考生称为"贡士"，可以进入到最后一关的考试，即殿试，也就是皇帝在殿廷上亲自对贡士进行策问的考试。

在康熙十二年（1673）的会试中，纳兰已经取得贡士的资格，虽然后来因病没能参加殿试，但是贡士的资格仍然保留。所以在三年后，他不需要再经过会试，而是直接以贡士的身份参加殿试。

三年后，纳兰终于如愿以偿地站在了殿试的考场上。在他面前，高高在上端坐着的，是和他同岁的表哥玄烨，也是他从小就只能仰望但从没有过近距离接触的康熙大帝。

是成功，还是失败？纳兰的命运，就掌握在面前这个一代雄主的一念之间。

这一回殿试，纳兰成功了，毫无悬念地成功了！

在康熙大帝威严的审视下，纳兰容若"条对剀切，书法遒逸，读卷执事各官咸叹异焉。"①

"条对"指的是贡士在殿试中针对策问的答卷。评阅试卷的考官称为"读卷官"。在考试中纳兰发挥出色，不但分析议论切中事理，逻辑清晰，见解甚至比那些大学者还要高明中肯。尤其是他那一手漂亮书法，兼具飘逸美和力量美，让考官们赞叹不已。

康熙拿到纳兰的试卷一看，也情不自禁地点头微笑——纳兰性德，这个名闻遐迩的大才子，他最信任的宰相明珠的公子，早就听说他诗词文赋样样精通，主持的《通志堂经解》是本朝最为庞大的儒家经典研究工程，很符合自己倡导儒家文化的思路。他一直想找个合适的机会见见这位京城最著名的公子，现

---

① 徐乾学《通议大夫一等侍卫进士纳兰君墓志铭》。

在，纳兰出色的表现果然没有让他失望。

于是，康熙御笔一挥，纳兰蟾宫折桂，被录取为二甲第七名。

清代的科考，殿试录取的进士分为三甲，第一甲只有三个人，也就是状元、榜眼和探花，这前三名是"赐进士及第"；第二甲称为"赐进士出身"，第三甲是"赐同进士出身"。纳兰被录取为二甲第七名，实际上就是这次参加考试的近两百名进士中的第十名。在全国最高级别的考试中，年仅二十二岁的纳兰能够高中第十名，这是很了不起的成绩。

殿试奏捷之后，明珠府门庭若市，上门道贺的人络绎不绝。一拨又一拨的客人来来往往，让明珠忙得不可开交。不过明珠始终笑容满面，心里乐开了花。面对客人们对公子的交口称赞，明珠忙不迭地说："过奖过奖，犬子才疏学浅，全靠圣上和各位的抬爱，在下感激不尽啊！"嘴上谦虚着，心里却充满了作为一个父亲的荣耀和骄傲。

和明珠一样感到骄傲的，还有纳兰的老师徐乾学。纳兰这回高中进士，虽然早就是意料之中的事情，但毕竟是自己亲手提携起来的得意门生。纳兰能够"三年而学大成"，在这份成功的荣耀背后，老师的功劳是不会被知恩图报的学生忘记的。

谣言纷起

纳兰高中进士，是康熙十五年明珠府迎来的最大的一件喜事。不过，令人奇怪的是，在这件大喜事背后却发生了令人感到非常奇怪的变故，而且这次变故正意味着纳兰和康熙第一次接触之后的直接矛盾。

原来，这次纳兰考中进士后，出现了反常情况——一般人考中进士，要么是进入翰林院继续深造，要么是被授予一定的官职。可是高中第十名的纳兰却没有得到任何来自朝廷的任命，他成了极罕见的、身份"不明不白"的新科进士，而且这种"不明不白"的身份竟然持续了一年多！

这个事情就奇怪了！无论是凭哪方面的条件，纳兰都应该是康熙皇帝首批考虑重用的对象啊！他的父亲明珠，现在正是皇帝身边的红人，刚从兵部尚书调任吏部尚书。吏部尚书相当于国家人事部部长啊，全国的各级文官都在他的管辖范围之内，官员们的考核、升降、奖罚、任免等等都掌握在明珠的手上。这样一个大权在握的父亲，难道连自己儿子的工作都安排不了？

其实，偏偏对儿子的"工作"问题，明珠还真是爱莫能助。

为什么呢？

儿子名气太大了！大到了连做吏部尚书的父亲都没有办法"暗箱操作"的地步。那个时候虽然没有"微博"，没有"网络民意"的监督，但人言可畏，明珠也不敢神不知鬼不觉地安排个官儿给儿子当，人家眼睛都齐刷刷地看着你哪！

当然，凭借当时明珠一手遮天的权势，他要硬塞给儿子一官半职也不是不可以；再加上纳兰又确确实实有真才实学，举贤不避亲，别人就算心里犯嘀咕，嘴上也未必真敢说什么。可还有一个人那里说不过去啊！谁呢？

这个人就是康熙皇帝。

纳兰的第十名进士是康熙皇帝钦点的，他又是明珠的长子，对这个才华横溢的相门公子，康熙皇帝印象极深。康熙可不是个昏君，没有他的旨意，明珠可不敢轻举妄动。

所以，康熙皇帝没有发话，即便是贵为吏部尚书的明珠，也不敢擅自安排儿子的"工作"。于是，纳兰就这么不明不白地尴尬着、等待着，一等就是一年多。

就在这一年，纳兰二十二岁生日的这天，他写了一首词为自己祝寿，并且把这首词送给了自己的好朋友。这就是著名的

《瑞鹤仙·丙辰生日自寿》①，这首词最能体现纳兰此时的心情：

> 马齿加长矣。枉碌碌乾坤，问汝何事。浮名总如水。拼尊前杯酒，一生长醉。残阳影里，问归鸿、归来也未。且随缘、去住无心，冷眼华亭鹤唳。　　无寐。宿醒犹在，小玉来言，日高花睡。明月阑干，曾说与、应须记。是蛾眉便自、供人嫉妒，风雨飘残花蕊。叹光阴、老我无能，长歌而已。②

词的主题是感叹光阴消逝得太快："马齿加长矣。"辨别马的年龄主要是看马牙齿长短及磨损的情况，牙齿长了就说明年龄增长了。在词中，纳兰说眼看着年龄一年年增加了，可自己还是碌碌无为，一事无成啊！

高中进士又能说明什么呢？"浮名总如水。"其实在二十二岁这年，纳兰除了殿试奏捷，还迎来了好几件大喜事：从他十九岁开始、耗时长达三年的大型儒家经解丛书《通志堂经解》最终编印完成，这项工作奠定了他在当朝的学术地位；他的第一部词集《侧帽词》印行问世，这部词集一炮走红，词坛新秀纳兰与清代著名词人项鸿祚、蒋春霖成三足鼎立之势，由此奠定了他在词坛的"巨星"地位。

纳兰能够被誉为"清初学人第一""清朝第一词人"，《通志堂经解》《侧帽词》这两部著作都起到了关键性的作用。年仅二

---

① 词全题应为《瑞鹤仙·丙辰生日自寿，起用〈弹指词〉，并呈见阳》。《弹指词》，顾贞观词集名。顾贞观有《金缕曲·丙午生日自寿》词，丙午为康熙五年，当时顾贞观刚刚考中顺天乡试第一名，擢内国史院典籍，时年三十岁。顾贞观词的第一句就是"马齿加长矣"。见阳，即张纯修，也是纳兰的好朋友。

② 马齿：《春秋谷梁传》僖公二年："荀息牵马操璧而前曰：'璧则犹是也，而马齿加长矣。'"小玉：泛指侍女。元稹《暮秋》诗："栖鸟满树声声绝，小玉上床铺玉衾。"

十二岁的青年才俊纳兰，在康熙十五年，迎来了文学创作和学术研究的双丰收。

然而，他的词名，他的学问，他高中进士的光荣，这一切的一切都不过是些浮名而已。深受儒家思想教导的纳兰，笃信"君用而行之"：自己的才华，要靠君王的信任和重用才能得到真正的施展。而君王的沉默，让纳兰感到了深深的失落。

一想到这里，纳兰忍不住要以酒买醉，借酒消愁了："拼尊前杯酒，一生长醉。"

"无寐。宿醒犹在，小玉来言，日高花睡。"醉后一夜无眠，辗转反侧，第二天早上仍是昏昏沉沉，宿醉未醒。"小玉"是代指侍女丫环。一场大醉过后，直到丫环来伺候自己起床梳洗，才发现已经是日上三竿了。日子就这样一天天消磨过去，纳兰不由得长叹一声，感慨道："叹光阴、老我无能，长歌而已。"

在这首词里还有两个典故值得我们特别留意一下：一个是"华亭鹤唳"，一个是"蛾眉供人嫉妒"。

"华亭鹤唳"的故事出自《世说新语》，华亭即今上海松江。这个故事讲的是西晋陆机在没有做官之前，曾经跟弟弟陆云一起游过华亭。陆机的祖父是三国时期东吴的名将陆逊，看过《三国演义》的人都知道，刘备就是被陆逊用火攻的方式打得大败，最后抱恨死于白帝城。后来陆逊的孙子陆机被人谗害，为司马颖所杀，临刑前，陆机长叹一声："我想再去听听华亭鹤鸣的声音都没有机会了啊！"①

"蛾眉"的典故出自屈原，本来是指女性的妆容。屈原因为遭小人猜忌排挤，他满怀悲愤地把自己比作遭人嫉妒的美女："众女嫉余之蛾眉兮，谣诼谓余以善淫。"（《离骚》）那些女人自己道德败坏，反而嫉妒我的美貌，七嘴八舌地放出谣言说我是

---

① 《世说新语·尤悔》："陆平原河桥败，为卢志所谮，被诛。临刑叹曰：'欲闻华亭鹤唳，可复得乎！'"陆机曾任平原内史，故世称"陆平原"。

个淫荡的人，其实只有我才是那个真正品行高洁的绝代佳人啊！

在屈原那里，喜欢嫉妒别人美貌的女性其实是代指那些妒忌别人才华、背后谗陷攻击别人的奸臣。"蛾眉"也就从原本代指出色的美女变成了形容才德出众的贤臣。屈原遭谗被楚王流放，楚国的郢都被秦国灭亡之后，屈原也在湖南的汨罗江投水自尽，以身殉国。

华亭鹤唳和蛾眉遭人嫉妒都属于悲剧性的故事，屈原和陆机也都是被谗言所伤害的历史人物。二十二岁的纳兰，是蟾宫折桂的新科进士，所有的人都在为他高兴，这是他大喜的日子。然而少年得志的相门公子看到的却是大喜之后的大悲。难道是他也遭到了被流言伤害的痛苦吗？

一年多时间的等待，对于心高气傲的纳兰来说，实在太难熬了。本来早就应该唾手可得的进士功名，已经迟来了整整三年。现在他终于如愿以偿，他自认为在殿试上的表现无可挑剔，为什么康熙皇帝的反应还如此不冷不热呢？他为什么迟迟不对自己的前途做出任何安排甚至连一点暗示都没有呢？

天意从来高难问。没有人知道康熙皇帝这个时候在想什么，包括明珠在内。高中进士的热闹过去之后，大家都只能焦虑地等待。康熙长时间的沉默，让一度志得意满的新科进士纳兰感到了被忽略甚至被遗忘的沮丧，他从热情的巅峰跌入了失意的低谷。

当代女作家张爱玲有句名言："成名要趁早。"人生不过百年，大器晚成不是每个人都有耐心去等待的，何况纳兰在文学界、学术界已经声名鹊起，早就是"成名要趁早"的典范了。他从小就努力克服多病的体质，刻苦练习骑马射箭，孜孜不倦地钻研学问，他做这一切，都有一个重要目的，那就是为了有一天——在威武堂皇的朝廷殿堂上，在他仰慕的偶像康熙皇帝面前充分地展示自己，实现他"君用而行之"的事业理想。如今，康熙皇帝除了御批他为第十名进士之外，再没有后续的旨意对他的前途进行任何安排。纳兰莫名其妙地被冷落，也被其他朝廷大臣看在了眼里，大家当面不说，背地里少不了各种猜测，少不了议论纷纷：这明珠的公子是怎么回事啊？是不是圣上对明珠不满意了，所以对他的儿子迟迟没有任命啊？

朝廷里的明争暗斗从来都不会停止，位高权重的明珠本来就是大家争相追捧的对象，但同时也是被暗中嫉妒、攻击的对象。纳兰在朝廷中的进退，无疑是和他的父亲明珠紧紧拴在一起的。因此康熙对纳兰的态度，在朝中大臣看来，其实也就是皇帝对明珠的态度。明珠的政敌们更觉得这很可能是打击明珠的又一大好时机。

于是一时间，谣言四起，针对的都是明珠父子，他们一边揣摩圣意，一边想借此动摇明珠在康熙身边的地位。这些谣言传到纳兰耳中，更使他心情低落。

"是蛾眉便自、供人嫉妒。"木秀于林，风必摧之。如此出色的容若公子，却不得不在谣言的包围中如履薄冰。他还没有进入仕途，却已经隐约感受到了仕途的风险。

荣任侍卫

一年多的等待其实还不算什么，更奇怪的是，康熙十六年（1677）的秋天，纳兰终于等来了康熙的任命。这个任命才让所有的人大跌眼镜——皇帝居然任命纳兰为三等侍卫。

清朝入关后设立了专门的侍卫衙门，侍卫就相当于皇宫的保安，是皇帝的武装侍从官员，也就是我们俗话所说的带刀侍卫。康熙年间，侍卫分为御前侍卫、乾清门侍卫和大门侍卫。御前侍卫和乾清门侍卫由皇帝亲自选定，要经过极其严格的"政审"，各方面条件优秀而且安全可靠的人才能入选，纳兰正属于这种情况。从此以后，他就是离皇帝最近的人了！

要知道，能够被选中当皇帝的贴身侍卫不容易啊！而且，三等侍卫的官阶是正五品，也就是说，比那些状元榜眼所授的翰林院职位还要高，俸禄也更加优厚。更重要的是，能够随时跟在天子身边，那是多少人梦寐以求而又求之不得的荣耀啊！

这个任命一下达，明珠府再一次门庭若市，上门祝贺的人再一次络绎不绝，明珠也再一次高兴得合不拢嘴。这一次非同寻常的任命，显示了康熙对纳兰家族的特殊恩宠，是"天子用嘉"的表现，是皇恩浩荡啊！而且这一重用，显然让之前那些猜忌的谣言不攻自破——明珠父子在朝中的地位非常稳固。所有的人都认为，这是因为康熙特别赏识纳兰的文武全才，也是对明珠的特别信任，才破例将容若公子安排在自己身边。对纳兰来说，这应该是天大的惊喜才对。

可是，事实恰恰相反。在所有的人都为纳兰感到高兴的时候，只有一个人是例外，这个人就是纳兰性德本人。

这就奇怪了，锦绣前程摆在面前，为什么偏偏纳兰就高兴不起来呢？

纳兰高兴不起来的原因有两个：一个原因就是在这一年的五月三十日，他的妻子卢氏刚刚去世，发生了这样的悲剧，再大的喜事都不可能冲淡他的哀伤了。另外一个原因：康熙的这个任命，看上去是无比的荣耀，但是跟纳兰的事业理想却完全是南辕北辙，它不但没有带给纳兰喜悦，反而将纳兰推入了矛盾痛苦的深渊。

按惯例，成绩优秀的年轻进士应该选入翰林院继续深造，这才是最符合纳兰的人生志向的——他的事业理想之一就是做一个风流倜傥的文人雅士。凭他在文学创作和学术研究的造诣，进入翰林院应该是顺理成章的事。

退一步说，就算不进翰林院，朝廷也应该根据进士的才能分别授予相应的官职，让他们在政治上去大展宏图，那么，这也能实现纳兰参与治国平天下的一贯理想，充分发挥他的政治才能。

可是，结果和他的理想完全相反。当皇帝的侍卫意味着什么？

在满族的语言里，侍卫称为"虾"或者"辖"。按清朝皇室的传统，侍卫都是由家丁或者奴仆来担任，要随时听从皇帝的驱使，基本没有人身自由。他们的职责，除了随身携带兵器，负责保护皇帝的安全之外，还要负责传达皇帝的圣旨；皇帝出巡或者参加其他活动的时候，侍卫都必须充当保镖；皇帝临时有任何特殊任务都可以指派侍卫去执行；哪怕是皇帝有时候想附庸风雅，召一帮文人学士来歌功颂德，侍卫还得作为御用文人参与吟诗作赋，相当于皇帝的随身秘书……

用一句话来概括，那就是侍卫必须时刻围着皇帝转！说好听点，侍卫是正五品的高官；说得不好听点，侍卫只是一个随时听候皇帝差遣的奴才，就像一只永远只能弓着背哈着腰的"虾"！

这样的任命怎么可能让纳兰高兴得起来呢？别人可能觉得当皇帝的奴才，那可是光荣得不得了；可是在纳兰心里，还有什么比自由更重要呢？文人的风流，是要用文字来抒发自己的性情，反映时代的精神；可是作为一个侍卫，最多只能算是一个御用文人，他的一言一行都将受到严密的控制，不但时间上没有自由，连思想上的自由也受到了钳制。这样的工作，又怎么能实现他文人的理想呢？

纳兰和康熙命运的真正交集，就以这样无奈的方式产生了，他们之间九年的矛盾相处也从此开始了。

君臣相似之处

纳兰内心的这种矛盾，康熙是不可能理解的。纳兰和康熙，在这一年都是二十三岁，都是风华正茂的青年时期。康熙是纳兰的表哥，出生于顺治十一年三月十八日（1654年5月4日），纳兰出生于顺治十一年十二月十二日（1655年1月19日），康熙只比纳兰大八个月。这对同年出生的表兄弟，也有颇多相似之处，略举几例：

第一，都是"神童"。

玄烨八岁登基，迅速成长为一代雄主；纳兰少年成名，文采风流。

第二，都文武双全。

玄烨自小博览群书，当上皇帝后仍然手不释卷，未尝有一日间断。他自己也说"逐日未理事前，五更即起诵读，日暮理事稍暇，复讲论琢磨，竟至过劳，痰中带血，亦未少辍。朕少年好学如此。"（康熙《庭训格言》）即使是在出巡之时，"亦必以卷帙自随"（《御制资治通鉴纲目序》）。康熙不仅精通汉学、满学，诗文兼擅（现存诗1147首），对西学也表现出极大的学习兴趣与融会贯通的学习效果。

作为清朝的统治者，康熙自然也从小就通习骑射武功。他在今河北省围场蒙古族满族自治县兴建了面积约一万平方公里的木兰围场，每年在此举行狩猎。直到他去世的那一年，他还以69岁（康熙六十一年，1722）高龄在木兰围场狩猎。康熙二十一年（1682），他东巡到吉林乌拉（今吉林省吉林市），在山海关外打猎，射虎三十九只，最多一天射杀五只老虎。[①] 他还曾三次御驾亲征，平定准噶尔叛乱。他的御驾亲征并非花拳绣腿，仅仅是摆个样子，而是亲自全面筹划，严密部署，表现出了一个出色的军事家的才华。

相门公子纳兰，同样文武双修。当上侍卫之后，更是不废

---

① 据《清圣祖实录》卷一零零。

武功，骑术精良，射箭百发百中。"容若数岁即善骑射，自在环卫，益便习，发无不中。其扈跸时，雕弓书卷，错杂左右，日则校猎，夜必读书，书声与他人鼾声相和。"① 其中，"雕弓书卷，错杂左右，日则校猎，夜必读书"几句，形象地写出了他文武兼修的生活特点。

第三，都有志于著书立说。

纳兰二十二岁即完成了大型儒家经解丛书《通志堂经解》的编撰刊刻工作。康熙大帝一生则主持了《康熙字典》《全唐诗》《古今图书集成》等大型图书的编撰出版工作。其中《康熙字典》是古代历史上收录汉字最多最全的汉文字典，为汉文化的传承与发扬作出了巨大贡献。

第四，都对西洋科学技术与文化表现出浓厚的兴趣与博采众长的通达态度。

例如耶稣会士南怀仁（比利时人）、张诚（法国人）、徐日昇（葡萄牙人）等先后成为康熙的老师，为他讲解天文历法、西洋医学、几何学等等。南怀仁还为康熙制造了火炮，成为平定三藩之乱的重要兵器，被清军将士誉为"得胜炮"。

纳兰也在他的著作《渌水亭杂识》中多次提到西洋的科学技术，认为学习西方的先进科学有利于本国文明的进步。

例如他说："西人历法实出郭守敬之上，中国曾未有也。"认为西方的历法要比中国的先进。

再如："西人医道与中国异，有黄液、白液等名。其用药，虽人参亦以烧酒法蒸露而饮之。"这是描述中医与西医用药之不同。

又如："西人测五星，谓近地二十度，虽晴时亦有清濛气，星体为此气浮而上登，不得其真数，须于此气以上测之，又须

---

① 徐乾学《通议大夫一等侍卫进士纳兰君墓志铭》。

有次第乃正。如木、水、金前后相次而行，欲测金星，先测木星在何处，俟其西行至某度，乃于其度测水星，又于水星上测金星，乃不受清濛之混，诚良法也。"这是赞同西方人测量金木水火土五星的正确方法。

当然，纳兰于西学也不是全无批判的吸收。例如他也曾批评"西人长于象数而短于义理……尊其天主为至极，而谤佛又全不知佛道"。这是说西方人信奉天主教，诽谤佛教，对佛家经典义理几乎一无所知。

君臣不同之处

康熙与纳兰的相同之处还有很多，然而，这对同龄的表兄弟，更多的却是他们之间的不同。

第一，人生经历不同。

纳兰从出生到荣任侍卫的这二十余年里，基本上是一个一帆风顺的相门公子。虽然经历了爱情的失落和因病错失殿试机会的挫折，但对于那些经历过大风大浪的人来说，这两件事实在算不了什么。那么，谁才是那个时代真正经历过大风大浪的人呢？

当然是康熙皇帝。

康熙虽然是天潢贵胄，但从小并没有体会到多少父爱和母爱：八岁的时候，父亲顺治皇帝去世；十岁时生母佟氏去世，十岁的玄烨成了父母双亡的孤儿。八岁登基的玄烨其实是在孤独中长大的。登基成为小皇帝之后，他又接连经历了几件震动朝野的大事：

十四岁（康熙六年七月，1667），玄烨亲政，接着在十六岁（康熙八年，1669）的时候智擒鳌拜，扳倒了这位专权的辅政大臣，牢牢掌握了至高无上的皇权。

二十岁（康熙十二年，1673），玄烨又开始着手处理一个沉重的历史包袱——撤藩，平定以吴三桂为首的三藩之乱，进一步显示了作为一代英明皇帝的雄才大略。

从康熙元年（1662）到康熙二十二年八月十一日（1683年10月1日），清朝走上了长达二十多年的收复台湾的道路（顺带提一下：康熙八年，刑部尚书明珠曾作为招抚台湾的使臣被派往福建泉州议抚，当时纳兰十五岁）……

就在康熙登基的那一年，纳兰的父亲明珠升任郎中，以郎中的身份开始重建内务府，并且在康熙三年的时候升任内务府总管，成为正三品的内务府最高长官，掌管了皇帝和皇室家族的家务事，这是跟皇家最亲近的职位之一。明珠从此开始走上平步青云的道路。

因此，跟康熙皇帝玄烨的经历比起来，在父亲庇护下成长起来的纳兰总体上来说还是一帆风顺的。

第二，个性不同。

人生经历与成长环境的不同铸就了玄烨与容若不同的个性。同样是二十余岁的青年，在惊涛骇浪中成长起来的玄烨，培养了坚韧豁达的性格，所以他才能成为一代雄主康熙大帝；而不谙世事险恶的相门公子纳兰，却是养成了多情多病的柔弱秉性。跟他的表哥玄烨比起来，纳兰更像一个风流儒雅但又有些文弱的江南才子。

容若与玄烨，一个是在堂堂相门，顺风顺水中长大的多情才子，生命中充满了哀伤的柔情；另一个是在血雨腥风中经过了你死我活的拼杀，终于排除一切艰险，树立起绝对权威的一代帝王；一个多愁善感，文采风流，另一个却刚毅果敢，具有百折不摧的智慧和坚强。

第三，人生理想不同。

玄烨，作为一代雄主，他的理想是建立一个大一统的强大帝国，让爱新觉罗氏的江山稳固而长久；容若，却更渴望做一个自由自在、纯情率性的江湖雅士。

玄烨，是为一代王朝的兴盛而生；容若，却是为一种纯粹的性情而生。

第四，身份不同。

在种种不同之外，他们之间最大的不同，还是身份的不同：纳兰的命运从此掌控在康熙的手里，他随意而下的任何一道旨意，都能左右纳兰的人生；而一贯向往精神自由的纳兰，就在这种失去人身自由的职业生涯里，感到了极度矛盾的痛苦。

我们只要看看纳兰任侍卫以后的生活，就可以了解他这种矛盾的心态了。

康熙跟别的皇帝不同，他是个不太"安分"的皇帝，不喜欢一天到晚待在深宫当中，而是喜欢到处巡视。康熙的一生，最重要的远途出巡至少就有三次东巡①，从北京出发，经山海关，至辽宁，最远到吉林乌拉（今吉林省吉林市）；六次西巡②，从北京出发，远达五台山；六次南巡③，南巡一次往返就约有

---

① 三次东巡分别在康熙十年（1671）、康熙二十一年（1682）、康熙三十七年（1698）。

② 六次西巡时间分别为康熙二十二年（1683）二月和九月、康熙三十七年（1698）、康熙四十一年（1702）、康熙四十二年（1703）、康熙四十九年（1710）。

③ 六次南巡时间分别为康熙二十三年（1684）、康熙二十八年（1689）、康熙三十八年（1699）、康熙四十二年（1703）、康熙四十四年（1705）、康熙四十六年（1707）。

七千里，最远到达浙江杭州、绍兴等地；三次北征，亲征噶尔丹①……

除了这些远途出巡，赴北京近郊等近距离巡幸更是频繁发生，例如康熙一生曾四十八次到木兰围场秋狩，五十三次移驾避暑山庄。皇帝尚且如此勤政，其臣下的忙碌程度也就可想而知了。

康熙十六年（1677）秋天，纳兰正式走马上任，从此开始了他马不停蹄的侍卫生涯。从被任命为侍卫到去世的这些年，康熙几乎每一次出巡都有纳兰随从护驾。稍微举几个例子来看看他"职场生活"：

康熙十七年（1678），也就是纳兰任侍卫的第二年，他就扈从康熙巡视多个地方，并到塞外视察边防形势。

康熙十八年（1679），康熙到保定打猎，纳兰随行。

康熙十九年（1680），康熙多次巡幸昌平等地，纳兰随从。

康熙二十年（1681）三月，康熙奉太皇太后到汤泉，纳兰随行护驾；九月，又随皇帝巡视京畿等地。本年中，吴三桂之孙吴世璠自杀，清军进入云南昆明，三藩叛乱平定。

康熙二十一年（1682）春天，康熙东巡，出山海关，到清朝的发祥地巡视，祭祀长白山，纳兰随行护驾。就在同一年秋天，纳兰奉旨出使西域。

康熙二十二年（1683）二月，纳兰护驾康熙西巡五台山；六月再随驾巡视塞外，一直到达古北口一带。本年，郑克塽投降，清廷宣告收复台湾。

康熙二十三年（1684）五月，纳兰又一次扈从康熙到古北口，七月底回京；九月，纳兰再随从康熙下江南，直到年底才

---

① 三次御驾亲征分别在康熙二十九年（1690）、康熙三十五年（1696）、康熙三十六年（1697）。

返回北京。

……

由此可见，纳兰的工作逐年增多，任务逐年增重，也可见康熙越来越放心地将一些更重要的任务交给纳兰去完成。九年的侍卫工作，纳兰的足迹往西到了五台山（今属山西），往北上过长白山、医巫闾山（今辽宁闾山），往东南到过泰山，渡过淮河长江到南京一直到扬州、苏州等地，还曾奉使西域，到过内蒙古、新疆等地。至于他扈从康熙随时出城巡察，或者陪太皇太后到汤泉等北京附近的地方，那次数更是多得数不清，他的生活可以说得上是比陀螺转得还要快。①

连续几年当中，仅是跟着康熙一起出巡纳兰就已经是马不停蹄、席不暇暖，这还没有包括在内廷当值的工作。皇帝出巡，工作视察之外，尚可兼享休息和娱乐，他身边的侍卫可就没那么惬意了，因为即使在皇帝休息和娱乐的时候，侍卫们也必须保持精神高度集中，确保出巡安全。

在纳兰出任侍卫之后的几年当中，就算在康熙不出巡的日子里，也几乎没有休息的时候。他既是带刀侍卫，随时要保障皇帝的安全，同时又是文学侍从，必须随时应对康熙的其他召唤。

比如说，康熙曾经命令纳兰赋《乾清门》应制诗，翻译康熙御制《松赋》等等。他的同事说他的工作是"日侍上所，所巡幸无近远必从，从久不懈益谨。上马驰猎，拓弓作霹雳声，无不中。或据鞍占诗，应诏立就"。"上有指挥，未尝不在侧，无几微毫发过。"②

---

① 韩菼《通议大夫一等侍卫进士纳兰君神道碑铭》："其从行于南海子、西苑、沙河、西山、汤泉尤数，尝西登五台，北陟医巫闾山，出关临乌喇，东南上泰岱，过阙里，度江淮，至姑苏，揽取其山川风物，以自宽广，资博闻。"

② 韩菼《通议大夫一等侍卫进士纳兰君神道碑铭》。

这些话的意思是：纳兰自从当上侍卫之后，皇帝出巡不论远近，必定指定要纳兰随从，而他从不懈怠，工作十分谨慎小心。他上马打猎的时候，拉开弓箭噼里啪啦作响，百发百中；有时候接到皇上的旨意，马上要应制作诗，他骑在马上不假思索，即刻就能完成。皇上任何时候有任何指令，纳兰都能在第一时间办好，从不离皇帝左右，也从没出过任何差错。

徐乾学也说过，纳兰"出入扈从，服劳惟谨，上眷注异于他侍卫"。这就是说，纳兰恪尽职守，从不偷懒，在他身上找不到一点儿"官二代"或者"富二代"的纨绔作风。因此，皇上对他的宠幸远远超过对其他侍卫，先后赏赐给他的白金、金牌、彩缎、御馔、名马、弓箭、佩刀、字帖等等各类物品不计其数。

纳兰在文武两方面表现出来的才干，包括他的任职态度，都让康熙十分满意。而康熙越是对他表示满意，就越是不愿意这样优秀的侍卫离开自己。所以，不久他就下旨升纳兰为二等侍卫，后来他又晋升为一等侍卫，成了当时皇帝身边最抢眼的红人之一。

最大政绩——觇梭伦

当然，康熙并不是只把纳兰当成一个奴才看待，他把纳兰放在身边，其实也是在对纳兰进行全面的考察，在合适的时候，他也会把一些重要的任务交给纳兰去完成。纳兰在仕途上的最大政绩，也几乎是他政治生命中的头等大事，就发生在这九年的侍卫生涯当中。

如果没有这个政绩，那我们历史当中的纳兰可能就只能是一个多情善感的文人，可正因为有了这个政绩，才使得纳兰的政治生命变得光辉起来。那么，这是一件什么性质的事情呢？它对纳兰的政治前途又有怎样的重要意义呢？

原来，这就是正史记载的，纳兰在康熙二十一年（1682）的"奉使觇梭伦诸羌"（《清史列传》）。这一年，纳兰二十八岁。"奉使"当然是指奉康熙皇帝的旨意出使。这是他第一次作为皇帝的特派使臣出使塞外。

"觇"就是暗中窥伺侦察的意思，"诸羌"应该是指西北地区原来羌人活动的少数民族部落。梭伦是什么地方呢？因为史料的记载比较简单，关于这个问题学术界的争论比较大，有人认为梭伦在东北，有人认为在西北，我个人比较倾向于认为梭伦在西北。具体来说，梭伦是指以今天内蒙古最西端阿拉善盟额济纳旗旗政府所在地附近的索陇呼都克为中心，包括当时驻扎在这里的少数民族游牧部落，以及他们的活动范围所达的黄河河套以西及新疆吐鲁番等地。①

当时，负责管理这一地区少数民族的中央机构是理藩院，但康熙并没有派理藩院的官员去觇梭伦，而是特派了自己的贴身侍卫纳兰。那么，康熙为什么没有按照常规派遣理藩院的官员，而是让纳兰去完成觇梭伦的任务呢？纳兰这一次觇梭伦的目的到底是什么呢？

《清史稿》里说纳兰奉使塞外的目的是"有所宣抚"，是对游牧在西北梭伦这个地方的少数民族部落进行宣抚，也就是传达康熙皇帝的旨意，安抚民众。这是康熙实施边防政策的一个重要步骤。

---

① 关于纳兰觇梭伦一事，学界颇有不同意见。尤其是关于"梭伦"的地点，有人说是东北黑龙江一带；有人说是西北，最远到达了碎叶城；还有人说梭伦就是今天内蒙古额济纳旗旗政府所在地附近的索陇呼都克，以及驻牧在索陇呼都克的游牧部落所到的黄河河套以西及新疆吐鲁番等地。今从第三种说法。详见刘德鸿著《清初学人第一——纳兰性德研究》。另相关争议还可参见马迺骝、寇宗基著《纳兰成德觇梭伦新探》（载《晋阳学刊》1985 年第 5 期），寇宗基、马迺骝著《论纳兰成德奉使西域——觇梭伦新探之二》（载《山西大学学报》1986 年第 4 期），寇宗基、邱建平编著《纳兰成德评传》等著作和论文。

因为，这个时候的清朝廷，刚刚平定了以吴三桂为首的三藩叛乱。胸怀大略的康熙，在解决了三藩问题之后，就马上着手处理边防问题：

其一，东南边疆，进入统一台湾的最后攻坚阶段，最终于康熙二十二年（1683）收复台湾。

其二，在东北边疆，康熙的主要目标是抗击沙俄。他三次东巡，主要目的就是为了勘察敌情，制定战略。后来清廷于康熙二十四年（1685）、二十五年（1686）两次取得雅克萨自卫反击战的胜利，最终促成了康熙二十八年（1689）《中俄尼布楚条约》的签订，捍卫了东北的领土完整。

其三，在西南边疆，平定西蒙古势力对西藏的进犯，驻军西藏，册封班禅额尔德尼，设驻藏大臣，稳定清朝对西藏的统治。

其四，在西北边疆，最让康熙头疼的是以噶尔丹为首的准噶尔部这股反清势力。

从历史上看，清政府对待西北少数民族的态度和对待沙俄的态度是不同的：沙俄是外敌，对外敌，康熙采取了坚决的武力抗击政策；而对西北的少数民族问题，康熙采取的首先是"宣抚"的态度，恩威并施。

再者，蒙古是清朝的北方"长城"，康熙的祖母孝庄太皇太后就是蒙古族人，因此清朝与内蒙古（漠南蒙古）的关系向来比较亲近。但外蒙古（漠北喀尔喀蒙古）和西蒙古（漠西厄鲁特蒙古）由于噶尔丹的插手，形势变得复杂起来。

噶尔丹是西蒙古四部之一准噶尔部的首领，他不断挑动战争，扩张势力，袭击外蒙古，并进一步威胁中原。对待蒙古问题，康熙采取了两手抓的战略：一方面打击噶尔丹的势力，另一方面则笼络外蒙古各部，尽量削弱噶尔丹对其他蒙古各部的影响。也就是说，他希望能够通过和平方式安抚外蒙古，使他

八十行年，齐白石作于古燕京城西

齐白石《樱桃枇杷荔枝图》

们归顺清廷。如果和平方式不能达到目的，再实施武力征服。

梭伦正地处蒙古西端比较敏感的地带，在这里活动的几个少数民族部落一方面受制于准噶尔部，一方面又表示出归附清朝廷的意思，正是摇摆不定的时候。纳兰奉命出使梭伦，秉承康熙"宣威蒙古，并令归心"（《圣祖圣训》）的政策，既要探清这些少数民族部落的虚实，又要显示清朝廷的威信和安抚的诚意。在这些部落的态度还不明朗的时候，康熙很有可能暗中授意纳兰随机应变：如果他们确实一心归顺，那就和平安抚；如果他们发动叛乱，那就用武力征讨。这也是康熙一贯的"乱则声讨，治则扶绥"的方针。

因此，纳兰这次宣抚梭伦各部落，并不是单枪匹马孤军深入，而是率领了数千军马，做好了文和武的两手准备，浩浩荡荡，向西边开拔。

长途跋涉，要翻越高山，要穿过沙漠，这一路的艰辛自不必多说。那么，纳兰这一次觇梭伦的效果怎么样？

他的同事有一段话可以回答这个问题。这段话是这样说的："康熙二十一年秋，奉使觇梭伦诸羌，道险远，君间行疾抵其界，劳苦万状，卒得其要领还报。"①

这段话前面几句很好理解：纳兰出使西域，路途又远又艰险，但是他日夜兼程，不辞劳苦，很快就到达了目的地。

关键是最后一句很值得推敲："卒得其要领还报。"这句话表面的意思是说，纳兰终于完成了使命，回京后将出使的具体情况向康熙作了详细汇报。可是仔细推敲一下，我们就会发现新的问题了："卒得其要领还报"，他向康熙汇报的这个"要领"到底是什么呢？

也许这是当时的军事机密，纳兰觇梭伦的过程并没有留下

---

① 韩菼《通议大夫一等侍卫进士纳兰君神道碑铭》。

史料的详细记载。但是有这样一个细节值得我们特别注意：就在他奉使觇梭伦回来以后，清朝廷改变了对准噶尔部的态度。

在西北形势还没有明朗以前，清廷对准噶尔是一种纵容姑息的态度；而纳兰觇梭伦回来以后，清廷对准噶尔部的态度变得强硬起来，到康熙二十四年（1685）甚至还处死了噶尔丹派往北京的使臣；而同时，康熙对梭伦诸部落又采取了特别宽容的态度，甚至允许他们深入到黄河岸边来游牧。这说明什么呢？

这说明康熙心中有数了！

他心中有数的原因之一，很可能就是纳兰觇梭伦回来后的秘密奏报：梭伦各部落宣抚成功。他们已经有了明确的态度：愿意和清廷合作，共同对抗准噶尔部。

后来的事实说明纳兰的回报确实是很得"要领"的。因为，就在他出使回来两年后，梭伦各部落宣布正式归附清朝，并且派遣了庞大的使团来北京朝贡。

纳兰宣抚的结果，等于是给康熙吃了一颗定心丸。西北梭伦各部安定下来之后，清朝廷解除了后顾之忧，才能放心大胆地着手处理准噶尔部的问题。

1691 年（康熙三十年）四月，康熙帝亲自到达多伦诺尔（今内蒙古锡林郭勒盟南端多伦县）会盟漠北蒙古各部，和平解决了北疆问题，推行了清朝的编旗等制度，使蒙古各部"咸倾心臣服，愿列藩属"。

安抚好漠北蒙古后，康熙皇帝才得以放手处理西北边疆的准噶尔部。在康熙二十九年（1690）、三十五年（1696）、三十六年（1697）连续三次御驾亲征之后，准噶尔部首领噶尔丹于康熙三十六年兵败身亡，西北边疆也稳定下来。

虽然纳兰已经没有机会亲历多伦会盟的盛况，也没有机会扈从康熙御驾亲征，实现他在战场上"横戈跃马"的雄心，但他在此之前圆满完成宣抚西蒙古梭伦各部落的任务，无疑为康熙后来稳定北疆的战略成功施展奠定了良好的基础。

从纳兰觇梭伦这一政治事件，我们可以发现两个问题：

第一，康熙没让理藩院插手觇梭伦的行动，而派遣贴身侍卫纳兰完成这项安抚边疆的重大使命，这充分说明了康熙对纳兰的信任。这种非同寻常的信任，正是建立在他们君臣六年朝夕相处的基础之上的。

第二，纳兰能够独立率军完成这项任务，也充分说明了他的政治才干。我们不妨假设一下：如果纳兰能够像他父亲那样长寿，他在政坛上的成就很可能超过明珠。

这样说最重要的一个理由是：尽管侍卫这个身份和纳兰的理想相差甚远，但其实康熙皇帝在对纳兰进行了全面考察之后，应该不会让他长期在侍卫这个职位上"委屈"下去。他让纳兰单独率军去觇梭伦，很可能也是一次特意考察他的机会。

事实上，康熙对纳兰的表现相当满意，也正在找机会准备让纳兰大展其才，"将大用之"。[1] 考察清朝历史，由侍卫转任重要职位是完全有可能的。例如索额图就是由正五品的三等侍卫升为正三品的一等侍卫，因在智擒鳌拜中立下大功，由头等侍卫直升为内国史院大学士，后改保和殿大学士，成为权倾朝野的一代名相。

只是很可惜，纳兰等不及这样的机会了，直到最后他去世，也没有能够等到大展其政治才干的那一天。

君臣矛盾之一： 用非其志的悲哀

觇梭伦回来以后，建功立业的喜悦又渐渐被日夜忙碌的侍

---

[1] 徐乾学《通议大夫一等侍卫进士纳兰君神道碑文》："然君自以蒙恩侍从，无所展效，辄欲得一官自试。会上亦有意，将大用之，人皆为君喜，忽以去年五月晦得寒疾卒。"

卫生活给淹没了。因此，虽然升任了一等侍卫，但身为皇帝"奴才"的身份并没有得到根本的改变，纳兰内心的矛盾和痛苦不但没有减弱，反而随着年龄的增长而更加强烈。这种矛盾，在很多人看来都是难以理解的。因为对于一个臣子来说，能够像他这样"日睹龙颜之近，时亲天语之温。臣子光荣，于斯至矣"（《与顾梁汾书》）。别人都觉得皇帝高高在上不可亲近，可纳兰却是天天不离皇帝左右，深得康熙的欣赏和信任。

在一般人看来，一个做臣子的，能做到他这一步算是到了光荣的顶点了。可纳兰自己到底是怎么想的呢？这里不妨引用纳兰写给他的好朋友严绳孙的一封信，从这封信中可以看出，当纳兰和好朋友在私下里交流的时候，他是怎么评价自己的仕宦生活的：

> 弟比来从事鞍马间，益觉疲顿。发已种种，而执殳如昔，从前壮志，都已鑱尽。昔人言，身后名不如生前一杯酒，此言大是。[1]

纳兰在信中说自己自从当上侍卫以来，鞍马劳顿，其实心里是越来越觉得疲惫厌倦的。眼看自己年华老大，头上甚至已经冒出了白发，可是还得像年轻人一样，随时佩戴着刀剑，听候命令。以前的那些壮志，现在都已经被折磨殆尽了。古人说，与其追求身后的名声，还不如生前痛痛快快地喝一杯酒！这才是他向往的自由自在的人生啊！

作为一名臣子，纳兰当然不敢将这些牢骚说给康熙皇帝听，也不敢在父亲明珠那里抱怨。"幽怨从前何处诉？"他的满腹幽怨，只有在他结交的这些江湖文人这里，才敢恣意流露。

---

[1] 《与严绳孙书》，载《通志堂集》。

在进入仕途之前，纳兰在事业上确实是有雄心壮志的。比方说，他曾经主动请缨，渴望到平定吴三桂叛乱的前线战场上去建功立业；他也曾经希望像其他进士那样，去一个职能部门，或者到地方上去当个地方官，哪怕是当个知州、知县也好，作为一方父母官也能有所作为，造福一方百姓。可是现在，他却不得不像个奴才一样，时时刻刻围着皇帝转，这样的生活，一过就是九年！这跟他的生平志向实在是相差太远了。

从雄心勃勃的少年壮志，到升任侍卫后的怀疑与茫然，官场的历练并没有让纳兰变得世故圆滑，反而让他更清醒地意识到，用牺牲自我的个性作为代价，去换取所谓的仕途显达，对于他的人生追求而言是多么的虚幻。

多次扈从康熙出塞巡视以及率军觇梭伦的政治经历，也让他对人生、对历史有了更独特的认识与理解，这种思想的转变无疑也会在他的性情文字——词当中流露出来。

再来看他的一首边塞词《南乡子》：

> 何处淬吴钩。一片城荒枕碧流。曾是当年龙战地，飕飕。塞草霜风满地秋。　　霸业等闲休。跃马横戈总白头。莫把韶华轻换了，封侯。多少英雄只废丘。

在解释这首词之前，还需要补充说明一点：上文说到了纳兰觇梭伦在政治方面的积极作用；其实，纳兰多次出塞对他的文学创作也有积极影响。我们一般都觉得纳兰最擅长写爱情词，其实，纳兰对词的发展还有一个重要贡献——大力拓展了边塞词的意境。

"边塞"这种题材，在纳兰以前的所有词作中所占比例是微乎其微的；而纳兰独特的出使西域的经历，以及他多次随从康熙皇帝出巡塞外的侍卫生涯，使得他的眼界比一般词人更加开阔，他对历史、对人生哲理的感悟也更加深刻。这首《南乡子》就比较典型地反映出了他的历史意识和生命意识。

"何处淬吴钩。"淬，是浸染的意思，犹言"血染"之意。吴钩，本是一种类似于刀的武器，古时候吴地以善于铸造这种锋利的兵器闻名，后来诗人词人往往以"吴钩"泛指锐利的兵器。比如辛弃疾就曾用"把吴钩看了，阑干拍遍，无人会，登临意"这样的词句，来表达自己空有一身武艺，却不能征战前线收复国土的遗憾。

"何处淬吴钩。"到哪里去血染我的宝刀呢？纳兰一开篇发出的就是如此铿锵有力的疑问。读这第一句，我们也许会以为在这样的边塞词中，又是在他率军浩浩荡荡巡察梭伦的征途之中经过古战场，纳兰将要抒发的应该是铁血英雄征战疆场的慷慨壮志吧？

不。纳兰并没有像我们想象的那样，将出塞的豪情继续张扬下去。紧接着的下一句马上消泯了"淬吴钩"的英雄之气："一片城荒枕碧流。"当年血雨腥风的战场，如今只不过留下一座荒凉的废城，枕着城外安安静静流淌过的一湾碧水。

"曾是当年龙战地，飕飕。塞草霜风满地秋。""龙战"一词典出《周易》的"坤"卦："龙战于野，其血玄黄。""龙战地"往往用来比喻群雄逐鹿天下的战场。古战场上，已经看不到兵刃相见的鏖战，听不到震耳欲聋的拼杀声，只剩下满眼疯长的"塞草"、耳边呼呼掠过的寒风。满地萧索的秋色，只能让人感受到远去的历史留下的一片荒芜。无休无止的征战杀伐，割据掠夺，对于历史的发展、人民的生活到底有何积极意义呢？

历史就是这样无情地抹平了繁华与平淡的距离。那么，个人的生命又如何呢？

的确，无数英雄的霸业都是在战场上成就的，可是，再辉煌的功业都很快会被历史的烟尘湮没。"霸业等闲休。跃马横戈总白头。"青丝会被时间染成白发，英雄壮志会被岁月磨灭，当年横戈跃马、气冲斗牛的豪迈最后只能变成英雄末路的老迈。

时间同样无情地抹平了英雄与凡人的距离。

如果对比一下纳兰在进入仕途前的诗句，我们更能清楚他思想变化的巨大。

前面讲到过纳兰在二十二岁殿试奏捷之前，写过一首诗，其中有这么几句："平生纵有英雄血，无由一溅荆江水。荆江日落振云低，横戈跃马今何时。"当时清朝廷正处在平定吴三桂叛乱的内战之中，年轻气盛的纳兰曾频频上书康熙，希望能够到前线去"横戈跃马"、建功立业，他希望自己的一腔"英雄血"能够挥洒在属于英雄的战场上。

只不过是几年之后，纳兰那种"横戈跃马"的激情渐渐消退了。英雄又能如何？"跃马横戈总白头"！

仕途的身不由己，让纳兰开始对生命产生了深刻的反思："莫把韶华轻换了，封侯。"大好的年华、短暂的人生，不能在追名逐利中虚度。拜相封侯，那都不过是表面的辉煌。君不见，多少功业彪炳一时的英雄，在历史的长河中留下的也只是一座座废弃的坟丘。

似水的流年，对待任何人都是一样的残酷无情。

人生，终究不过是一场梦而已。

在边塞词中蕴含如此独特的生命和历史的意识，在词的发展历程中并不多见。在以往的边塞诗词中，主要以两类思想最具代表性：一类是厌战思乡的主题，如唐代诗人李益的《夜上受降城闻笛》："回乐峰前沙似雪，受降城外月如霜。不知何处吹芦管，一夜征人尽望乡。"一类是渴望驰骋沙场、报效国家的豪情，如陆游的《独酌有怀南郑》诗句"投笔书生古来有，从军乐事世间无"即是这一类型的典范。

在词的历史上，向来被视为文人边塞词之鼻祖的范仲淹

《渔家傲》词，更是融合了英雄的豪情与思乡的柔情——"浊酒一杯家万里，燕然未勒归无计"，"羌管悠悠霜满地。人不寐，将军白发征夫泪。"① 这首词甚至被欧阳修评价为"穷塞主词"，意思是在范仲淹笔下，已经将边塞之荒凉寂寞、将士之孤独思家、功名之遥遥无期写得淋漓尽致，充分表现了范仲淹作为"塞主"——镇守边疆的军事统帅的境况之穷与心情之穷，令人叹为观止。

然而，纳兰写边塞战争的词，比之范仲淹又呈现出了不同的风格，他将思想的触角从眼前的战场扩展到了历史的维度，将个体的人生历程与历史的兴衰糅合成一体，凸显出时光与历史的强大力量。"多少英雄只废丘。"在这种力量面前，生命的悲剧意识再一次爆发，读之怎不"令人慷慨生哀"（唐圭璋语）。

既然反思的结果，拜相封侯的功业不再是纳兰的人生追求，那么，他的一生，又以什么为追求的目标呢？

在这首《南乡子》词中，他没有给出答案。然而，全面考察纳兰的作品，我们不难判断，在他的心中，身份的尊荣、浮世的功名都只不过是一时的辉煌，真正有意义的人生应该是反观自我的内心，达到"从心所欲"的自由，那才是他的终极向往。

晋升侍卫的荣耀，在康熙身边建立的功业，这是很多人羡慕的人生。纳兰却越来越意识到这份荣耀的实质：他始终只不过是皇帝的一个奴才。外表荣耀的同时，他所珍视的精神独立与心灵自由却离他越来越远。"君用而行之"原本是纳兰的事功理想，然而皇帝的重用与他的志向不过是南辕北辙，用非其志成了他痛苦的渊薮，也是他与康熙之间最主要的矛盾。

---

① 范仲淹《渔家傲》："塞下秋来风景异，衡阳雁去无留意。四面边声连角起。千嶂里，长烟落日孤城闭。　浊酒一杯家万里，燕然未勒归无计。羌管悠悠霜满地。人不寐，将军白发征夫泪。"

君臣矛盾之二：　家族世仇的阴影

其实，除了康熙对纳兰的错误任用这一大矛盾之外，纳兰和康熙之间还有隐藏得更深的矛盾，那就是他们祖上结下的世仇与纳兰伴君如伴虎的焦虑。

不过，纳兰既然和康熙是表兄弟，纳兰的曾祖父金台什与康熙的曾祖母孝慈高皇后是亲兄妹，这么近的亲戚关系，怎么会有世仇呢？

这层渊源就说来话长了。要说清楚这一层矛盾关系，还得追溯到纳兰的曾祖。

原来，明代的时候，其北方势力最强大的两支女真部落是建州女真与海西女真。海西女真实力最强的是叶赫部，纳兰的曾祖父金台什继其兄纳林布禄之后当上了叶赫部贝勒。

康熙皇帝玄烨的祖上则属建州女真，其曾祖父努尔哈赤是建州女真的首领。努尔哈赤的祖父、父亲被明朝军队杀害之后，他为了报仇，曾投奔海西女真的叶赫纳兰部，并且和叶赫部缔结了婚约。

后来，海西女真因连续遭到明朝军队的重创，实力严重受挫。在叶赫部族与明朝的战争中，叶赫纳兰氏的首领布斋（又译布戒）和纳林布禄（又译纳林卜禄）因为战败向明朝投降。而此时雄才大略的努尔哈赤则利用明朝军队削弱海西女真、遏制蒙古势力的时机壮大自己的力量，并逐渐统一了建州女真，成为叶赫部最大的威胁。叶赫部为了笼络努尔哈赤，决定兑现当年的婚约，于是在万历十六年（1588）的时候，由纳林布禄亲自护送十四岁的妹妹纳兰氏孟古格格到建州女真，嫁给了三十岁并且已有妻室的努尔哈赤，成了努尔哈赤的侧福晋。①

————————

① 《清史稿·太祖本纪》："戊子夏四月……叶赫贝勒纳纳林布禄以女弟那拉氏（亦译纳兰氏）来归，宴飨成礼，是为孝慈高皇后。"

然而，婚姻并没有促使两个部族和平相处。就在孟古格格出嫁的第三年，建州部与叶赫部的友好关系破裂。为了扩大势力范围，争夺女真的盟主地位，自恃强大的叶赫部集结了九个部族约三万军队，向建州部发动了武力攻击，最终却败给了足智多谋的努尔哈赤。这就是发生在万历二十一年（1593）著名的古勒山之役。在这一战中，孟古格格的堂兄、叶赫部贝勒布斋被斩杀。①

古勒山战役彻底改变了建州女真和海西女真的势力对比，女真的核心力量转移到建州，努尔哈赤也由此威名远震。

此后，叶赫部与努尔哈赤的关系时而是盟友②，时而是对手，但叶赫部的衰落和建州部的强大是总的趋势。两部的矛盾不断激化，纳林布禄和努尔哈赤由姻亲关系终于变成了仇敌关系。

此时的孟古格格已经生下了皇太极，但是格格身体虚弱，不久便至弥留之际。临终前，她请求丈夫努尔哈赤将她的母亲接过来，再见她最后一面。尽管努尔哈赤正与叶赫部处于僵持对抗的阶段，但他毕竟不忍让心爱的妻子失望，于是派人到叶赫部迎接岳母。

---

① 《清史稿·太祖本纪》："辛卯春正月，遣师略长白山诸路，尽收其众。叶赫求地，弗与。叶赫以兵劫我东界洞寨。壬辰冬十月二十五日，第八子皇太极生，高皇后出也，是为太宗。癸巳夏六月，叶赫、哈达、辉发、乌拉四部合兵侵户布察，遣兵击败之。秋九月，叶赫以不得志于我也，乃纠约扈伦三部乌拉、哈达、辉发，蒙古三部科尔沁、锡伯、卦尔察，长白二部讷殷、朱舍里，凡九部之兵三万众来犯。太祖使武里堪侦敌，至浑河，将以夜渡河，瑜岭驰以告。太祖曰：'叶赫兵果至耶？其语诸将以旦日战。'及旦，引兵出，谕于众曰：'解尔蔽手，去尔护项，毋自拘絷，不便于奋击。'又申令曰：'乌合之众，其志不一，败其前军，军必反走，我师乘之，靡弗胜矣。'众皆奋。太祖令额亦都以百人挑战。叶赫贝勒布斋策马拒战，马触木而踣，我兵吴谈斩之。科尔沁贝勒明安马陷淖中，易骣马而遁。敌大溃，我军逐北，俘获无算，擒乌拉贝勒之弟布占泰以归。"

② 《清史稿·太祖本纪》："丁酉春正月，叶赫四部请修好，许之，与盟。"

然而，纳林布禄没有同意努尔哈赤的请求。万历三十一年（1603）九月，孟古格格带着对母亲的深深思念和遗憾离开了人世，年仅二十九岁。这一回，努尔哈赤怒不可遏，他立下誓言，此生与叶赫部势不两立！①

纳林布禄死后，其弟金台什继位为叶赫部的首领。金台什即纳兰的曾祖父，也是孝慈高皇后、孟古格格的亲哥哥。

万历四十四年（1616），努尔哈赤建立金国（史称后金），年号为天命。

天命四年（即万历四十七年，1619）正月，努尔哈赤率军再次向叶赫部发动挑战，一场激战过后，叶赫部惨败，势力不断扩张的努尔哈赤又连续占领了叶赫部的二十几个村寨。②

同年八月，努尔哈赤再次征讨叶赫部，并且摧毁了金台什的最后防线。金台什也是一条硬汉子，城池被攻陷后，他誓死不降。为了拖延时间，金台什提出想要见见自己的亲外甥：妹妹孟古格格的儿子皇太极。努尔哈赤便命令皇太极去劝降舅舅金台什。

金台什知道自己大势已去，他对皇太极说："大丈夫岂能受制于人？希望外甥你能够念在你母亲和舅舅们的情分上，保全我的子孙。如果你能答应我，我发誓不苟活于人间。"说完，他纵身跳入熊熊大火之中。

但是，金台什想要自尽的念头被粉碎了。努尔哈赤命人从大火中抢出金台什，将他处以绞刑。至此，叶赫部宣告被努尔

---

① 《清史稿·太祖本纪》："癸卯春正月，迁于赫图阿喇，肇祖以来旧所居也。九月，妃那拉氏卒，即孝慈高皇后也。始妃有病，求见其母，其兄叶赫贝勒不许来，遂卒。甲辰春正月，太祖伐叶赫，克二城，取其寨七。"

② 《清史稿·太祖本纪》："（天命）四年己未春正月，伐叶赫，取二十余寨。闻有明师，乃还。"

哈赤吞并，叶赫部灭亡。①

纳兰的曾祖父金台什与康熙皇帝的曾祖父努尔哈赤就这样结下了血海深仇。

努尔哈赤与孟古格格的夫妻恩情，以及他与大舅子金台什的灭族之恨纠结在一起，其中的恩怨情仇，三言两语又岂能说得清、道得尽？

金台什被绞杀之后，努尔哈赤为了收买叶赫部的人心，又笼络金台什的儿子，将他们编入满洲各旗。他还特意将金台什的儿子叫到皇太极面前，对皇太极说："这也是你的兄长，你要好好待他。"又对金台什的儿子说："你和我的儿子是姑表兄弟，你们都要对我忠诚，要对得起你们的母亲和姑姑（即孟古格格）啊！"

皇太极即位之后，金国皇室与叶赫部依然保持着持续的姻亲关系：例如皇太极娶叶赫纳兰氏为侧妃。皇太极于1636年正式即皇帝位，并定国号为大清，叶赫纳兰氏家族的女婿、大贝勒代善被封为和硕礼亲王，在朝中的地位也是一人之下万人之上。此后，叶赫部的后代一直有人在朝中为官，在大清入关前大大小小的战役中，叶赫纳兰氏也曾立下不少的军功。

爱新觉罗氏与叶赫纳兰氏的恩恩怨怨，就这样说不清道不明地延续下来。努尔哈赤也好，皇太极也好，虽然都对叶赫氏采取了笼络的政策，但对他们的猜忌也从未停止。也因此，叶赫纳兰族人在朝廷中从未出任重要官职。直到纳兰明珠的崛起，才获得重新振兴家族的机会。

先祖结下的世仇，纳兰并没有亲历，但有着敏锐的情感触

① 《清史稿·太祖本纪》："八月己巳，征叶赫。叶赫有二城，贝勒金台什守东城，其弟布扬古、布尔杭古守西城。分军围之，墯其郭，穴城，城摧，我军入城。命四贝勒领金台什之子德尔格勒谕降再四，金台什终不从，乃执而缢之。布尔杭古降。布扬古不逊，杀之。叶赫亡。"

觉的他，那一段惊涛骇浪的历史还是会在他内心深处烙上深深的印记。纳兰曾在跟随康熙出巡的时候到过叶赫纳兰氏的故乡，并且写下过咏史怀古词。例如，他有一首《忆秦娥·龙潭口》词，就隐约流露出他对于祖辈的缅怀：

> 山重叠。悬崖一线天疑裂。天疑裂。断碑题字，古苔横啮。　　风声雷动鸣金铁。阴森潭底蛟龙窟。蛟龙窟。兴亡满眼，旧时明月。

这首词题为"龙潭口"。龙潭口在今天辽宁省铁岭县境内。明朝的时候，龙潭口东为建州部，南为哈达部，西边是明朝开原总兵辖境，北边为叶赫部。当年叶赫部归附明朝的时候，龙潭口一带曾经成为努尔哈赤与明朝军队杀伐的战场。万历四十七年（1619），也就是天命四年十一月，努尔哈赤曾率兵攻入龙潭口，往开原铁岭地方，筑抚顺城。[①] 就在这一年，纳兰性德的曾祖金台什率领的叶赫部刚刚在努尔哈赤的铁蹄下灭亡。

仅仅在六十多年后，也就是康熙二十一年（1682），纳兰随驾康熙踏上了先祖牺牲的土地。这一年春天，康熙东巡到盛京、松花江、大兀拉等地，返程中途经龙潭口，四月十三日过叶赫，十六日至铁岭。龙潭口距离纳兰性德祖上居住之地不及百里，作为叶赫氏的后代，纳兰此时怎能不感慨万分?!

终于踏上了故乡的土地。

半个世纪以前，叶赫纳兰氏与爱新觉罗氏的恩怨情仇历历如在眼前。"山重叠。悬崖一线天疑裂。天疑裂。"举目望去，重重叠叠的山峦起伏，悬崖之间露出的一线天空好像是要被群山撕裂开来一样。

---

① 参阅《饮水词笺校》，中华书局 2005 年版，第 357 页。

"断碑题字，古苔横啮。"叶赫族在此聚居的时候，这里曾经也是水草丰美、土壤肥沃的地方；可是努尔哈赤骑兵的铁蹄踏过，叶赫城只剩下一片废墟，残破的石碑上题字已经模糊不可辨识，遍布的苍苔似乎要将铭记着历史的碑文一点点啃咬、蚕食殆尽。

眼前的荒凉废墟牵引着纳兰的思绪回到了半个多世纪以前，他依稀又听到了战场上的"风声雷动"，听到了金戈铁马的搏杀声。战场的变幻倏忽让胜者为王，败者远逝，当年旌旗蔽日、战马齐喑的喧嚣，如蛟龙腾空般不可一世的辉煌①，如今都烟消云散，只余一池阴森的潭水，沉默地诉说着过去。

历史的兴亡盛衰如此变幻莫测，不变的只有当年的明月，一如既往地照耀着今天的沧桑时世。

"兴亡满眼，旧时明月。"祖辈的辉煌与失败深藏在记忆里，至高无上的帝王爱新觉罗·玄烨就在身边，纳兰却没有说话的自由，甚至没有悲痛的权利，满腹伤感只能化作一声轻叹。

这声轻叹，也在旧时明月的微光里隐没得几乎无迹可寻了。

而此时的康熙，在经过记载曾祖胜利的龙潭口时，也写下了诗句以咏怀历史。只是他的文字充满着胜利者的骄傲亢奋，与纳兰的苍凉低沉是那么的不同。康熙在《经叶赫故城》诗中这样写道：

> 断垒生新草，空城尚野花。翠华今日幸，谷口动鸣笳。

在纳兰眼中残破荒芜的断碑残野，在康熙看来，却是萌生"新草"和鲜花的沃土。同样是历史中曾经惊天动地的金戈铁马和震耳欲聋的号角声，在纳兰听来无比落寞；在康熙耳中，却

---

① 龙潭口：龙潭口有龙潭，潭底蛟龙的传说，在旧县志中有记载。

是满溢着凯旋者的豪情。

历史，并不只属于英雄和胜利者；但是历史的文字，却往往是由胜利者来书写。胜者为王败者寇，历史的书签，到底能记住多少平凡人的努力和失败者的抗争？

如果历史可以重来，如果当年的征服者是叶赫纳兰氏，臣服者是爱新觉罗氏，此时此地的玄烨与容若，在面对历史与现实的时候，又该是何等心情？

是悲？是喜？是恩？是仇？是幸？还是痛？

也许，如此复杂与矛盾的内心，如此微妙的情绪，连纳兰自己也无从梳理吧。

其实，一直到纳兰生活的年代，爱新觉罗氏与叶赫纳兰氏两大家族之间的关系仍然十分复杂。例如叶赫家族的苏克萨哈曾是康熙初年的四大辅政大臣之一，可是鳌拜逼着小皇帝将苏克萨哈处死，几乎是满门抄斩。

再比如，纳兰的母亲爱新觉罗氏是英亲王阿济格的女儿。阿济格是多尔衮的哥哥，多尔衮死后，他曾企图摄政，被顺治帝以谋逆罪赐死，其子均被废为庶人。明珠娶妻是在阿济格一家遭难之后，这样的婚姻背景，自然不能成为纳兰家族的靠山。明珠能够在康熙朝得到重用，几乎完全是依靠自己的能力和智慧。

祖先的恩怨虽然已经渐行渐远，但近在眼前的宫廷内部争斗却从未停止过。在进入仕途之前，翻云覆雨的政治斗争对于少年纳兰还很模糊；但是一旦踏入官场，先祖的世仇、政坛上的风云突变，无疑都会给纳兰的心头蒙上一层深深的阴影。

皇帝的信任往往与猜忌并存，重用与牵制并存，内心纯净的纳兰，曾经怀着"君用而行之"的天真梦想，当他面对世事的复杂，当他回望历史的沧桑，当他感受着时光的冷漠，又怎能不深刻怀疑自己的人生道路？

君臣矛盾之三： 政治斗争的险恶

纳兰在侍卫任上待了九年，对官场上的尔虞我诈有了切身的体会。除了祖上积累的恩怨，他自己也亲身经历了官场的险恶。

举个例子来说，康熙朝有两位最著名的大学士——索额图和纳兰明珠。这两大名相，既是朝中最大的敌人，却又同时跟纳兰关系密切。明珠是纳兰的父亲，关系自不必说；而纳兰在侍卫衙门当差的时候，他的上司曾经就是索额图——索额图一度担任侍卫衙门的内大臣，后来升任领侍卫内大臣，是纳兰的直接上司。侍卫衙门的实际权力几乎完全掌握在索额图手中，而索额图正是明珠在朝中最大的政敌。

索额图是康熙初年四大辅政大臣之一、首席辅政大臣索尼的第三子；康熙皇帝的第一任皇后赫舍里氏正是索尼的孙女、也即索额图的侄女，和康熙夫妻感情很好。所以索额图在朝中势力很大，也算是权倾朝野的皇亲国戚。康熙之所以重用明珠，其中一个重要的原因，也是想利用明珠在朝中的影响，牵制外戚索额图的势力，以防索额图大权独揽。

在明珠和索额图这两位大学士的周围，分别集结了一群死党。这两大集团的势力是此消彼长，水火不容，精于帝王之术的康熙正是利用这两股势力来互相制衡，防止出现大权一边倒的局面。

例如在处理三藩问题中，明珠坚决支持撤藩，索额图则坚决反对。吴三桂叛乱后，索额图力主诛杀建议撤藩之人，实际目的就是想借刀杀人——借康熙之手铲除最大政敌明珠。

当然，康熙不但没有同意索额图的意见，反而在平叛过程中，任命明珠为武英殿大学士，与索额图共掌朝政。

但康熙对明珠也并非信而不疑。康熙二十七年（1688），御史大夫郭琇弹劾权相明珠，明珠大学士职位被解除。其后明珠一派发动对郭琇的打击报复，郭琇亦一度被降职处分。康熙则既利用郭琇的不畏邪恶、敢于直言的特点来制约明珠集团的膨胀，也利用明珠来限制郭琇的势力。既笼络其才又抑制其权，康熙用人堪称智慧。

再如，在皇位继承人的问题上，索额图理所当然支持皇太子允礽，允礽为皇后赫舍里氏所生，索额图是皇太子的舅爷爷，也是太子党的首脑；而同时，纳兰明珠也是一支重要的外戚势力——生育了皇长子允禔、抚养了皇八子允禩的惠妃正是叶赫纳兰氏①，而允禔与允禩都曾是重要的皇太子候选人。在争夺皇储的问题上，索额图集团与明珠集团也势同水火。

康熙四十七年（1708）、五十一年（1712），皇太子允礽两度被废，太子党首领索额图则于康熙四十二年（1703）下狱，不久死于禁所。在康熙考虑其他皇储人选时，先是皇长子允禔、其后皇八子允禩活动都十分频繁，他们在谋取皇储地位时得到了明珠及其子揆叙（纳兰性德的弟弟）的暗中支持。

后来，允禔和允禩争夺皇储相继失败，惠妃叶赫纳兰氏为了表明立场，甚至主动向康熙帝奏称允禔不孝，请求将其正法；还是康熙念在父子情分上，只是革掉允禔的王爵，终身囚禁；允禩则被下狱，胤禛继位后，其党羽多被处死或充军流放，连已经去世的揆叙也不能幸免于难，这场灾难同样波及纳兰家族。

类似的政治斗争，虽然有的发生在纳兰生前，有的发生在他死后，他并没有直接参与，但高官们的明争暗斗、政坛风波的潜流暗涌，以纳兰的聪慧和在侍卫任上的阅历，他自然是再清楚不过了。尤其是与他有密切关系的父亲明珠和上司索额图

---

① 一说惠妃是明珠的妹妹、纳兰性德的姑姑；另一说则认为惠妃是纳兰性德的从堂姐妹。

之间的势不两立，以及康熙驾驭、平衡这两大势力集团的老谋深算，常常让身处矛盾漩涡里的纳兰感到不寒而栗。

一边是自己的父亲，一边是自己的直接上司，他谁也不能违抗，谁也不能得罪，更不能在康熙面前流露出对任何一方的不满。他的同事说他"性周防，不与外庭一事"①，也就是说纳兰性格特别谨慎，从来不议论朝政。因为即便他天天跟在康熙身边，皇帝干什么都要叫上他，但是皇帝心里到底在想什么，纳兰猜不到，皇帝深不可测的心思他琢磨不透。

皇帝对一个臣子的信任毕竟是有限度的，为了获取自己的最大政治利益，皇帝必须谨慎地调整用人策略；而纳兰作为皇帝获取政治利益的一个工具，不可能不对皇帝抱有敬畏之心。他在写给朋友的私信中经常谈到自己的这种恐惧和焦虑，他说自己在帝王身边，时刻"惴惴有临履之忧"②，就好像时时刻刻站在万丈悬崖的边上，一不小心就可能摔得粉身碎骨。

每次和朋友聊天，他"相与叙生平之聚散，究人事之终始，语有所及，怆然伤怀"③。越是接近权力中枢，纳兰对官场看得越透彻，对人生的意义想得也就越深刻。别人对他这样的荣华富贵羡慕不已，嫉妒不已，可他自己却总是"戚戚于富贵，而以贫贱为可安者"④。他对自己的富贵身份感到莫大的悲哀，他甚至认为与其这样富贵繁华却终日小心翼翼甚至心惊胆战，还不如身处贫贱而平平安安地度过一生。每次和好朋友谈起这样的生活方式，他总是"怆然伤怀"，忍不住内心的伤感。

纳兰内心的痛苦和矛盾，无法与父亲明珠沟通交流，更不敢在康熙皇帝面前流露出一点儿蛛丝马迹。只有他身边的知己

① 韩菼《通议大夫一等侍卫进士纳兰君神道碑铭》。
② 严绳孙《成容若遗稿序》。
③ 严绳孙作《进士纳兰君哀词》。
④ 韩菼《通议大夫一等侍卫进士纳兰君神道碑铭》。

深深了解、体谅他心中的苦涩，例如顾贞观就对纳兰寄予了极其深切的同情与了解："人见其掇科名，擅文誉，少长华阀，出入禁御，无俟从容政事之堂，翱翔著作之署，固已气振夫寒儒，抑且身膺夫异数矣。而安知吾哥所欲试之才，百无一展；所欲建之业，百不一副；所欲遂之愿，百不一酬；所欲言之情，百不一吐？"[1]

别人只能看到纳兰头上炫目的光环：出身豪门，少年得志，学术上著作等身，声名远播，仕途上出入宫廷，成为天子近臣，荣耀至极。可有谁知道，其实纳兰心中"所欲试之才，百无一展；所欲建之业，百不一副；所欲遂之愿，百不一酬；所欲言之情，百不一吐？"他内心积压的那么多无奈、那么多无助，又有谁能与他一起分担？

理解了纳兰的这种思想矛盾，我们就能更深刻地理解纳兰的幽怨哀伤了。

为什么在纳兰的文字里，而且即便是在那些应该是具有大漠雄风的边塞词里，他的情绪往往也是低沉悲凉的呢？比如说回到前面提到的那首《蝶恋花》（今古河山无定据）。这首词是他在侍卫生涯的巅峰时期作的，当时，他受康熙的特别派遣去西北边疆觇梭伦诸羌，这正是他建功立业的大好时机。细品这首词，我们会发现，尽管纳兰是率领千军万马，浩浩荡荡经过昭君坟，可在他的笔下，那种建功立业的豪情并不明显，反而是词里面的这些关键词很抢眼："满目荒凉"，"幽怨从前"，"一往情深"……这说明什么呢？

说明在官场的几年摸爬滚打，纳兰对人生、对历史的理解，已经超越了繁华热闹的表象，他从历史的沧桑变化中，看到了人性当中最本质不变的东西——那就是内心深处的情感——

---

[1] 顾贞观祭纳兰性德文，见《通志堂集》附录。

"一往情深深几许。"

山河会变化，王朝有兴亡，只有内心的至情，是永恒不变的。这种至情，其实就是对人生的一种悲悯情怀，是对人性的深刻观照。表面的繁华，表面的风光无限，纳兰已经看透了，也已经厌倦了；这个时候的他，最想保留的就是内心那种最纯粹最珍贵的至情。他越来越清醒地意识到：一时的功业最终都会被历史的烟尘所掩埋，只有精神才会不朽！

父子之间的矛盾，君臣之间的矛盾，理想和现实的矛盾，让纳兰在痛苦的深渊里备受煎熬。"幽怨从前何处诉"，他的满腹"幽怨"，胸怀天下的康熙又怎么会注意得到呢？他的一往深情，忙于追名逐利的明珠又怎么能理解得了呢？

"身在高门广厦，常有山泽鱼鸟之思"①，纳兰在这种矛盾的压力下，越来越向往江湖的自由，越来越渴望人世间的真情。其实，在纳兰的一生当中，他从没有放弃过对理想的追寻，那么，他能从矛盾中解脱出来，能找到他理想中的世外桃源吗？他的追寻，能有一个美好的结果吗？

---

① 韩菼《通议大夫一等侍卫进士纳兰君神道碑铭》。

第九章
身世悠悠何足问——友谊佳话

对纳兰来说，皇帝的重用、父亲明珠的飞黄腾达，都不能从根本上带给他最需要的温情。人间最温暖、最宝贵的感情也许莫过于亲情、爱情和友情。爱情的甜美和亲情的温暖，他曾经在妻子卢氏那里得到过，但这样的温暖像昙花一现，留下的只是无穷无尽的凄凉和悲痛。好在纳兰还不是一个最孤独的人，妻子卢氏去世以后，如果说人世间还有什么是值得他珍惜和留恋的话，那就是纯洁的友情了。

纳兰是一个至情至性的人，他对功名富贵看得很淡很淡，对感情却看得很重很重，他一生真正的财富，不是父亲积累下来的万贯家财，而是一群意气相投、生死相许的朋友。感天动地的友情，也是容若深深打动我们的地方。读纳兰词，我们不只是会为他刻骨铭心的爱情流泪，也会为他生死相许的友情深深感动。

与朋友真诚相待

真诚是容若赢得朋友的根本原因。这里只举一个人的例子，这就是他相交最深的知己，也是当时和他齐名的词人——顾贞观。

现在我们对顾贞观可能并不太熟悉，可在当时，顾贞观在文坛上的名气并不在纳兰之下，《清史稿》甚至将他的传和纳兰合并在同一篇传记里。在纳兰成名之前，顾贞观就已经和明末清初的著名词人陈维崧、朱彝尊并称"词家三绝"了，他的词集《弹指词》甚至传到了海外。

早在康熙五年（1666），顾贞观考中了顺天府乡试的第二名举人，被称为"顺天南元"。那个时候，纳兰还只有十二岁，只是个乳臭未干的黄毛小子而已；而顾贞观已经官任国史馆典籍，主要工作是掌管清朝历史的修撰，一度很是得到皇帝的信任。康熙三年（1664），顾贞观就得到过皇帝的亲自接见，还曾经陪同皇帝出巡（康熙六年，1667）。

但是，顾贞观又是一个极有个性的文人，越是接近权力的中心，他越是对朝廷内部钩心斗角的权力之争感到寒心。康熙十年（1671），他毅然辞职，挂冠而去，回到老家无锡，继续过他江湖文人的生活，自称"第一飘零词客"。

这一年，才十七岁的纳兰正好进入国子监读书，少年纳兰和顾贞观擦肩而过。

康熙十五年（1676），四十岁的落魄文人顾贞观再度进京，而二十二岁的纳兰刚刚成为金贵的新科进士。就在这一年，年龄悬殊、身份悬殊的两大才子终于会面了。

这次会面，对于纳兰来说是历史性的。

顾贞观说纳兰一见他就大叹相见恨晚："岁丙辰，容若年二十二，乃一见即恨识余之晚。"① 这一对相见恨晚的朋友，虽然年龄差了十八岁，虽然一个贵为相门公子，一个仅仅是清贫的江湖文人，但他们心灵的相通超越了身份和年龄的距离，很快成为忘年知己。有一个小故事可以说明纳兰对这份友情的真诚与珍视。

顾贞观是无锡人，习惯了漂泊江湖，纳兰为了将顾贞观留在北京，他做出了一个决定，这个决定说出来还挺"雷人"的。

他知道，顾贞观浪迹天涯、自由闲散惯了，最讨厌那种金碧辉煌的庸俗，喜欢亲近大自然的田园风光。顾贞观说过这么一句话："卿自见其朱门，贫道如游蓬户。"他说在别人眼里，纳兰是豪门公子，出入豪宅，而在我看来，朱门碧瓦和柴房草屋又有什么区别呢？

纳兰听了这话，立马做出一个雷人的决定：为了能够邀请到顾贞观长期留在自己身边，这位有些任性、叛逆的相门公子，不顾父母的反对，也不管跟周围的环境是不是协调，他还真的就在富丽堂皇的相府里，专门辟出一块地来，建起了几间柴房茅屋。

茅屋建好后，他又专门写了一首词，邀请顾贞观来这里长住。在词中，他这样说道："问我何心，却构此、三楹茅屋。可学得、海鸥无事，闲飞闲宿。"②

他的意思是：我为什么要建这么几间茅屋呢？那是因为我想和梁汾兄一起，就像海鸥那样，从世俗的纷扰中解脱出来，

① 顾贞观和词跋："岁丙辰，容若年二十二，乃一见即恨识余之晚。阅数日，填此阕为余题照，极感其意，而私讶他生再结，殊不祥，何意为乙丑五月之谶也。"

② 《满江红·茅屋新成却赋》："问我何心，却构此、三楹茅屋。可学得、海鸥无事，闲飞闲宿。百感都随流水去，一身还被浮名束。误东风，迟日杏花天，红牙曲。　　尘土梦，蕉中鹿。翻覆手，看棋局。且耽闲嫂酒，消他薄福。雪后谁遮檐角翠，雨余好种墙阴绿。有些些、欲说向寒宵，西窗烛。"

悠闲地飞来飞去，与自然相亲，与朋友优游于天地之间，了无挂碍。

从这个小故事，可以看出纳兰对朋友的真诚。用顾贞观自己的话来说是："吾哥其敬我也不啻如兄，其爱我也不啻如弟。"他说纳兰对他就像对亲哥哥一样尊敬，像对亲弟弟一样爱护。这样的赤诚相待，怎能不令人感动呢？

纳兰的另一个好朋友梁佩兰也曾在祭纳兰性德文中说到，纳兰与朋友的交情之根本，在于"举以待人，无事不真"，是视"黄金如土，惟义是赴；见才必怜，见贤必慕。"[1] 他结交朋友的动机是因为倾慕、爱惜对方的才华和贤德，一旦认准了是同类人，则倾其肺腑，待人以诚。

信任与理解

朋友相交，最重要的是彼此之间的信任。有两个小故事可以说明纳兰这一大特点。这两个故事仍然是有关顾贞观的。

纳兰曾经把儿子带到顾贞观面前，对顾贞观说："我的儿子就是你的亲侄子！"然后，他又拉着顾贞观的手对儿子说："孩子，这就是你的亲伯父！"[2]

这个故事说明纳兰已经把顾贞观当成比自己亲兄弟还要亲的亲人了。

还有一次，纳兰委托顾贞观整理自己的词集梓行问世。

可别小看这件事，一个视创作为第一事业生命的文人，将自己的作品托付给另外一个人，其郑重其事的程度，绝对不亚于托孤寄子啊！

---

[1] 见《通志堂集》附录。

[2] 顾贞观祭纳兰文："吾哥既引我为一人，我亦望吾哥以千古。他日执令嗣之手而谓余曰：'此长兄之犹子。'复执余之手而谓令嗣曰：'此孺子之伯父也。'"

为了这件事，纳兰也专门给顾贞观写了一首词《虞美人·为梁汾赋》，词开头两句就说："凭君料理花间课，莫负当初我。"① "花间课"这里是代指纳兰自己的词作。这两句词的意思是：我将作品都交付给梁汾兄你、任凭你处置了，你可千万别辜负我的这一番心意啊！

　　当然这里还有一个问题：纳兰为什么要将自己的作品称为"花间课"？

　　原来，《花间集》是中国第一部文人词集，纳兰早年写词从《花间集》中吸取了很多营养，如清代文学家杨芳灿指出："先生之词，则真《花间》也"②，认为纳兰词已得《花间》真传。《花间集》所收录晚唐五代的词绝大部分以男女爱情为主要题材，艺术风格总体趋向哀婉缠绵，含蓄曲折。纳兰喜欢《花间集》的一个重要原因就像他自己所说的那样，是"以其言情入微"。他认为，《花间集》的词将情感刻画得特别细腻特别动人。

　　纳兰自己的词，也确实是以"言情入微"而闻名于世的，被认为是颇得《花间集》神韵。他不看重功名富贵，但是对这些字字血泪的文字却视若珍宝，这些文字里寄托着他半辈子的深情：初恋的美好、对亡妻的刻骨相思、对亲情、友情的向往……将这些作品托付给顾贞观，那就相当于将自己半生的心血和感情全都托付出去了。

　　顾贞观没有辜负纳兰如此郑重的托付。康熙十七年（1678），纳兰词集《饮水词》编撰成功，并且曾经和顾贞观的词集《弹指词》合并刊行。除《饮水词》外，纳兰还和顾贞观合作编选了《今词初集》。

――――――――――

　　① 《虞美人·为梁汾赋》："凭君料理花间课，莫负当初我。眼看鸡犬上天梯，黄九自招秦七共泥犁。　瘦狂那似痴肥好，判任痴肥笑。笑他多病与长贫，不及诸公衮衮向风尘。"

　　② 《饮水词钞序》，载《芙蓉山馆文钞》卷四。

除了情感上的倚重，纳兰对顾贞观的才华也是佩服得五体投地。一直到纳兰得病去世的前一天，他还曾邀集"南北之名流"，在家中举行文人雅集，以府上栽种的夜合花为题吟咏酬唱。当时顾贞观是最后一位"交卷"的诗人，可他的诗"读之铿然"，显然为众人作品中之翘楚。纳兰一听，情不自禁"喜见眉宇，若惟恐不肖观之落人后者"，似乎惟恐他最信赖的朋友顾贞观屈居他人之后。如此知音，怎不让顾贞观慨然长叹：自纳兰去后，"伯牙之琴，盖自是终身不复鼓矣"①。

文学创作上的酬唱交流，学术研究方面的切磋琢磨，思想上的默契融合，都体现出纳兰与朋友之间的高度信任。

友情纯洁率真， 不掺杂功利目的

纳兰留有许多写给好朋友的书信和诗词作品，充分见证了他与朋友之间纯粹而深厚的感情。在这里，我还是用一首词来说明纳兰对待友情的纯粹。

这就是纳兰的成名之作——《金缕曲·题顾梁汾侧帽投壶图》。

纳兰号称清朝第一词人，其实，他的成名之作，他最有名的一首词，就是二十二岁这年刚认识顾贞观的时候，为顾贞观写的这首《金缕曲·题顾梁汾侧帽投壶图》。纳兰通过这首词，既向顾贞观表明了自己对友情的坚定，也向世人表明他自己的人生态度。

德也狂生耳。偶然间、缁尘京国，乌衣门第。有酒惟浇赵州土，谁会成生此意。不信道、遂成知己。青眼高歌

---

① 顾贞观祭纳兰性德文，《通志堂集》附录。

俱未老，向樽前、拭尽英雄泪。君不见，月如水。　　共
君此夜须沉醉。且由他、蛾眉谣诼，古今同忌。身世悠悠
何足问，冷笑置之而已。寻思起、从头翻悔。一日心期千
劫在，后身缘、恐结他生里。然诺重，君须记。

这首《金缕曲》中有一句词特别关键——"身世悠悠何足问"。
纳兰和这些朋友的交往，最让人看不明白的就是他们身份
的差异。纳兰贵为相门公子，又是康熙皇帝身边的大红人，这
样的身份，很容易养成唯利是图、老奸巨猾的性格。可是，纳
兰却偏偏能够出淤泥而不染，在那个复杂的环境里，他还保持
着一份赤子之心，如孩童一般的纯洁。所以，他才能完全不在
乎自己的身份，和那些一无权、二无钱的江湖文人成为肝胆相
照的至交好友。

尤其是纳兰和顾贞观的友谊，在很多人看来是颇有些出格
的。写这首《金缕曲》的时候，纳兰刚刚成为新科进士，又是
堂堂相门公子。而顾贞观只是当年被朝廷排挤出去的一个江湖
文人。两人还相差十八岁，算是天壤之别的两种身份、两代人
了，他们之间怎么可能产生真正的友情呢？

《金缕曲》就是对这种疑虑的有力回答——"身世悠悠何足
问。"对纳兰公子来说，友谊才是最珍贵的情感，门第的悬殊、
身份的差异又算得了什么呢？

这首词一开篇就是"德也狂生耳"！这等于是向好朋友顾贞
观表白：不要以为只有你是江湖狂人，我纳兰性德也是一个狂
傲不羁之人啊！你别看我出生在"缁尘京国，乌衣门第"①，其
实这贵族门第并不是我所看重的，所谓的贵族门第在我眼里不
过是庸俗污浊的地方而已。那我真正看重的是什么呢？

---

① "缁尘京国，乌衣门第"句解释详见第一章。

"有酒惟浇赵州土，谁会成生此意。"① 这是用到了战国时期著名的四公子之一赵国平原君赵胜的故事。平原君喜欢广交宾客，门下集结了数千门客，可谓贤人毕集，为一时之胜。

"成生"是纳兰自称，因为纳兰性德原名纳兰成德，他在与朋友交流的书信中常以成德、成生自称。这两句词的意思是说：我要把酒洒在平原君赵胜的坟土上，表达我对他的追慕之情，我要像平原君那样，广交天下英雄，可是我的这番心意，又有谁能懂呢？

纳兰将自己比作是门客三千的平原君，这并不是自吹自擂。他确实是一个慷慨豪放，广交天下朋友的人。而且他所结交的朋友，大多数并不是跟他一样的满族贵族、豪门公子，而多是流落江湖的汉族文人志士。纳兰府上的渌水亭，就是宾客云集的聚会场所。

比如说，在纳兰还没有正式登上词坛成为"第一词人"之前，清初著名的"词家三绝"——朱彝尊、陈维崧、顾贞观，这三个人都是渌水亭的座上宾。这里还要补充说明一下，纳兰成名以后，清代词坛就形成了纳兰性德、项鸿祚、蒋春霖这三大词人三足鼎立的格局。

此外，顺治十四年就在乡试中一举夺魁随后却长期滞留京师郁郁不得志的广东南海县人梁佩兰②，还有在纳兰出生那年就高中进士被选入翰林院、但后来被革职流放的江苏无锡人秦松龄等等，这些人都和纳兰来往密切，很多人都因为贫困潦倒受到过纳兰的慷慨资助。贫寒的顾贞观更是多次得到纳兰的倾力相助。

再比如，当时有名的江南三布衣：严绳孙、姜宸英、朱彝

---

① 李贺《浩歌》："买丝绣作平原君，有酒惟浇赵州土。"
② 梁佩兰晚年中进士时纳兰性德已经去世。

尊都是纳兰府的常客。其中严绳孙是明朝的遗民，一直拒绝和清朝廷合作。可是因为他的才名太大，康熙十八年（1679），他几乎是被逼着去参加了朝廷举行的博学鸿儒科考试。在殿试上本来应该写赋、序、诗各一首，可严绳孙根本无意于功名，就只写了一首《省耕诗》，想敷衍了事算了。可是，康熙皇帝太想笼络像他这样名声很大的汉族遗民文人了，所以，尽管从卷面上看，他考试"不及格"，康熙还是破格录取了他，并且授翰林院检讨。不过，这个满肚皮不合时宜的严绳孙，并不因此就对康熙感恩戴德到要誓死效忠的地步，最终还是找了个借口坚决地告老还乡，脱离了朝廷这个是非之地。

严绳孙和纳兰也是忘年交，并曾一度寄寓在纳兰家中，两人畅谈历史兴亡、人生变幻，其思想和政治态度都对纳兰影响颇深。严绳孙南归时，纳兰十分不舍，写了许多感情深挚的诗词为他送行，表达了深厚的留恋之情，也表达他对严绳孙退隐生活的羡慕。

再比如江苏常熟文人翁叔元，因为考试落第，背井离乡十五年，没有路费回不了家，纳兰慷慨地提供了路费和财物，翁叔元才得以回家安顿家乡的妻室儿女，为父母上坟。

这些江湖文人大多数都和纳兰是两代人，比他大一二十岁都很平常。像江南三布衣中，朱彝尊比纳兰大二十六岁，严绳孙比纳兰大三十二岁，姜宸英也比纳兰大二十七岁。年龄差距之外，这些流落江湖的汉族遗民文人，跟出身贵胄的清朝相门公子，身份更是悬殊。当然，这些落魄的江湖文人中确实不乏热衷功名者，确实也有一部分人是想借助纳兰家族的势力，达到自己出仕的目的。何况，朱彝尊、陈维崧、严绳孙、秦松龄、姜宸英等汉族文人均参与了《明史》的修撰工作，他们能承担清廷这一重要的修史任务，极有可能得到了明珠与纳兰父子的荐引。其实，对于这些汉族文人而言，官场名利的诱惑也许倒在其次，但是可以在史书修撰的过程中一尽其才，使其毕生的学问能够功垂后世，这对他们可能更具吸引力。严绳孙等人后来抽身而退，对官场并非留恋不舍的事实，也可证明这一点。

然而，不管事实如何，在其他人看来，这些汉族文人与相门公子保持如此密切的交往，其动机是极其令人怀疑的。尤其在当时，清初对汉族文人的打压刚刚得到一定程度的缓和，满汉之大防虽稍有解禁，但满汉之间的矛盾仍然尖锐，尤其是朝廷中满人排斥汉人，嫌贫爱富、结党营私的风气仍然甚嚣尘上。大环境如此，也难怪纳兰和汉族文人的倾心交往，会惹得谣言满天飞了。"有酒惟浇赵州土，谁会成生此意"？那些散布谣言、唯利是图的人，又哪里会懂得纳兰与朋友披肝沥胆交往的真情实意呢？

尤其像顾贞观这样，既和纳兰志趣相投，诗词创作上又互为师友，他们的交往，没有任何功利的目的，能够让他们相见恨晚并且成为生死之交的主要原因，就是他们具备一个共同特点——情义至上。

"不信道、遂成知己。"在豪门贵族成长起来的纳兰，内心对真挚、纯粹和超功利的友谊一直有着强烈的渴望。现在，顾贞观的出现，终于弥补了纳兰内心世界的这一缺憾。

"青眼高歌俱未老，向樽前、拭尽英雄泪。""青眼"又用了一个典故，这就要说到魏晋时候的名士、竹林七贤之一阮籍了。

据说阮籍有个本事：能用青眼和白眼。看到志不同道不合的人，阮籍就白眼相看，不予理睬；看到高人雅士，阮籍就青眼相加，视为知己。城府很深的人，往往也是喜怒不形于色的人，轻易不会将内心的喜怒爱恨表现出来。可阮籍的白眼、青眼，却将情绪的变化充分地表现在脸上。这对一个老谋深算的人来说，是不是显得很"孩子气"呢？

纳兰也是这样一个"孩子气"的人：只有志趣相投的人，

才是他青眼相加的朋友；至于那些庸俗小人，那就对不起，白眼一翻，睬都不睬了。

"共君此夜须沉醉。且由他、蛾眉谣诼，古今同忌。"在纳兰二十二岁这年写的自寿词《瑞鹤仙》，和这首送给顾贞观的词《金缕曲》里，都用到了"蛾眉"的典故。① 《瑞鹤仙》里说："是蛾眉便自、供人嫉妒"，而《金缕曲》则说："且由他、蛾眉谣诼，古今同忌。"纳兰借"蛾眉"自比，也用来比拟顾贞观——他们的鹤立鸡群，他们的高洁美丽，他们的倾情相待，引来了众多小人的猜忌和嫉妒。

他深深了解，当年顾贞观挂冠而去，其主要原因就是看不惯朝廷里的尔虞我诈、阳奉阴违，所以才毅然抛弃功名利禄，归隐江湖。而如今，他和顾贞观的友谊，又惹起议论纷纷。毕竟，纳兰是新科进士，堂堂相门公子，而顾贞观只是当年被朝廷排挤出去的一个江湖文人。顾贞观的狂傲，在别人看来本来就是不合时宜；顾贞观和纳兰的结交，在有些人眼里很可能就是别有用心的攀附权贵。在当时，他和顾贞观的友谊，必然会招来谣言和忌恨。这个说：顾贞观是不是想当官了，居心叵测，想通过纳兰来拉关系走后门呢？那个说：顾贞观是不是穷得没饭吃了，所以想在纳兰这里"打秋风"啊？甚至还有人说：纳兰结交这么多文人名士，恐怕是为了沽名钓誉吧？……这些谣言当然也会传到纳兰和顾贞观这里。

而且，以纳兰相门公子的身份，他的父亲明珠在朝廷里本来就是树大招风，稍不小心，很容易被政敌抓住把柄，成为政治斗争的导火线。所以他的一举一动，尤其是他的交友，更容易成为别人关注的焦点，也容易成为别人攻击的焦点。

那么，对待这些不怀好意的谣言，纳兰的态度是什么呢？

---

① "蛾眉"典故的解释详见第八章《瑞鹤仙·丙辰生日自寿》一词的分析。

纳兰的态度是一句话——由他去！

"且由他、蛾眉谣诼，古今同忌。"这是一种很坚定很自信的人生态度，只有坚信自己是正确的人，才能坦然地说一句——由他去！

在湖南长沙，有一处著名的人文圣地——古代四大书院之一岳麓书院。岳麓书院里有一副对联，其中两句是这样的："是非审之于己，毁誉听之于人。"古往今来，太优秀、太出类拔萃的人往往容易遭人嫉妒，枪打出头鸟，也总有一些人喜欢以小人之心度君子之腹。那么，对待别人的"毁誉"我们应该报以什么样的心态呢？

其实，只要自己能够坚持原则，明辨是非，别人要恨要骂、要忌妒要诽谤要攻击，那只好随他们去吧！

这种态度正是纳兰的态度——"且由他、蛾眉谣诼，古今同忌。"他既是借此表明自己坚定的态度，也是安慰顾贞观，不要让别人的"毁誉"干扰到他们之间倾心相待的友谊。"身世悠悠何足问，冷笑置之而已。"为了与顾贞观的这份友谊，纳兰已经做了充分的心理准备：大不了放弃现在所有的功名富贵，就像顾贞观一样，飘然而去，做一个逍遥世外、无所挂碍的江湖文人。至于那些捕风捉影的谣言与攻击，"冷笑置之而已"！

"寻思起、从头翻悔。一日心期千劫在，后身缘、恐结他生里。"纳兰在"翻悔"什么呢？——显然他并不是后悔与顾贞观的交往引起众多谣言。

唐太宗李世民说过这样一句话："以铜为镜，可以正衣冠；以人为镜，可以知得失。"顾贞观就像一面镜子，纳兰从这面"镜子"里看到了自己从前追求的东西，其实是多么微不足道。他后悔的是：以前的他像一般的豪门公子一样，千辛万苦地追逐着功名，可这又怎么样呢？自己的命运掌握在别人手里，他不能做自己的主人。他不能像顾贞观一样，在功名利禄面前，

费丹旭《仕女》

骄傲地转身离去，给那些争名逐利的人留下一个华丽而高贵的背影。这才是纳兰人生最大的悲哀。

"一日心期千劫在，后身缘、恐结他生里。"这几句词用到了佛家的语言。佛家以天地的一成一毁为一劫，佛家的"一劫"相当于儒家说"一生一世"。"千劫"即永远、永恒。

这几句词相当于纳兰对顾贞观的友情誓言：我们今天的一个承诺，就要接受一生一世、风吹雨打的考验，不但今生今世是永远的知己，来生来世我们还是最好的朋友！

"然诺重，君须记。""然诺"就是承诺的意思。这份对于友情的郑重承诺，我纳兰会牢记一生，你梁汾兄也一定要铭记在心啊！

真正的男人，一定是一诺千金的！纳兰就是一个真正的男人！他对这份友谊的承诺，并不是只停留在嘴上，事实上，他和顾贞观之间的友谊在后来还演绎出了感天动地的故事。当然，这是后话。

话说回来，顾贞观读到这首词后，也被纳兰的纯洁率真深深打动，他感慨万分地回赠了一首《金缕曲·酬容若见赠次原韵》①，其中有这么一句："但结托，来生休悔。"他同样坚定地回应了纳兰的承诺：来生我们还做知己，我绝不后悔！

更神奇的是，后来还盛传这么一个传说：纳兰去世之后，顾贞观满怀悲痛地回到自己的家乡。一天晚上，他梦到纳兰对他说："我和你是生死知己，这份友谊实在是念念不能忘怀。我的生命虽然短暂，但是我想在你这里找到我生命的延续。"

---

① 顾贞观《金缕曲·酬容若见赠次原韵》："且住为佳耳！任相猜、驰笺紫阁，曳裾朱第。不是世人皆欲杀，争显怜才深意？容易得，一人知己。惭愧王孙图报薄，只千金、当酒平生泪。曾不值，一杯水。　歌残击筑心逾醉，忆当年，侯生垂老，始逢无忌。亲在许身犹未得，侠烈今生已已。但结托、来生休悔。俄顷重投胶在漆，似旧曾、相识屠沽里。名预籍，石函记。"

就在这天晚上，顾贞观的儿媳妇生了个儿子。顾贞观跑去一看，这个孩子长得实在太像纳兰了，分明就是纳兰投胎再世啊！因此，顾贞观特别喜欢这个小孙子。孙子满月后，又一天晚上，顾贞观梦到纳兰来向他告别。醒来后，他急急忙忙跑去看孙子，发现这个小孙子果真夭折了。①

这个传说当然有些神乎其神，但它毕竟说明了在人们的心目中，纳兰和顾贞观的友谊确实已经达到了惊天地泣鬼神的境界。

曾经有学者这样评价纳兰的这首《金缕曲》，说它"率真无饰，至令人惊绝。"② 也就是说这首词的情感没有经过丝毫刻意的修饰，一派纯真率性。如果没有纯洁的性情，又怎么能写得出这么率真的词呢？有人说，没有永恒的朋友，只有永恒的利益。可是在纳兰这里，没有永恒的利益，只有永恒的朋友。

纳兰一生固然有诸多不幸，可他也有幸运之处：在君王与父亲那里得不到的理解，他在朋友这里得到了；在君王与父亲那里享受不到的情感的温暖，他在朋友这里享受到了；在君王与父亲那里不敢丝毫流露的"幽怨"，他在朋友这里获得了情同此心的深切共鸣……

两个优秀的男人，就在他们今生来世的郑重承诺当中，踏上了真情相托的知己之路。别人的猜疑也罢，妒忌也罢，毁谤也罢，都摧毁不了这跨越门第、跨越年龄、跨越满汉两个民族的友谊之花。

---

① 况周颐《蕙风词话》："纳兰成德侍中与顾梁汾交最密。尝填《贺新凉》词为梁汾题照，有云：'一日心期千劫在，后身缘、恐结他生里。然诺重，君须记。'梁汾答词亦有'托结来生休悔'之语。侍中殇后，梁汾旋亦归里。一夕，梦侍中至，曰：'文章知己，念不去怀。泡影石光，愿寻息壤。'是夜，其嗣君举一子。梁汾就视之，面目一如侍中，知为后身无疑也，心窃喜甚。弥月后，复梦侍中别去。醒起，急询之，已卒矣。"

② 傅庚生："其率真无饰，至令人惊绝。率真则疏快而不滞，不滞则见赋于天者，可以显现而无遗，生香天色，此其是已。"（《中国文学欣赏举隅》十七）

重情重义

有的人交朋友，计较的是自己能够得到什么；可纳兰交朋友，从来只问付出，而不计较个人的得失，必要的时候，他甚至可以为了朋友"两肋插刀"。纳兰对友谊的承诺，并不是只停留在嘴上，他和顾贞观还携手演绎了一个感天动地的故事。这件事甚至成了轰动一时的重大新闻。

要说清楚这个故事，还得追溯到顺治十四年（1657）发生的一场考试舞弊案，这就是清初著名的顺治丁酉科场案。这一年，在江南举行的乡试中，因为有人贿赂主考官，营私舞弊者众多。事情败露以后，一时舆论哗然，朝廷震怒。顺治皇帝命令将这一科江南乡试的举人全部押送到北京，参加他在太和殿亲自主持的复试。

当时这一批中试的举人中有一个叫作吴兆骞的人。吴兆骞是江南吴江人（今江苏吴江市，1631—1684），他从小刻苦攻读，才华横溢，被吴伟业誉为是"江左三凤凰"① 之一。这个江南才子本来是很有真才实学的，也没有参与作弊。可他却是个懦弱胆小的人，第一次踏入威严的宫殿，第一次面对至高无上的皇帝，他竟然吓得直哆嗦，连笔都拿不稳，一个字都没写出来，最后只能交了个白卷！

皇帝一看：这还了得，果然又是个欺世盗名的家伙。于是，吴兆骞也被当作不学无术的舞弊人员，被杖打四十大板，没收全部家产，妻、子一起流放宁古塔，也就是今天黑龙江省的宁安市。

在丁酉科场案中，不但全体考官被判死罪，中试者中亦有多人被处死，八人被流放。借着这次科场案，朝廷还大兴文字狱，大面积打击江南文人，一大批无辜的人被牵连进去，"江浙文人涉丁酉一案不下百辈"②，都成了冤假错案的牺牲品。

---

① 江左三凤凰：华亭彭师度，宜兴陈维崧，吴江吴兆骞。
② 杜登春《社事始末》。

宁古塔的条件在当时异常艰苦，气候严寒，没有可以栖身的房屋，这些生在江南、长在江南的文人学士哪里承受得住？不过吴兆骞被流放之后，并没有自暴自弃，而是更加坚强更加清醒，更富于人生智慧了。他在经历过这一场劫难之后，诗文反而写得更深沉更有气势，成了清初数一数二的著名诗人。

这个吴兆骞，正是顾贞观的至交好友。顾贞观认识纳兰的这一年，离丁酉科场案发生已经过去 19 年了。顾贞观对自己的名利一无所求，可是他认识纳兰后，求纳兰做的唯一大事，就是求他将吴兆骞救出苦海，让吴兆骞在有生之年返回故乡。

有人可能会想：这对纳兰来说还不是举手之劳？他的父亲是当朝宰相，自己又是皇帝身边的红人，救个人还不是小菜一碟？再说了，吴兆骞既不是主犯，甚至连从犯都算不上，只不过是被冤枉的一个普通考生而已。他已经被流放了 19 年，再大的罪行也该处罚到头了啊！

可是，事情远没想象中那么简单。顾贞观一开始为这事儿求纳兰的时候，纳兰并没有答应。他不答应，不是因为他们之间的友情不够深厚，而是这件事对纳兰来说，难度实在太大，他完全没有把握能够办成。

第一次没有得到纳兰肯定的答复，顾贞观并没有灰心，他专门为此事写了两首情真意切的词。① 这两首词本是他寄赠远在宁古塔受

---

① 顾贞观《金缕曲·寄吴汉槎宁古塔，以词代书，丙辰冬寓京师千佛寺冰雪中作》其一："季子平安否？便归来，平生万事，那堪回首！行路悠悠谁慰藉？母老家贫子幼。记不起、从前杯酒。魑魅搏人应见惯，总输他、覆雨翻云手。冰与雪，周旋久。 泪痕莫滴牛衣透，数天涯，依然骨肉，几家能够？比似红颜多命薄，更不如今还有。只绝塞、苦寒难受。廿载包胥承一诺，盼乌头、马角终相救。置此札，君怀袖。"其二："我亦飘零久。十年来，深恩尽负，死生师友。宿昔齐名非忝窃，试看杜陵穷瘦。曾不减、夜郎潺僽，薄命长辞知己别，问人生、到此凄凉否？千万恨，为君剖。 兄生辛未吾丁丑，共些时、冰霜摧折，早衰蒲柳。词赋从今须少作，留取心魂相守。但愿得、河清人寿。归日急翻行戍稿，把空名料理传身后。言不尽，观顿首。"

苦受难的好友吴兆骞的，其中有几句是这样写的："季子平安否？便归来，平生万事，那堪回首！行路悠悠谁慰藉？母老家贫子幼。"

"季子"原本是指春秋时吴王寿梦第四子季札，称公子札，是著名的古代贤人，因被封到延陵（今常州），又称"延陵季子"。后人也往往尊称姓吴的人为"季子"。顾贞观的意思是：季子你远在苦寒之地，现在还平安吗？即便你能够再生还，恐怕这一生经历的苦难也已经不堪回首了吧？这一路走来，你上有高堂，下有幼子，家贫无立锥之地，谁来安慰、温暖你这漫长的人生苦旅呢？顾贞观对吴兆骞的关怀与担忧真是情见乎词。

在另一首寄赠吴兆骞的词中，顾贞观还充满深情与感慨地写道："我亦飘零久。十年来，深恩尽负，死生师友。"同为漂泊流浪的天涯沦落人，近二十年的分离，他们不知道今生还能否有重逢的那一天。"悲莫悲兮生别离"，当年的至交知己，如今天各一方。"薄命长辞知己别，问人生、到此凄凉否？"人生的悲剧，难道真的就没有一个终点吗？

纳兰读到顾贞观这两首血泪和成的词后，被他和吴兆骞的生死友谊深深打动。尽管他和吴兆骞素不相识①，但他还是郑重地允诺顾贞观，他说："好，这事儿我一定全力以赴帮你办成！但是，请你给我十年时间。"

顾贞观一听，十年？这太令人绝望了吧？他忍不住冲口而出："人生能有几个十年啊！吴兆骞比我年纪还大，在塞外受了那么多年苦，恐怕等不了那么久啊，请以五年为期！"

救一个并非重要罪犯的文人，纳兰一开口就需要十年的时间，以他的性格和他对顾贞观的友谊，当然不是故意拿架子，

---

① 夏承焘《顾贞观寄吴汉槎金缕曲征事》："考顺治丁酉科场案时，容若才三龄，己亥汉槎楚馆，容若才五岁，盖与汉槎素未谋面，亦未有一字往复，特以梁汾气类之感，必欲拯其生还。今诵其《金缕曲》'简梁汾'，所谓'绝塞生还吴季子，算眼前、此外皆闲事。知我者，梁汾耳。'其一往情深如此。"

显摆自己，而是这件事确实非常棘手。那么，营救吴兆骞这事儿难度为什么会这么大呢？

原来，这件事情至少牵涉到了三大方面的阻力：

第一，丁酉科场案是顺治帝手下处理的案件，作为儿子，康熙绝对不可能轻易去否定自己的父亲。

第二，这个案件早就不是一个普通的作弊案件，它已经扩大到了民族斗争的层面，是清朝统治者打压汉族文人的结果。丁酉科场案在清初并非文字狱的个例，事实上，满族入关以来对待汉族文人的镇压手段是极为残酷的，直到康熙初年四位辅政大臣执政期间，这一打压政策都没有明显变化。例如康熙二年（1663）的"明史狱"就是康熙朝最著名的文字狱。

这桩文字狱的始末是这样的：浙江汉人庄廷鑨根据以往的文献，主持修撰了《明史辑略》，后由其父于顺治十七年（1660）刊行。书中涉及南明历史时，仍然奉南明年号为正朔，未用顺治年号，而且还直书清朝皇帝先祖的名字，显然是不承认清朝的正统地位。这部史书无疑触犯了清廷大忌，被人告发后，庄氏一家列名参阅者18人被处死，已经去世的庄廷鑨被剖棺戮尸，其父庄允城死于刑部狱中，也被处以戮尸；其弟庄廷钺被处以凌迟极刑。该案受株连者人数众多，共斩决70余人，其中凌迟处死者就达18人，被发配为奴者多达数百人。

再如清初的"奏销案"，以"拖欠钱粮"为名，江苏13500多人或被革职、或被鞭打，其中多有在政治上对朱明王朝念念不忘者。例如纳兰的朋友、探花叶方蔼仅欠一文钱，也被革职处分，民间由此传出"探花不值一文钱"的民谣。这一大型案件，一时名士，包括纳兰性德的老师徐乾学、徐元文，朋友韩菼等人都曾被牵连其中，或降职处分，或被革除学籍。一时间人心惶惶，汉族文人遭受了深重的劫难。

丁酉科场案、奏销案、明史案等等，这些并非孤立的事件，反映了清代初年满汉之间异常尖锐的矛盾。

因此，纳兰想要营救汉族文人吴兆骞，面临的形势极为复杂和严峻，尤其是按当时处罚的规定以及其他人的先例来看，流放宁古塔的汉人，不但生还的可能性很渺茫，而且即便是死了，连灵柩都"例不得归葬"。斗争的残酷性可想而知。救吴兆骞一个人，理由是什么？如果救了他，就意味着整个科场案都得翻案，那牵涉面就太大了，其中的后果是纳兰也无法预料的。

第三，这个案件还牵涉到了朝廷里不同派系的政治斗争，而明珠在朝廷里更是政敌们虎视眈眈的对象，他的任何一个举动，都有可能成为政敌打击他的把柄。在这种情况下，纳兰平时的为人处事都是谨小慎微，从来不轻易议论朝政，现在要他一反常态，插手顺治帝手里的案件，那不是在太岁头上动土吗？一个不留神，不但吴兆骞救不出来，还很可能连累一大批人，其中就可能包括明珠和纳兰自己一家人，这个严重后果同样是无法预料的！

基于这三大考虑，纳兰深知营救吴兆骞的难度，所以他才不敢轻易答应顾贞观。但是，纳兰的重情重义在这次事件中再次发挥得淋漓尽致。为了营救吴兆骞，他甚至做了最坏的打算：大不了，功名富贵都不要了！所以，他在回答顾贞观的词里说："绝塞生还吴季子，算眼前、此外皆闲事。知我者，梁汾耳。"①让吴兆骞从塞外活着回来，居然变成了纳兰奋斗的唯一目标。

那么，这次满汉人士联手发动的营救行动，到底有没有成功呢？

---

① 《金缕曲·简梁汾》："洒尽无端泪。莫因他、琼楼寂寞，误来人世。信道痴儿多厚福，谁遣偏生明慧。莫更著、浮名相累。仕宦何妨如断梗，只那将、声影供群吠。天欲问，且休矣。　情深我自判憔悴。转丁宁、香怜易爇，玉怜轻碎。羡杀软红尘里客，一味醉生梦死。歌与哭、任猜何意。绝塞生还吴季子，算眼前、此外皆闲事。知我者，梁汾耳。"

事情接下来的进展，完全验证了纳兰的担心，营救的过程真是困难重重。

首先，纳兰为吴兆骞的事情破例去求了父亲明珠。明珠是一个官场老手，当然更清楚个中的厉害，一听事情的原委，马上就对儿子说："这事可做不得！顺治帝手下处理的案子，你让当今圣上怎么去翻案呢？你千万不要去蹚这趟浑水！"

纳兰岂肯轻言放弃！他说："父亲，我也知道此事的难度。可是吴兆骞确实是冤枉的，又确实是有才之人，您就看在儿子从不为朝政之事求您的份上，也看在顾贞观跟咱家的交情上，想想办法，帮他一把吧。"

明珠曾经延请顾贞观为儿子的家庭教师，对顾贞观的人品才华都深为敬重，因此，明珠虑及这层情分，沉吟良久，方才说道："好吧，既然你一心要出力，那我就试试看吧。明天你叫顾贞观来找我，我当面跟他谈谈。"

纳兰见父亲答应，大喜过望，当即谢过父亲，急急忙忙赶去找顾贞观。顾贞观在纳兰的嘱咐下，立即亲自来拜见明珠了。

明珠一见顾贞观，就对他说："我也早听说了吴兆骞的才名，既然他和顾先生您是莫逆之交，老夫当然愿意效绵薄之力。但听说顾先生您从不喝酒，不知道您今天肯为您的好朋友喝一杯吗？"边说边笑着端过一杯酒递给顾贞观。

顾贞观素不饮酒，这回却二话没说，接过酒杯一饮而尽。

明珠又笑着说："顾先生您是南方人，从来不肯学我们旗人的风俗请安，今天如果您能按照我们满人的方式请安，那我就一定帮您达成心愿。"

顾贞观毫不犹豫，立马上前屈膝请安。

明珠这才收起笑容，扶起顾贞观，郑重地对他说："老夫只不过是开个玩笑，没想到顾先生您对朋友的古道热肠，竟然到了这个程度。先生放心，即便您不饮这杯酒，老夫也一定会竭尽全力营救您的朋友，您就等着我的好消息吧。"①

明珠出马，这件事的希望当然就大了很多。

果然，不久之后他们就等到了机会：康熙派遣侍臣祭祀长白山，长白山的北边与宁古塔相连。于是他们赶紧派人通知吴兆骞，让他写了一篇长达数千言的《长白山赋》。在明珠、纳兰等人的尽力疏通下，这篇《长白山赋》终于通过使臣呈到了康熙面前。

长白山是清朝的发祥之地，据说康熙看了《长白山赋》之后，龙颜大悦，就询问起作者吴兆骞的情况。明珠等人正等着这个千载难逢的好机会呢，赶紧趁着皇上高兴把吴兆骞的情况详细禀明，请求皇帝下旨为他平反。

康熙皇帝听了汇报之后，会有什么反应呢？

结果，真的像纳兰预料的那样，朝廷里有人强烈反对，康熙虽然同情吴兆骞的遭遇，也知道宁古塔流放人员的情况值得怜悯，最终却以不能轻易反对先帝的决定为理由，没有赦免吴兆骞。

遭受了第一次打击，纳兰并没有放弃努力。一个真正的男人一定会对自己的承诺负责到底。他仍然为此事多方奔走，花钱出力，打通各个关节，寻找一切可能的机会再次面求康熙皇帝。

事情的转机直到康熙二十年（1681）才出现。当时，吴三

---

① 袁枚《随园诗话》："康熙初，吴汉槎兆骞谪戍宁古塔，其友顾贞观华峰馆于纳兰太傅家，寄吴《金缕曲》云云，太傅之子成容若见之，泣曰：'河梁生别之时，山阳死友之传，得此而三。此事三千六百日中，我当以身任之。'华峰曰：'人寿几何？公子乃以十载为期耶？'太傅闻之，竟为道地，而汉槎生入玉门关矣。顾生名永者咏其事云：'金兰倘使无良友，关塞终当老健儿。'说华峰之救吴季子也。太傅方宴客，手巨觥谓曰：'若饮满，为救汉槎。'华峰素不饮，至是一饮而尽。太傅笑曰：'余直戏耳。即不饮，余岂不救汉槎耶？虽然，何其壮也！'呜呼，公子能文，良朋爱友，太傅怜才，真一时佳话。"另，此处记载还可参阅刘德鸿《清初学人第一——纳兰性德研究》一书。

桂为首的三藩叛乱刚刚平息。这场叛乱对刚刚入主中原的清廷可谓是一场伤筋动骨的教训，也让康熙越来越清醒地意识到：争取汉人的支持对于稳固政权是多么的重要！于是，他决心改变以往打压汉人的政策，并且采取了一系列措施来笼络汉族士人。

在这样一种心理和政策之下，同时也在明珠、纳兰等人的共同努力之下，康熙终于下旨赦免了吴兆骞。

康熙二十年（1681）十月，五十一岁、流放塞外二十三年之久的吴兆骞一家终于从宁古塔回到了北京。朋友们感慨万分，"抱头执手为悲喜交集者久之"①，纳兰父子俩也因此而贤名大著。

此时离顾贞观请求纳兰营救吴兆骞，整整过去了五年，正好是当年纳兰承诺的五年期限。

君子一诺千金，在纳兰这里得到了充分的证明。这件事，在徐乾学为纳兰写的墓志铭中是这样说的："吴江吴兆骞久徙绝域，君闻其才名，赎而还之。"这就说明，吴兆骞能够生还，是纳兰上下奔走的结果，吴兆骞的生命，是纳兰不计代价"赎"回来的！

在这件事情上据说还有个小插曲。吴兆骞回来之后，纳兰、顾贞观都没有因为曾经付出过的万般努力而在吴兆骞面前表功，他们只是为朋友的万里生还而感到由衷的欣慰。因此，吴兆骞并不了解顾贞观等人为他的事情所付出的代价。后来两个人之间产生了一些误解，吴兆骞背后还诋毁顾贞观，这让顾贞观很

① 徐釚《孝廉汉槎吴君墓志铭》："会今皇帝御极二十有一载，诏遣侍臣致祭长白山。长白山者，东方之乔岳也，地与宁古塔相连。汉槎为《长白山赋》数千言，词极瑰丽，藉使臣以献天子，天子亦动容咨询。有尼之者，不果召还。而纳兰侍卫因与司农、司寇暨文恪相国酿金以输少府佐匠下，遂得循例放归，然在绝域已二十三年矣。时余方官京师，亦曾与汉槎一效奔走，其归也抱头执手为悲喜交集者久之。"

伤心。纳兰听说了此事，觉得自己有义务帮助他们消除误会，于是他又和父亲明珠商量了一个办法。

明珠派人把吴兆骞叫到自己跟前来。吴兆骞一进明珠的书房，就看到左边的柱子上写着几个大字：顾贞观为吴兆骞饮酒处！

他再往右边一看，右边的柱子上也写着几个大字：顾贞观为吴兆骞屈膝处！

吴兆骞这才恍然大悟，原来好朋友为自己付出过这么多！他这才明白明珠和容若父子俩的良苦用心。①

从明珠府出来，吴兆骞第一时间找到顾贞观，在好朋友面前长跪不起，痛哭流涕。他泣不成声地说："梁汾兄是我的救命恩人、生死之交，我却辜负了你的一片苦心，我吴兆骞真不是人啊！"

顾贞观扶起吴兆骞，也情不自禁地热泪纵横。

经历了这场磨难和波折，吴兆骞、顾贞观、纳兰的友谊比以前更加亲密了。纳兰为了安顿好吴兆骞的生活，更是将他一家都接到自己府上，还让他教自己的弟弟读书。

康熙二十三年（1684）七月，吴兆骞在北京病逝，纳兰为他安排了所有后事，包括照顾他的子女，给他的弟弟安排工作等。

纳兰、顾贞观联手营救吴兆骞的事，在汉人中一时传为佳话。尤其是纳兰的古道热肠，他的真诚、信任、纯洁、重情重义，更是温暖了一大批同时代的汉族文人。纳兰府上的渌水亭，成了汉族文人雅集的胜地，也是满汉友谊的象征。与这些文人的率情率性的交往，让纳兰冰冷的世界里充满了快乐。

————————

① 梁令娴《艺蘅馆词选》："容若寄梁汾《金缕曲》有云：'绝塞生还吴季子，算眼前此外皆闲事。'盖指此也。汉槎既入关，过容若所，见斋壁大书：'顾梁汾为吴汉槎屈膝处'，不禁大恸云。昔人交谊之重如此！"

"身世悠悠何足问，冷笑置之而已"——是在充满无奈、充满争斗的朝廷里去随波逐流，还是放下一切束缚，和三五知己一起，泛舟江湖，去寻觅一个心灵自由的世界？这是纳兰面临的深刻矛盾。而顾贞观带给纳兰的命运改变，还不仅仅是友谊的升华，就在纳兰对现实生活感到无比厌倦、无比疲惫的时候，顾贞观还为纳兰做了一件非常重要的事。这件事，可以说是纳兰生命当中最后的一抹亮色。那么，这会是一件什么样的事呢？这件事又给纳兰的命运带来了怎样的改变呢？

第十章
而今才道当时错——沈宛之恋

　　纳兰的一生有两个最重要的知己：一个是红颜知己——他的妻子卢氏，另外一个就是江南文人顾贞观。但是，再深厚的友情也不可能代替爱情。顾贞观是纳兰最知心的朋友，也最了解纳兰生活的孤独和内心的寂寞。就在康熙二十三年（1684），由顾贞观牵线搭桥，纳兰结识了一位美貌的江南才女，这位女子，就是他一生中爱过的最后一位女性——沈宛。那么，沈宛到底是一个什么样的女子呢？她能不能填补卢氏离去之后纳兰爱情世界里的空白呢？

　　要回答这个问题，我们还是先来看看纳兰的一首词《采桑子》：

　　　　而今才道当时错，心绪凄迷。红泪偷垂。满眼春风百事非。　　情知此后来无计，强说欢期。一别如斯。落尽梨花月又西。

　　在纳兰的爱情词中，我们基本可以肯定悼亡词都是写给卢氏的，但其他的很多爱情词，我们很难确定到底是写给哪位女子的。填词，本来不是为了讲述一个故事，而是为了表达一种感情，而且往往是一种含蓄隐微的感情。

我们同样不能确定这首《采桑子》是写给谁的，但在我们读这首词的时候，可能刚读到第一句就会被深深打动："而今才道当时错"！

这句词，跟纳兰词的很多名句一样，通俗直白，翻译成现代的白话文也很简单：我现在才知道当时错了啊！

可是这句词震撼就震撼在这个"错"字！为什么这么说呢？

我们每个人一生都有可能经历很多错误的选择，也可能会错过很多美好的东西。有些人可能会说，犯一次错误没什么大不了的。可人生有一种悲剧就在于：我们永远都不可能回到过去！也就是说，有的错误，一旦犯下了，那就有可能成为一辈子的悔恨。

纳兰的"而今才道当时错"，表达的就是这种悔恨的感情。

不过，在词中，纳兰只告诉我们这段感情是错误的，但他并没有说错在哪里、为什么会错。

这首词是写给沈宛的吗？

他是说自己错误地爱上了一个人吗？

如果是，那纳兰的意思，是我本来就不该认识你？是我认识了你，但我不该爱上你，这段爱情本来就不应该开始？是我爱上了你，但我爱的方式不对，伤害了你也伤害了我？还是我们深深地爱过，但最后我却不该放手让你离开我？

……

这么多的问题，纳兰都没有给出答案。但是，只要回顾一下纳兰经历过的几段感情，我们就会发现，他这一生，在爱情上受到的挫折最大，伤害也最深。

"错误" 的爱情经历

"而今才道当时错"，纳兰到底错在哪里？

第一次错误是他的初恋，少年时代，他和初恋情人被迫分手。尽管他和恋人有过山盟海誓，但外在的压力迫使两人不得不分手，纳兰也曾经对这段初恋的悲剧悔恨不已。

第二次 "错误"，是纳兰和卢氏的婚姻。当然，这段婚姻本来应该是天底下最完美的婚姻：纳兰和卢氏，一个风流倜傥，一片痴情；另一个才貌双全，温柔贤淑。连纳兰自己都满足地感慨，他们真是一对天造地设的神仙眷侣——"一生一代一双人"。可是，这段婚姻只持续了短短的三年，卢氏便去世了，这是纳兰一生中最大的损失。他用尽了一切办法，都没有能够挽回爱人的生命。这段爱情，不是人为的错误，而是上天的错误，是上天过早地夺走了他最爱的人，扔下他一个人孤零零地留在这个人世间。

第三次错误是纳兰的第二次婚姻。

原配妻子卢氏去世以后，纳兰续娶了官氏为夫人。对于这第二次婚姻，纳兰极少在自己的文字里提到，可还是有一些蛛丝马迹，让我们不难猜到，他和官氏的婚姻并不见得幸福。因为卢氏的去世几乎带走了纳兰对爱情的全部眷恋与梦想，他已经没有续娶的打算了，他的满腹痴情早都奉献给了卢氏。

但是，痴情种子纳兰同时又是一个至孝的儿子，那个时候的婚姻都是父母之命，纳兰自然也不能例外。在父母的安排之下，他最终续娶了官氏。尽管他不能违抗父母之命，但他内心从未真正接受这段无奈且无爱的婚姻。

他曾经在词中写过这样的句子："莫教星替。守取团圆终必遂。"① 这首词本来是咏月亮的，写新月在云层里若隐若现的景象。但在中国的古典诗词里，月亮的隐没还有一个特殊的象征含义："月没"常常会用来表示妻子去世。

像这样的象征含义，唐代的大诗人李商隐也用过。李商隐写过一首《李夫人》诗，其中有两句是这样写的："惭愧白茅人，月没教星替。"李商隐的妻子王氏去世以后，他的朋友觉得他一个人挺寂寞挺可怜的，就有意做媒，想将一位姓张的美貌歌妓嫁给李商隐为妾。李商隐因此写了这首《李夫人》诗，婉言谢绝朋友的好意。他用"月没"代表原配夫人王氏的去世，"星"指的是张氏女子。朋友欲以张氏代替王氏，而李商隐借此诗表达不愿让其他女子替代他心中妻子王氏的地位。

纳兰所说的"莫教星替"，和李商隐的"月没教星替"的意思是一样的。月亮虽然隐没了，可我也不能让星星来代替月亮啊！月亮代指妻子，星星是指别的女人。所以这两句的意思其实是说：虽然妻子已经去世了，但我不愿意让别的女人来代替妻子的地位，我根本就无心再娶。

"守取团圆终必遂"，纳兰要将今生与卢氏曾经的"团圆"坚守住，今生虽然不能再见面了，但来世他们一定还会再结为夫妻的。

从这样的词句我们可以看出，纳兰是打定了主意不再续娶的。在这种情况下，父母安排他再娶官氏，我们就不难想象他内心的抵触情绪了。尤其据说这位官氏不但没有卢氏那样的善解人意、温柔体贴，反而是娇生惯养，任性刁蛮。这段婚姻，无论是对纳兰，还是对官氏来说，可能都是一个无奈的错误。

除了原配卢氏、继室官氏之外，纳兰还有一房侧室颜氏。

---

① 《减字木兰花·新月》："晚妆欲罢。更把纤眉临镜画。准待分明。和雨和烟两不胜。　莫教星替。守取团圆终必遂。此夜红楼。天上人间一样愁。"

不过由于文献的缺乏，颜氏的情况我们了解很少，我们能够知道的是，纳兰的长子福哥，就是颜氏所生。而纳兰对颜氏的感情，从他自己的文字里也很难找到蛛丝马迹。我们可以猜到的是，以纳兰多情的性格，如果他对颜氏有深厚的感情，那在他的诗词当中是不可能没有任何表露的。官氏和颜氏，都极少出现在纳兰的文字当中，这似乎只能证明一点：纳兰对她们，也许有一些亲情，但在爱情的程度上，是远远不能和卢氏相比的。

初识沈宛

"而今才道当时错"，错误的第二次婚姻让纳兰感受不到家的温暖。江南才女沈宛正是在这样的情况下，出现在他的生命中的。纳兰和沈宛，难道又是一段错误的感情吗？沈宛是江南女子，纳兰生在北京长在北京，他们又怎么会认识的呢？

纳兰能够认识沈宛，首先是因为沈宛才名远播，即便是远在京城的纳兰也对沈宛的才华仰慕已久。

沈宛是清代初年非常有名的女词人，很多清代人编的词集都收录了沈宛的词。比如徐树敏、钱岳编《众香词》（康熙二十九年刊）、蒋重光编《昭代词选》（乾隆二十二年刊）等等，1914年徐乃昌编《闺秀词钞》也选了沈宛的词。尤其是徐树敏编的《众香词》主要收录明末清初女性词作，其中选了沈宛的五首词。编者介绍沈宛的时候说："沈宛，字御蝉，乌程人。适长白进士成容若，甫一年有子，得母教，著《选梦词》。"这个记载是十分可信的，因为此书的主编徐树敏就是纳兰的老师徐乾学的儿子，和纳兰关系十分密切，徐树敏对纳兰和沈宛应该都很熟悉。从《众香词》的这个记载我们可以了解到关于沈宛的三条重要信息：

首先，沈宛是乌程人，乌程在今天浙江湖州的吴兴县。根据现有文献的记载，我们不能肯定纳兰到过浙江。史料记载的纳兰唯一一次到江南，是康熙二十三年扈从康熙皇帝南巡，途经南京、扬州、苏州等地，但没有进入浙江。这说明，纳兰也许并没有机会在沈宛的家乡与沈宛见面。

当然，也有人认为，除了随驾康熙南巡之外，纳兰还有可能利用私人休假的机会到过江南。但是，浙江和北京相差一千多公里，就算马不停蹄跑一个来回也需要不少时日。而从纳兰任康熙侍卫以来的工作日程来看，他很难抽出那么长的一段"带薪休假"的时间，一个人跑到千里迢迢的江南去游山玩水一番，还有足够的时间和沈宛缠绵一段日子。这也就说明，纳兰和沈宛不太可能在沈宛的家乡见面。

"适长白进士成容若，甫一年有子。"纳兰祖上是吉林人，籍贯在长白山一带，长白山也是清朝的发祥地，因此纳兰容若又被称为"长白进士"。这第二条信息说明沈宛嫁给了纳兰容若。当时纳兰已经有续娶的正妻官氏，也就是说沈宛的身份只能是纳兰的妾，而且她还生下了一个儿子。

"得母教，著《选梦词》。"这句意思是，沈宛从小受到母亲的教育，成了一个当时有名的女词人，她有专门的词集《选梦词》面世。只可惜现在我们已经看不到《选梦词》了，她的词只有寥寥几首流传到现在。沈宛的词情致缠绵，凄婉动人，当时就已经流传到了北京。在纳兰下江南之前，他或许已经读到过沈宛的词，并且被她的才情所打动。甚至可以说，在纳兰见到沈宛之前，他很可能已经对这位才女慕名已久，并且产生了惺惺相惜的感情。沈宛能够得到纳兰的欣赏，他们在填词这方面的共同语言一定是一个主要原因。

纳兰能够认识沈宛，还要归功于他的知心朋友顾贞观。纳兰和沈宛，一个在北京，一个在江南，相隔千里，几乎没有可能见面。但是千里姻缘一线牵，这个牵线的人就是顾贞观。纳兰渴望见到这位神交已久的江南才女，而能够满足他这种渴望的最佳人选，就是同样是江南人的顾贞观。

于是，纳兰就请顾贞观出手帮忙了。他给顾贞观写了一封信，信中这样说："……闻琴川沈姓有女颇佳，望吾哥略为留意。"这句话意思很明白：我听说琴川有位姓沈的女子挺不错的，希望大哥你帮我多加留意啊！

这个"沈姓"女当然是指沈宛了。琴川，本来是江苏常熟的别称，原来的意思是琴声歌声遍布的地方；琴川又是绕常熟城的一条河流。信中的琴川很可能是当时沈宛居住的地方。

纳兰写这封信的时间，大约在康熙二十二年（1683）冬天到康熙二十三年（1684）夏天之前，而顾贞观是在康熙二十一年（1682）回的老家。在同一封信中，纳兰还说："杪夏新秋，准期握手。"就在康熙二十三年秋，纳兰随同康熙下江南。很可能在写这封信的时候，纳兰已经得知了康熙的这一行程安排，因此他很高兴地写信告诉顾贞观，盼望他们在夏秋之交能够在江南"握手"见面。而同时，到达江南之前，他也希望顾贞观先行帮他去打听打听沈宛的情况，看看沈宛是不是名不虚传。

收到兄弟的嘱托，顾贞观当然会立即照办。他专程去拜访了沈宛，才貌双全的沈宛让顾贞观一见之下惊为天人。他给纳兰的回信对沈宛大加赞叹，这让纳兰想见沈宛的愿望更加强烈了。在下江南的前夕，纳兰又激动万分地追加了一封信给顾贞观：

> 吾哥所识天海风涛之人，未审可以晤对否？弟胸中块垒，非酒可浇，庶几得慧心人以晤言消之而已。沦落之余，方欲葬身柔乡，不知得如鄙人之愿否耳？

这段话值得好好琢磨一下。纳兰说：大哥你认识的那个"天海风涛之人"，不知道这次我来江南能不能见到她呢？

在这里，纳兰是用"天海风涛之人"来代指从未见过面的沈宛。那么，他为什么将沈宛称作是"天海风涛之人"呢？

原来，"天海风涛"也是有典故的，这个典故是来自唐代的著名诗人李商隐。李商隐成名很早，拥有很多的"粉丝"，当然包括很多爱慕他的女粉丝。其中有一位叫柳枝的漂亮女孩儿，是洛阳有名的歌妓，恰巧跟李商隐的堂兄住得很近。有一次，李商隐的堂兄偶然吟诵起李商隐的《燕台》诗——《燕台》正是李商隐为初恋情人写的一组爱情诗。

李商隐的堂兄在高声朗诵这组诗的时候正好被柳枝姑娘听到了，柳枝很惊讶地问他堂兄："谁人有此？谁人为是？"意思是：是什么样的人才会有如此感人的爱情故事？是什么样的人才能把这么感人的爱情写成如此动人的诗句？李商隐的堂兄回答她：这就是我堂弟写的啊！柳枝一听，立即主动托他带信给李商隐，希望李商隐能为她写一首诗。

第二天，李商隐经过柳枝家的时候，柳枝盛装打扮，等候在路边，对李商隐说："您就是李先生吧？三天后我会借口要去河边浆洗衣裙，想借此机会再见您一面，到时候我会焚香以待。"李商隐答应了。可是到约会的前一天，李商隐的朋友跟他开玩笑，把他的行李偷偷拿走，先行赶往京城去了。李商隐只好忙着去追赶朋友，最终没去见柳枝姑娘。

后来，李商隐听说柳枝被一位节度使霸占，他非常痛心，写下五首《柳枝》诗来记录这件事。在《柳枝》诗的序言中，李商隐说柳枝姑娘是一个很有才华的女子，唱歌跳舞、吹箫弹琴，样样精通，能够"作天海风涛之曲"，意思是说她的音乐天赋很高，歌声琴声就好像风声海涛声一样美妙动听。①

李商隐和柳枝的这个故事是否真实我们已不得而知了，但"天海风涛"之人由此拥有了一层象征含义：才艺出众的歌女。这样看来，我们就能理解纳兰为什么称沈宛为"天海风涛"之人了。

和柳枝姑娘一样，沈宛的身份也是一名歌女。纳兰曾多次在词中暗示过沈宛的这层身份。除了"天海风涛之人"外，他还曾以"枇杷花底校书人"、②"扫眉才"③ 等代指沈宛。

"校书人"和"扫眉才"原本都是指唐代的著名歌妓薛涛。薛涛是成都名重一时的才女，当时四川节度使韦皋特别欣赏她的才情，甚至有意上报朝廷，请求让薛涛担任校书郎的官职。然而，让一名出身微贱的歌女担任朝廷命官毕竟有冒天下之大不韪的嫌疑，此事最终搁浅。然而，薛涛"女校书"的才名却由此不胫而走。唐代著名诗人王建还专门写了一首诗《寄蜀中薛涛校书》赠给她：

万里桥边女校书，枇杷花里闭门居。扫眉才子知多少？

---

① 李商隐《柳枝》诗序："柳枝，洛中里娘也。父饶好贾，风波死湖上。其母不念他儿子，独念柳枝。生十七年，涂装绾髻，未尝竟，已复起去，吹叶嚼蕊，调丝撅管，作天海风涛之曲，幽忆怨断之音。居其旁，与其家接故往来者，闻十年尚相与，疑其醉眠梦物断不娉。余从昆让山，比柳枝居为近。他日春曾阴，让山下马柳枝南柳下，咏余《燕台》诗，柳枝惊问：'谁人有此？谁人为是？'让山谓曰：'此吾里中少年叔耳。'柳枝手断长带，结让山为赠叔乞诗。明日，余比马出其巷，柳枝丫环毕妆，抱立扇下，风鄣一袖，指曰：'若叔是？后三日，邻当去湔裙水上，以博山香待，与郎俱过。'余诺之。会所友偕当诣京师者，戏盗余卧装以先，不果留。雪中让山至，且曰：'为东诸侯取去矣。'明年，让山复东，相背于戏上，因寓诗以墨其故处云。"

② 《浣溪沙》："欲问江梅瘦几分。只看愁损翠罗裙。麝篝衾冷惜余熏。可耐暮寒长倚竹，便教春好不开门。枇杷花底校书人。"

③ 《鹊桥仙》："月华如水，波纹似练，几簇澹烟衰柳。塞鸿一夜尽南飞，谁与问、倚楼人瘦。　韵拈风絮，录成金石，不是舞裙歌袖。从前负尽扫眉才，又担阁、镜里重绣。"

管领春风总不如。

当时薛涛的居所位于成都郊外的万里桥边，门外种着几棵枇杷树，王建在诗中把她直称为"女校书"，并用"枇杷花下"来描述她的住所，"枇杷巷"也因此成为妓院的雅称。

诗中"扫眉才子"也是指薛涛。因为只有女性才会画眉，"扫眉才子"其实就是形容才华横溢的女性。薛涛的身份虽然只是一名歌妓，却因其出众的才情赢得了众多文人士子的尊敬和亲近，例如元稹、王建、白居易等著名诗人都曾与她诗词唱和。以"女校书""扫眉才子"称呼风尘中的才女，并不包含居高临下的鄙视之意，相反，这样的称呼体现的主要是对才女的敬意。

明白了薛涛的这个故事，我们就能明白纳兰称呼沈宛为"枇杷花底校书人""扫眉才""天海风涛之人"的用意了。这说明，沈宛和柳枝姑娘、薛涛一样，虽然身份并不高贵，却是纳兰心目中高贵的才女。沈宛也和柳枝姑娘、薛涛一样，在琴棋诗画方面都有很高造诣。

与此同时，沈宛对纳兰，也和柳枝姑娘对李商隐一样心存仰慕。尽管这个时候她还没见到过纳兰，但是纳兰作为名扬天下的第一词人，那些凄婉动人的词早就深深地打动了多情善感的沈宛。在纳兰下江南之前，沈宛很可能也在迫切地期待着见到这位仰慕已久的京城著名公子了。

不过，沈宛的才情和顾贞观的回信，其实都还不是纳兰渴望见到沈宛的主要原因。还有第三大原因，这个原因似乎更为重要。那么，这个原因是什么呢？

答案还在纳兰这封信中。

他对顾贞观说："弟胸中块垒，非酒可浇，庶几得慧心人以晤言消之而已。"这几句话就是至为关键的答案。

纳兰的意思是：人家都说借酒可以浇愁，可我心中郁结的忧愁苦闷，连酒都没有办法消除啊。也许现在唯一能让我从苦恼中解脱出来的，就只有得到一位善解人意的"慧心人"了。

前面讲到过，纳兰的家庭生活和事业生活都不太如意，君臣之间、父子之间矛盾重重，这种丧失自由又得不到解脱的生活，让他时时在痛苦的深渊里挣扎；他的继室官氏又不能让他感受到家庭的温暖。在这种情况下，纳兰对沈宛寄予了很高的希望——他希望这位冰雪聪明的"慧心人"，能够像他曾经的妻子卢氏一样，成为他心灵栖息的港湾。他甚至还说："沦落之余，方欲葬身柔乡，不知得如鄙人之愿否耳?"这个时候的纳兰，正受到康熙皇帝的信任，可他还说自己是"沦落"之人，这说明，纳兰的沦落，不是指身的沦落，而是心的"沦落"。他的事业虽然风光，但他的心没有一个可以停靠、安顿的地方。心情越是郁闷，他越是希望能找到一个可心贴心的女子，爱情成了他最后的"救命稻草"。"方欲葬身柔乡"，他甚至希望爱情这个温柔乡就是他这一辈子安身立命的地方。

沈宛，成了他生命中最后一缕希望。这才是他迫切想见到沈宛的最主要原因。

"不知得如鄙人之愿否耳?"纳兰和沈宛的见面，有没有满足他的这个愿望呢？沈宛能不能成为他渴望已久的"温柔乡"呢？

沈宛的才貌双全和冰雪聪明，确实让纳兰一见倾心，有词为证。纳兰写过一首《金缕曲》，其中有几句应该就是写沈宛的："两鬓飘萧容易白，错把韶华虚费。便决计、疏狂休悔。但有玉人常照眼，向名花美酒拼沉醉。"[1]

---

[1] 《金缕曲》："未得长无谓。竟须将、银河亲挽，普天一洗。麟阁才教留粉本，大笑拂衣归矣。如斯者、古龙能几。有限好春无限恨，没来由、短尽英雄气。暂觅个，柔乡避。　东君轻薄知何意。尽年年、愁红惨绿，添人憔悴。两鬓飘萧容易白，错把韶华虚费。便决计、疏狂休悔。但有玉人常照眼，向名花美酒拼沉醉。天下事，公等在。"

写这首词的时候，可能正是见到沈宛后不久，也就是康熙二十三年（1684）。这一年，纳兰刚刚三十岁。

三十岁，在我们看来还正是风华正茂的青年时代，可生活不如意的纳兰，已经觉得自己两鬓斑白、光阴虚度："两鬓飘萧容易白，错把韶华虚费。"因此，在见到沈宛之后，他"便决计、疏狂休悔"，他终于下定决心，不再管那些条条框框的约束了，不再管那些世俗的偏见了，他也要狂放一把——从今以后，他想要的生活就是和"玉人""名花""美酒"一起沉醉。

"玉人"在词中应当是指沈宛，其实"名花"也还是指沈宛。用名花来比喻沈宛，这应是对沈宛相当高的评价了。

原来李白曾经专门为唐玄宗和杨贵妃写过三首《清平调》诗①，其中有两句是这样写的："名花倾国两相欢，长得君王带笑看。"李白把杨贵妃比作是盛开的牡丹花，纳兰也将沈宛比作是最美的一朵"名花"，是像杨贵妃那样的绝代佳人。连唐玄宗这样的帝王至尊，都可以爱江山但更爱美人，我纳兰，也要在"名花美酒"的陪伴下，沉醉一生啊！

可以想象，康熙二十三年的江南之行，纳兰最大的收获就是这位秀外慧中的女子——沈宛。据前人记载，沈宛"丰神不减夫婿"，其容貌、气质和才华都和纳兰不相上下。

一对才子才女，虽然远隔千里，但终于一见如故，成了两情相悦的有情人。江南的旖旎风光，见证了这段缠绵美丽的爱情。

就在他们相见后的这一年年底，顾贞观送沈宛北上入京，这对有情人排除万难，终成眷属。

---

① 李白《清平调》三首其一："云想衣裳花想容，春风拂槛露华浓。若非群玉山头见，会向瑶台月下逢。"其二："一枝红艳露凝香，云雨巫山枉断肠。借问汉宫谁得似，可怜飞燕倚新妆。"其三："名花倾国两相欢，长得君王带笑看。解释春风无限恨，沉香亭北倚阑干。"

悲情结局

纳兰和沈宛的故事说到这里，也许我们都在为纳兰感到庆幸了：在他二十三岁的时候，妻子卢氏去世；从此，他寻寻觅觅、冷冷清清，直到三十岁这年，才终于再一次收获了他心目中向往已久的爱情。

然而，相爱容易，相处太难。对纳兰和沈宛来说尤其是这样。沈宛来到北京以后，他们要一起面对的，就不再只是简单、纯粹的爱情，而是残酷的现实。他们很快发现，现实生活比纯粹的爱情要复杂得多。

清朝康熙年间，虽然满汉关系有所缓解，但是满汉不通婚的禁令仍然非常严格，违法者要治重罪。纳兰是康熙身边的侍卫，又是康熙的表弟，其家族隶属满洲正黄旗；而沈宛，不过是江南一名普通的民间女子，纳兰有没有这个胆量知法犯法、以身试法，将沈宛娶进家门呢？这是他们要面对的第一大残酷现实。

再说，沈宛的身份不过是一名歌女，无论她多有才，也无论她和纳兰的感情有多深，都改变不了她风尘女子的身份。尽管还没有得到父母的同意，纳兰就擅自将沈宛接到了北京。且不说国家的法令，就算是从维护家族的血统出发，他的父亲明珠都不可能允许纳兰明媒正娶一个身份微贱的汉族女子。而且纳兰在当时已经有正妻官氏和侧室颜氏，尽管他完全有权力拥有三妻四妾，但作为一个汉族的歌女，沈宛可能连给纳兰当小妾的资格都没有。

在那个特殊的时代，在纳兰那样特殊的家庭，爱情可以冲破一切界限，但是婚姻不可能不讲究门当户对！

纳兰和沈宛的爱情才刚刚开始，就面临了国法、家法的两重阻力，而无论是哪一种阻力，凭借他们两人的力量，都是无法冲破的。在万般无奈的情况下，纳兰不得不做出了一个选择：他不能将沈宛娶进家门，而是另外安排了一处地方让沈宛住下来。沈宛成了纳兰的外室，也称为"簉室"，地位比一般的妾还要低。

明明是心心相印的一对爱侣，却偏偏不能在阳光下尽情地相爱，这对纳兰和沈宛已经是残酷的折磨，但更残酷的考验还在后面。

纳兰回到北京之后，又开始了忙忙碌碌的生活：他要同时兼顾工作和家庭，作为外室的沈宛，在北京生活的主要状态就是等待，而漫长的等待换来的常常只是独守空闺！

沈宛写过一首《菩萨蛮·忆旧》词，这首词很可能是写她在北京的生活状态：

雁书蝶梦皆成杳。月户云窗人悄悄。记得画楼东。归骢系月中。　　醒来灯未灭。心事和谁说。只有旧罗裳。偷沾泪两行。

"记得画楼东。归骢系月中。""画楼"也许是代指他们同居的地方。沈宛说：记得那时纳兰下班以后，深夜了还不辞辛劳地骑着马赶来看她，马的缰绳就系在月光下。那曾是沈宛最快乐最幸福的时刻啊。

可是，这样的时刻越来越少，纳兰太忙了！越来越多的时候，是沈宛独自在月光下翘首盼望，却始终等不来丈夫风尘仆仆的身影。"醒来灯未灭。心事和谁说。只有旧罗裳。偷沾泪两行。"她回到房间，点燃灯光继续等待，不知不觉伏在桌前睡了过去。

也不知过了多久，沈宛突然从寒冷中惊醒，发现灯还没有灭，可是身边仍然空无一人，她的满腹心事又能向谁诉说呢？辛酸的泪水滴落在衣裳上，她这才发现：这样的爱情，不是她想要的爱情，也不是纳兰当初许诺给她的爱情。

沈宛不是一个逆来顺受的女子，她是一个情感丰富、有思想有主见的才女。她可以不要名分，但是她无法接受爱情的冷落。当爱情的痛苦一眼看不到尽头的时候，经过无数次内心的挣扎，她终于做出了一个艰难的决定：向纳兰提出分手。

其实，沈宛经历过的这种煎熬，纳兰也同样在经历着。纳兰不是薄情郎负心汉，他对这份爱情寄予过很高的期望，也付出了很多。他甚至曾经以为，只有沈宛，才是那个唯一可能代替卢氏、填补他爱情空白的女子。但希望越大，失望也越深，在最初的缠绵与激情过后，他也终于发现：沈宛毕竟不是卢氏，也不可能代替卢氏。他在沈宛身上发现了卢氏的影子：她们都是才女，而且他们也都相爱。但他和沈宛不平等的相处方式，注定了沈宛带给他的除了爱，还有更多的怨。

不平等的爱就不是真爱！

正是这种不断累积的怨，让他们的爱情遭遇了冰山。当沈宛向纳兰提出分手的时候，他很震惊，也曾努力地想要挽留，但沈宛决心已定，他最终还是选择了理解，选择了放手。就这样，沈宛只在北京住了短短几个月，又带着满身伤痕回到了江南。

> 而今才道当时错，心绪凄迷。红泪偷垂。满眼春风百事非。　情知此后来无计，强说欢期。一别如斯。落尽梨花月又西。（《采桑子》）

"而今才道当时错，心绪凄迷。"这是一段美丽的爱情，可是同时，这也是一段错误的爱情。在这份爱里，纳兰没有错，沈宛也没有错，他们的错其实是命运的错：是命运将两个原本可以相爱到老的人，一个安排成了清朝贵族，另一个安排成了江南的汉族歌女；是命运让他们永远只能相隔千里，相思，却不能相守。

对这样的爱情，沈宛只有怨，但她并不恨纳兰，她只怪命运对她太不公平！

"红泪偷垂。满眼春风百事非"，红泪是指女子像鲜血一般红色的泪水。① 此刻，纳兰想起了沈宛脸上挂着的泪水，她这一路走来，伤心幽怨的泪水也早就凝成了鲜血一般的红色吧？

"满眼春风百事非。"冬去春来，春光还像以前一样美好，可沈宛已经远去，在纳兰看来，眼前的美好春光，只不过是在提醒着他物是人非的悲痛。

"情知此后来无计，强说欢期。"分手的时候，他们还强作欢颜，努力想安慰对方，努力回忆着他们相处时的欢乐。纳兰对沈宛说：你先回江南住一阵子，我一定找机会再来看你；或者再把你接回北京来。那个时候，我一定要堂堂正正地把你娶进家门，再也不分开。

沈宛边流泪边安慰着纳兰：不管我身在哪里，我的心里都只有你，我会一直等着你的！

可是，像沈宛那样聪慧的女子，像纳兰那样清醒的男人，他们其实心里都清楚：这一别千山万水，很难再有见面的机会了。"一别如斯。落尽梨花月又西。"这一次的分别，以后的无数个日日夜夜，他们都只能在孤独中相思，在时间的流逝中各自老去……②

---

① 王嘉《拾遗记》："魏文帝所爱美人，姓薛名灵芸，常山人也。灵芸闻别父母，歔欷累日，泪下沾衣。至升车就路之时，以玉唾壶承泪，壶则红色。及至京师，壶中泪凝如血。帝改灵芸之名曰夜来。"该典故的解释详见第七章《临江仙·谢饷樱桃》一词的分析。

② 关于沈宛和纳兰的爱情结局，因为可供参考的文献极度缺乏，学界的说法颇有不同：有人认为沈宛嫁与纳兰为妾后并未南归，直到纳兰去世，沈宛都一直待在北京，并生下纳兰的遗腹子富森；也有人认为沈宛从未到过北京，她只是纳兰下江南时同居过一段时间的"婚外恋人"。

"而今才道当时错"，这样的感慨不一定只是为沈宛而发，可这首词中的每一句，都是那么贴合纳兰和沈宛的这场爱情悲剧。而更具有悲剧意味的是，由于沈宛的身份低微，在纳兰去世后，他的老师、同事给他写的正式的祭文碑铭中，都只提到了他先后娶的两位正室夫人：卢氏和官氏，对沈宛只字未提。

据说，在沈宛返回江南的时候，她的腹中已经怀有纳兰的孩子。这个孩子，成了纳兰的遗腹子，也就是他的第三个儿子富森（也译福森）。但富森后来的生活状况怎么样，没有任何可靠的文献记载，他很可能跟随母亲沈宛流落江南，不知所终。

生命绝唱

和沈宛的爱情悲剧，成了纳兰的爱情绝唱。就在沈宛离去之后不久，康熙二十四年（1685）的五月，纳兰病倒了。

纳兰原本就是多愁多病身，与沈宛的分别，更让他的心情雪上加霜。就在他病倒的前一天，他还挣扎着和顾贞观、姜宸英等好友在家里聚会，在他亲手栽种的夜合花树下吟诗唱和，并且留下了他的绝笔诗咏《夜合花》。[①] 但第二天，他就一病不起。病根，仍然是折磨了他一辈子的"寒疾"。但他这一次生病，比以往的任何一次都更加凶险。

按照中医的说法，"寒疾"可能是伤寒，也可能是肺炎这一类的疾病。得了寒疾，如果吃药不能发汗退烧，说明很可能已经毒气攻心，治疗起来就非常棘手了。这次纳兰病倒，连续七天都没有发汗。他的病，甚至惊动了康熙皇帝。康熙派了御医、太监和侍卫轮流到纳兰府上看望、会诊，命令手下将纳兰的情况每天轮番向他汇报，一天要派好几批人过去，甚至还亲手开

---

① 《夜合花》："阶前双夜合，枝叶敷华荣。疏密共晴雨，卷舒因晦明。影随筠箔乱，香杂水沉生。对此能消忿，旋移近小楹。"

了处方药赐与纳兰。

但，康熙御赐的处方药，纳兰还没来得及吃下去，七天后，他永远地离开了这个人间。这一年，他虚岁才三十一岁（30周岁）。

纳兰的去世，不仅仅是给他的亲人带来了巨大的悲痛，也是一个时代巨大的悲痛。他逝世以后，自发给他写挽词悼文的人数以百计，甚至还有从没见过面的仰慕者也因为他的死而痛哭流涕。尤其是那些曾经在纳兰府上渌水亭雅集的朋友，更是痛断肝肠，有人说："纳兰死了，我还能到哪里去呢？失去纳兰这样的朋友，这个世界还有谁能容得下我呢？"[1] 有人说："纳兰死了，我这一辈子就再也没有知音了，纳兰的生命有谁能换得回来？我的悲痛该向谁倾诉？"[2] 甚至还有人说："只要能够真正换回纳兰的生命，我们宁可自己死一百次……"[3]

纳兰去世后，康熙皇帝也"为之震悼"，专门派遣使臣祭奠。而纳兰去世十多天以后，梭伦的少数民族部落派使团到北京朝贡，这些少数民族归顺正是两年前纳兰奉使西域宣抚的结果。康熙也为此专门派了宫使前往纳兰的灵前，"哭而告之"，以纳兰立下的这一大功劳告慰他的在天之灵。

但是，当所有的人都在为纳兰的离去而悲痛欲绝的时候，只有一个人觉得这样的离去其实是一种解脱。

这个人，就是纳兰自己。

因为，纳兰这一生，活的就是一个字——情。对亲人的情，对朋友的情，对爱人的情，"一往情深深几许"，这是纳兰生命的写照。可也正因为这种浓得化不开的情，铸就了他一生很多的错误：

---

[1] 姜宸英祭文："呜呼已矣，宛其死矣。我将安适，行倚徙矣。世无兄者，谁则容我。"

[2] 顾贞观祭文："已矣，伯牙之琴，盖自是终身不复鼓矣。何身可赎，何天可吁？"

[3] 吴兆宜哀词："追念哲人，饮恨吞声。如真可赎，人百其身。"

也许他的前生应该是一个浪迹江湖的江南文人，却错误地生在了清朝贵族的豪门相府；他应该是一个风流倜傥的诗人词客和才华横溢的学者，却错误地被安排成为皇帝身边的一个带刀侍卫；他一生渴望自由，却不能主宰自己的命运，只能在压抑中度过一生。

唯一真正给过他心灵温暖的妻子卢氏，只陪伴了他短短的三年，妻子的离去，是上天给他安排的最大的一个错误，他用了一生的时间都没有办法从丧妻的痛苦中走出来。

"而今才道当时错"，所有的这些错加在一起，其实就是一个错：错就错在纳兰这样纯情的人，根本不应该生在这个复杂的人间——他"自是天上痴情种"，"不是人间富贵花"！

也因此，他才沉痛地说："我是人间惆怅客。"在这个人间，他本就是一个过客，人间不是他的家。

他像一颗流星划过人间，却用了最灿烂的姿态陨落。

康熙二十四年（1685）五月三十日，纳兰永远地离开了人间。令人震撼的是：这一天，正是他最心爱的妻子卢氏的忌日。八年前，康熙十六年的五月三十日，正是卢氏去世的日子。八年后的同一天，纳兰也追随妻子而去。当所有的人都在为他痛哭的时候，也许，只有纳兰一个人，是带着微笑的。

因为，在他要去的那个世界里，有他最爱的人，有他最温暖的家。

附录一
纳兰性德生平简表

纳兰性德，初名成德，字容若，号楞伽山人，满洲正黄旗人。

1655 年，清世祖顺治十一年，甲午

纳兰性德一岁。

性德于顺治十一年十二月十二日（公元 1655 年 1 月 19 日）出生于北京。（按：顺治十一年跨 1654 和 1655 两年）

父纳兰明珠本年二十一岁，母觉罗氏。

顺治十一年三月，玄烨出生，后即康熙皇帝。

1656 年，顺治十三年，丙申

纳兰性德两岁。

1657 年，顺治十四年，丁酉

纳兰性德三岁。

江南乡试丁酉科场案发。

1658 年，顺治十五年，戊戌

　　纳兰性德四岁。

　　吴兆骞被捕。

1659 年，顺治十六年，己亥

　　纳兰性德五岁。

　　吴兆骞被远谪宁古塔。

1660 年，顺治十七年，庚子

　　纳兰性德六岁。

　　江南之地结社定盟者众，清廷下令严禁结社。

1661 年，顺治十八年，辛丑

　　纳兰性德七岁。

　　正月，顺治帝崩。玄烨即位，即康熙皇帝。索尼、苏
克萨哈、遏必隆、鳌拜为四大辅政大臣。

　　三月，江南"奏销案"发。

　　七月，著名文学家、文学批评家金圣叹因卷入"哭庙
案"被"斩立决"。满汉民族矛盾之强烈可见一斑。清廷对
江南文人士绅加大镇压力度。

　　本年纳兰明珠改任内务府郎中。

1662 年，清圣祖康熙元年，壬寅

　　纳兰性德八岁。

1663 年，康熙二年，癸卯

　　纳兰性德九岁。

　　"《明史》案"发，是为康熙朝最严重的文字狱之一。

1664 年，康熙三年，甲辰

纳兰性德十岁。

二月，明珠升任内务府总管。

本年元宵节出现月食。

纳兰性德生前经历过两次元宵月食，一次为本年十岁，另一次为康熙二十年二十七岁。

本年陈维崧有《宝鼎现》词，小序云："甲辰元夕……是岁元夜月蚀。"据沙罗周期计算，甲辰后的另一次元夜月食，当在 1681 年（康熙二十年辛酉）。尤侗、查慎行均有"辛酉元夕月蚀"诗。[1]

纳兰有《梅梢雪·元夜月蚀》一词（词牌又名《一斛珠》）："星球映彻。一痕微褪梅梢雪。紫姑待话经年别。窃药心灰，慵把菱花揭。　踏歌才起清钲歇。扇纨仍似秋期洁。天公毕竟风流绝。教看蛾眉，特放些时缺。"

又有《上元月食》诗："夹道香尘拥狭斜，金波无影暗千家。姮娥应是羞分镜，故倩轻云掩素华。"

上述元宵月食主题之诗词，均有可能是纳兰十岁时的作品。[2]

1665 年，康熙四年，乙巳

纳兰性德十一岁。

卢兴祖由广东巡抚升为广东总督（卢兴祖即纳兰性德原配妻子卢氏之父）。

---

[1] 详参赵秀亭、冯统一笺校《饮水词笺校》，第 187 页。

[2] 黄天骥《纳兰性德和他的词》一书中年谱将《梅梢雪》一词系为纳兰性德十岁这年所作。

1666 年，康熙五年，丙午

纳兰性德十二岁。

四月，明珠升弘文院学士。

本年，顾贞观由顺天南元掌国史馆典籍。

1667 年，康熙六年，丁未

纳兰性德十三岁。

玄烨亲政。

鳌拜拟苏克萨哈二十四条大罪，请康熙将其凌迟处死，康熙帝"坚执不允所请"。鳌拜一连七日强奏，矫旨将苏克萨哈及其子孙全部处死，抄家灭门。

1668 年，康熙七年，戊申

纳兰性德十四岁。

明珠视察淮阳河工；九月升任刑部尚书。

1669 年，康熙八年，己酉

纳兰性德十五岁。

康熙智擒鳌拜。

九月，明珠任都察院左都御史。

1670 年，康熙九年，庚戌

纳兰性德十六岁。

徐乾学于本年高中探花，授翰林院编修。

1671 年，康熙十年，辛亥

纳兰性德十七岁。

明珠于本年充经筵讲官，十一月调兵部尚书。

纳兰性德入国子监读书，徐元文深器重之。

1672 年，康熙十一年，壬子

纳兰性德十八岁，中顺天府乡试举人。主试官为徐乾学、蔡启僔。

本年度纳兰正式拜谒座主徐乾学。

1673 年，康熙十二年，癸丑

纳兰性德十九岁。

本年癸丑科会试，纳兰因寒疾未与廷试。

始撰《渌水亭杂识》；开始捐资刊刻《通志堂经解》。

吴三桂于本年发动叛乱。

1674 年，康熙十三年，甲寅

纳兰性德二十岁。

性德于本年娶卢氏。

弟揆叙生于本年。

广西富川知县刘钦邻死于吴三桂叛乱，纳兰性德赋《挽刘富川》诗。

1675 年，康熙十四年，乙卯

纳兰性德二十一岁。

侧室颜氏生长子福哥（又译福格）。

明珠调任吏部尚书。

十二月，康熙立保成为皇太子，成德改名性德。

1676 年，康熙十五年，丙辰

纳兰性德二十二岁，补殿试，中二甲第七名。

《通志堂经解》刊刻完成。

与顾贞观结交，后为终身知己，《金缕曲·题顾梁汾侧帽投壶图》即撰于本年，由此一举成名；性德于本年第一次编印自己的词集，名之曰《侧帽词》；与顾贞观合编《今词初集》。

十二月，作《瑞鹤仙》自寿词。

顾贞观作《金缕曲》二首寄吴兆骞，性德应顾贞观请求，允诺营救吴兆骞。

1677 年，康熙十六年，丁巳

纳兰性德二十三岁。

次子福尔敦生。

五月三十日，原配妻子卢氏去世；停灵于双林禅院。性德多作悼亡词。

七月，明珠升任武英殿大学士。

秋，性德始任三等侍卫。

委顾贞观初编《饮水词》成。

1678 年，康熙十七年，戊午

纳兰性德二十四岁。

康熙下诏取博学鸿儒，严绳孙、陈维崧等入京。

闰三月，顾贞观、吴琦在江南为《饮水词》作序。

本年性德多次扈从康熙赴汤泉、塞外等地巡幸。

七月，卢氏入葬京郊皂荚屯。

1679 年，康熙十八年，己未

纳兰性德二十五岁。

博学鸿儒科会试，严绳孙、朱彝尊、陈维崧等中试，均授翰林院检讨，参与修撰《明史》。

性德初葺茅屋，邀顾贞观来京。《饮水词》《今词初集》刊成。

本年，性德随驾康熙赴保定打猎。

1680 年，康熙十九年，庚申

纳兰性德二十六岁。

多次扈从康熙出巡。

约于本年续娶官氏。

1681 年，康熙二十年，辛酉

纳兰性德二十七岁。

冬，吴兆骞自宁古塔抵京。

三藩叛乱被平定。

1682 年，康熙二十一年，壬戌

纳兰性德二十八岁。

明珠加太子太傅，晋太子太师。

三月，性德扈从康熙东巡，出山海关，祭祀长白山。

升二等侍卫似在本年。

秋，奉使觇梭伦，年底返京。

1683 年，康熙二十二年，癸亥

纳兰性德二十九岁。

扈从康熙西巡至五台山。

吴兆骞入京居性德府中，为性德弟揆叙家庭教师。

郑克塽投降，清廷宣告收复台湾。

1684 年，康熙二十三年，甲子

纳兰性德三十岁。

五月，扈从康熙巡视古北口等地。

九月，随驾康熙南巡至江苏，在金陵会见曹寅；与顾贞观相聚。

年底纳沈宛。

吴兆骞于本年七月卒于京师，性德撰《祭吴汉槎文》。

1685 年，康熙二十四年，乙丑

纳兰性德三十一岁。

春，晋一等侍卫。

四月，严绳孙南归，性德依依不舍，赋诗多首赠之。

五月，与梁佩兰、顾贞观、姜宸英等相聚，赋绝笔五律《夜合花》。

五月三十日卒。

六月四日，梭伦战报至，康熙帝遣中使拊其几筵哭而告之，以其尝有劳于是役也。

冬，沈宛生遗腹子富森。

注：本年表主要参阅张任政《清纳兰容若先生性德年谱》，刊于北京大学《国学季刊》1930 年第二卷第四号；黄天骥《纳兰性德和他的词》附录之《年谱》。

附录二
纳兰性德传

《清史稿 · 列传二百七十一 · 文苑一》

　　性德，纳喇氏，初名成德，以避皇太子允礽嫌名改，字容若，满洲正黄旗人，明珠子也。性德事亲孝，侍疾衣不解带，颜色黧黑，疾愈乃复。数岁即习骑射，稍长工文翰。康熙十四年成进士。年十六，圣祖以其世家子，授三等侍卫，再迁至一等。令赋《乾清门》应制诗，译御制《松赋》，皆称旨。俄疾作，上将出塞避暑，遣中官将御医视疾，命以疾增减告。遽卒，年止三十一。尝奉使塞外有所宣抚，卒后，受抚诸部款塞。上自行在遣中官祭告，其眷睐如是。

　　性德乡试出徐乾学门。与从研讨学术，尝裒刻宋、元人说经诸书，书为之序，以自撰礼记陈氏集说补正附焉，合为通志堂经解。性德善诗，尤长倚声。遍涉南唐、北宋诸家，穷极要眇。所著饮水、侧帽二集，清新秀隽，自然超逸。尝读赵松雪自写照诗有感，即绘小像，仿其衣冠。坐客期许过当，弗应也。

乾学谓之曰："尔何似王逸少！"则大喜。好宾礼士大夫，与严绳孙、顾贞观、陈维崧、姜宸英诸人游。贞观友吴江吴兆骞坐科场狱戍宁古塔，赋《金缕曲》二篇寄焉，性德读之叹曰："山阳《思旧》，都尉《河梁》，并此而三矣！"贞观因力请为兆骞谋，得释还，士尤称之。

贞观，字梁汾，无锡人。康熙十一年举人，官内阁中书。工诗，自定集仅五言三十余篇，清微婉笃，上睎韦、柳；而世特传其词，与维崧及朱彝尊称词家三绝。清世工词者，往往以诗文兼擅，独性德为专长，仁和谭献尝谓为词人之词。性德后，又得项鸿祚、蒋春霖三家鼎立。

性德复姓纳喇（即纳兰），原名成德，因为康熙皇太子允礽小名保成，出于避讳而改为性德，他的字叫容若，是满洲正黄旗人，清代大学士纳兰明珠的儿子。纳兰性德对父母双亲极尽孝道，父母生病时，他衣不解带，精心伺候，以至脸色黑中带黄，十分憔悴，父母身体痊愈，他才恢复神采。他很小的时候就练习骑马、射箭，稍大之后，文章也写得相当出色。康熙十四年（1675）考中进士。康熙十六年，康熙因为其家族世代显贵，而任命他担任三等侍卫，后来又升任一等侍卫。康熙曾让纳兰赋《乾清门》诗，又让他用满文翻译康熙的《松赋》，都很合康熙的心意。不久，纳兰生病，皇上正准备去边塞避暑，特地派遣宦官带着御医去诊治，并命令将其病情的变化及时相告。但纳兰还是突然病逝了，年仅31岁。纳兰曾奉命出使塞外传达皇帝命令并安抚军民，纳兰去世后，受过纳兰安抚的那些异族诚意来到边界归顺通好。皇上在巡幸的地方也派宦官祭祀宣告，真是眷爱纳兰啊！

　　纳兰性德乡试后，拜徐乾学为师，并跟从他钻研商讨学术，曾汇刻宋元人解说儒家经典的书，每本书都作有序言，并将自己撰写的《礼记陈氏集说补正》附录于后，合为《通志堂经解》丛刻。纳兰擅长写诗，词则更为出色。他曾经广泛阅读南唐、北宋诸多词人的词，细心琢磨其精妙之处。他自己撰写的《饮水词》《侧帽词》两种词集，格调清新，韵味隽永，自然飘逸，超凡脱俗。他曾经读元代赵孟𫖯为自己的像写的诗很有感触，就自己绘制小像，模仿赵孟𫖯的衣装打扮。看到纳兰自绘小像的人用很夸张的语言称赞他，他不理睬。徐乾学对他说："你怎么这么像王羲之！"纳兰听了十分高兴。纳兰将士大夫都尊为上宾，礼遇他们，与严绳孙、顾贞观、陈维崧、姜宸英这些人交往甚密。顾贞观的朋友吴江人吴兆骞因为牵连科场案而被远戍宁古塔，顾贞观写了两阕《金缕曲》寄送给他，纳兰读了后感叹说："向秀的《思旧赋》，李陵的《与苏武诗》'携手上河梁'云云之后，加上顾贞观的《金缕曲》，三种作品可以相提并论、名垂千古了。"顾贞观于是竭力请求纳兰为吴兆骞之事出谋划策，吴兆骞终于被赦免回来，当时士人都称颂纳兰的义举。

　　顾贞观，字梁汾，无锡人。康熙十一年（1672）考中举人，曾任职内阁中书。擅长写诗，自己编定诗集仅保留五言诗30多篇，诗风清幽而精微，婉转而有力度。他十分仰慕唐代韦应物、柳宗元。但在当世，他的词风行最广，与陈维崧、朱彝尊并称为"词家三绝"。清代填词出色者，往往是诗文都兼有其长，只有纳兰专长于填词。杭州的谭献曾称纳兰的词是"词人之词"。纳兰之后，又有项鸿祚、蒋春霖出现，三词人堪称三家鼎立。

《清史列传》卷七十一

性德，原名成德，字容若，纳兰氏，满洲正黄旗人。康熙十五年进士，授乾清门侍卫。少从姜宸英游，喜为古文辞；乡试出徐乾学之门，遂授业焉。善诗，其诗飘忽要眇，绝句近韩偓。尤工于词，所作《饮水》《侧帽》词，当时传写，遍于村校邮壁。

生平淡于荣利，书史外无他好。爱才喜客，所与游皆一时名士。晚更笃意经史，嘱友人秦松龄、朱彝尊购求宋元诸家经解，后启于乾学，得钞本一百四十种，晓夜穷研，学益进。尝延友人陆元辅合订删补《大易集议萃言》八十卷、《陈氏礼记集说补正》三十八卷，又刻《通志堂九经解》一千八百余卷，皆有功后学。精鉴藏。书学褚河南，见称于时。

尝奉使觇梭龙诸羌。二十四年，卒，年三十一。殁后旬日，适诸羌输款，上时避暑关外，遣中使拊其几筵哭而告之，以其尝有劳于是役也。著有《通志堂诗集》五卷、词四卷、文五卷、《渌水亭杂识》四卷，又有《全唐诗选》《词韵正略》。

性德，原名成德，字容若，姓纳兰，满洲正黄旗人。康熙十五年（1676）考中进士，被任命为乾清门侍卫。从小就跟随姜宸英学习，喜欢写作古文；乡试出自徐乾学门下，于是徐乾学向他传授学问。纳兰擅长作诗，诗风飘逸而诗思精微，他的绝句与晚唐韩偓相近。纳兰的词尤其出色，他写的《饮水词》《侧帽词》，在当时被许多人传诵抄写，乡村学堂、驿站墙壁上都题写着他的词。

纳兰平生对名誉、利益看得很淡，除了经史一类的典籍，没有什么其他爱好。纳兰爱惜有才华的人，喜欢结交朋友，与他交往的都是在当时很有名的人士。后来更专心钻研经史，曾嘱咐友人秦松龄、朱彝尊收集购买宋元时期诸家解经之作，后在徐乾学的指导下，获得相关抄本 140 种，日夜研读，学问得到长足的进步。他曾邀请友人陆元辅与他一起合订删补《大易集议萃言》80 卷、《陈氏礼记集说补正》38 卷，又刻《通志堂九经解》1800 余卷，都是对后学很有帮助的著作。纳兰精于鉴赏，富于收藏。他的书法师法褚遂良，在当时也很受称赞。

纳兰曾经奉命出使考察梭龙诸多羌族部落。康熙二十四年（1685），纳兰病逝，年仅 31 岁。纳兰去世后 10 多日，正好那些羌族部落前来表示归顺通好，康熙当时在关外避暑，特地派遣宦官抚着其灵位痛哭祭告他，因为纳兰曾经为此事付出了很多辛劳。纳兰著有《通志堂诗集》五卷、词四卷、文五卷、《渌水亭杂识》四卷，又有《全唐诗选》、《词韵正略》等。

纳兰性德墓志铭

通议大夫一等侍卫进士纳兰君墓志铭

徐乾学　撰

　　呜呼，始容若之丧，而余哭之恸也。今其弃余也数月矣，余每一念至，未尝不悲来填膺也。呜呼，岂直师友之情乎哉。余阅世将老矣，从吾游者亦众矣，如容若之天姿之纯粹，识见之高明，学问之淹通，才力之强敏，殆未有过之者也。天不假之年，余固抱丧予之痛，而闻其丧者，识与不识，皆哀而出涕也，又何以得此于人哉。

　　太傅公失其爱子，至今每退朝，望子舍必哭，哭已，皇皇焉如冀其复者，亦岂寻常父子之情也。至尊每为太傅劝节哀，太傅愈益悲不自胜。余间过相慰，则执余手而泣曰："惟君知我子，惠邀君言，以掩诸幽，使我子虽死犹生也。"余奚忍以不文为辞。顾余之知容若，自壬子秋榜后始，迄今十三四年耳。后容若入侍中，禁廷严密，其言论梗概，有非外臣所得而知者。太傅属痛悼，未能殚述，则是余之所得而言者，其于容若之生平，又不过什之二三而已。呜呼！是重可悲也。

容若姓纳兰氏，初名成德，后避东宫嫌名，改曰性德。年十七，补诸生，贡入太学。余弟立斋为祭酒，深器重之，谓余曰："司马公贤子，非常人也。"明年，举顺天乡试，余忝主司，宴于京兆府，偕诸举人青袍拜堂下，举止闲雅。越三日，谒余邸舍，谈经史源委及文体正变，老师宿儒有所不及。明年，会试中式，将廷对，患寒疾，太傅曰："吾子年少，其少俟之。"于是益肆力经济之学，熟读《通鉴》及古人文辞，三年而学大成。岁丙辰，应殿试，条对剀切，书法遒逸，读卷执事各官咸叹异焉。名在二甲，赐进士出身。闭门埽轨，萧然若寒素，客或诣者辄避匿。拥书数千卷，弹琴咏诗，自娱悦而已。

未几，太傅入秉钧，容若选授三等侍卫，出入扈从，服劳惟谨，上眷注异于他侍卫。久之，晋二等，寻晋一等。上之幸海子、沙河，及西山、汤泉，及畿辅、五台、口外、盛京、乌剌，及登东岳，幸阙里，省江南，未尝不从。先后赐金牌、彩缎、上尊、御馔、袍帽、鞍马、弧矢、字帖、佩刀、香扇之属甚夥。是岁万寿节，上亲书唐贾至《早朝》七言律赐之。月余，令赋《乾清门》应制诗，译御制《松赋》，皆称旨。于是外庭金言，上知其有文武才，非久且迁擢矣。呜呼，孰意其七日不汗死也！

容若既得疾，上使中官、侍卫及御医日数辈络绎至第诊治。于是上将出关避暑，命以疾增减报，日再三。疾亟，亲处方药赐之，未及进而殁。上为之震悼，中使赐奠，恤典有加焉。

容若尝奉使觇梭龙诸羌，其殁后旬日，适诸羌输款，上于行在遣宫使拊其几筵，哭而告之，以其尝有劳于是役也。于此亦足以知上所以属任之者，非一日矣。

　　呜呼，容若之当官任职，其事可得而纪者止于是矣。余滋以其孝友忠顺之性，殷勤固结，书所不能尽之言，言所不能传之意，虽若可仿佛其一二，而终莫能而悉也，为可惜也。

　　容若性至孝，太傅尝偶恙，日侍左右，衣不解带，颜色黝黑，及愈乃复初。太傅及夫人加餐，辄色喜以告所亲。友爱幼弟，弟或出，必遣亲近僮仆护之，反必往视，以为常。其在上前，进反曲折有常度。性耐劳苦，严寒执热，直庐顿次，不敢乞休沐自逸，类非绮襦纨袴者所能堪也。

　　自幼聪敏，读书一再过即不忘。善为诗，在童子已句出惊人，久之益上，得开元、大历间丰格。尤喜为词，自唐五代以来诸名家词皆有选本，以洪武韵改并联属，名《词韵正略》。所著《侧帽集》后更名《饮水集》者，皆词也。好观北宋之作，不喜南渡诸家，而清新秀隽，自然超逸，海内名为词者皆归之。他论著尚多。其书法摹褚河南临本禊帖，间出入于《黄庭内景经》。当入对殿廷，数千言立就，点画落纸，无一笔非古人者。荐绅以不得上第入词馆为容若叹息，及被恩命，引而置之珥貂之行，而后知上之所以造就之者，别有在也。

　　容若数岁即善骑射，自在环卫，益便习，发无不中。其扈跸时，雕弓书卷，错杂左右，日则校猎，夜必读书，书声与他人鼾声相和。间以意制器，多巧偪所不能。于书画评鉴最精。其料事屡中，不肯轻为人谋，谋必竭其肺腑。尝读赵松雪自写照诗有感，即绘小像，仿其衣冠。坐客或期许过当，弗应也。余谓之曰："尔何酷类王逸少！"容若心独喜。所论古时人物，尝言王茂弘阆阘阘阘，心术难问；娄师德唾面自干，大无廉耻。其识见多此类。间尝与之言往圣昔贤修身立行及于民物之大端，前代兴亡理乱所在，未尝不慨然以思。读书至古今家国之故，忧危明盛，持盈守谦，格人先正之遗戒，有动于中，未尝不形于色也。呜呼，岂非《大雅》之所谓亦世克生者耶，而竟止于斯也。夫岂徒吾党之不幸哉。

君之先世，有叶赫之地，自明初内附中国，讳星恳达尔汉，君始祖也。六传至讳养汲弩，君高祖考也。有子三人，第三子讳金台什，君曾祖考也。女弟为太祖高皇帝后，生太宗文皇帝。太祖高皇帝举大事，而叶赫为明外捍，数遣使谕，不听，因加兵克叶赫，金台什死焉。卒以旧恩，存其世祀。其次子即今太傅公之考，讳倪迓韩，君祖考也。君太傅之长子，母觉罗氏，一品夫人。渊源令绪，本崇积厚，发闻滋大，若不可圉。

配卢氏，两广总督、兵部尚书、都察院右副都御史兴祖之女，赠淑人，先君卒。继室官氏，某官某之女，封淑人。男子子二人，福哥、□，女子子一人，皆幼。君生于顺治十一年十二月，卒于康熙二十四年五月已丑，年三十有一。

君所交游，皆一时俊异，于世所称落落难合者，若无锡严绳孙、顾贞观、秦松龄、宜兴陈维崧，慈溪姜宸英，尤所契厚。吴江吴兆骞久徙绝塞，君闻其才名，赎而还。坎坷失职之士走京师，生馆死殡，于赀财无所计惜。以故君之丧，哭之者皆出涕，为哀挽之词者数十百人，有生平未识面者。其于余绸缪笃挚，数年之中，殆日以余之休戚为休戚也，故余之痛尤深。既为诗以哭之，应太傅之命而又为之铭，其葬盖未有日也。

铭曰：天实生才，蕴崇胚胎，将象贤而奕世也，而靳与之年，谓之何哉。使功绪不显于旂常，德泽不究于黎庶，岂其有物焉为之灾。惟其所树立，亦足以不死矣，而亦又奚哀！

纳兰词选注（三十首）

梦江南（又名《忆江南》）

江南好，建业旧长安。紫盖忽临双鹢渡，翠华争拥六龙看。雄丽却高寒。

【笺注】

建业：汉称秣陵县，建安十六年，孙权徙治秣陵，改称建业，后世又名建康、金陵，清为江苏江宁府。地即今南京市。

旧长安：李白《金陵》三首：“晋家南渡日，此地旧长安。地即帝王宅，山为龙虎盘。”长安为汉唐都城，后人常以长安喻指都城。建业为六朝故都。

紫盖：盖，遮阳避雨之具，其用如伞，其形平顶垂幔，曲柄或直柄。紫盖为帝王仪仗之一种。沈约《齐故安陆昭王碑》：“陪龙驾于伊洛，侍紫盖于咸阳。”纳兰性德《江南杂诗》：“紫盖黄旗异昔年，乌衣朱雀总荒烟。”

鹢：谓鹢首，指舟船。古习以鹢鸟形绘于船首两侧，以惧江神。《太平御览》引吕静《韵集》："鹢首，天子舟也。"

翠华：即翠葆，以翠羽为饰之旗幡，帝王仪仗之一种。司马相如《上林赋》"建翠华之旗"，李善注："翠华，以翠羽为葆也。"

六龙：指皇帝车驾。天子车驾用六马，称六龙。《仪礼》郑玄注："马八尺以上为龙。"李白《上皇西巡南京歌》："谁道君王行路难，六龙西幸万人欢。"

雄丽却高寒：张孝祥《水调歌头·金山观月》："江山自雄丽，风露与高寒。"

【说明】

康熙二十三年（1684）九月至十一月，清圣祖（康熙帝）首次南巡，抵扬州、苏州、无锡、镇江、江宁等地，性德以侍卫随扈。性德作十阕《梦江南》，俱南行闻见之作。此阕盖形容天子巡幸江南之盛况。

采桑子

谁翻乐府凄凉曲，风也萧萧。雨也萧萧。瘦尽灯花又一宵。　　不知何事萦怀抱，醒也无聊。醉也无聊。梦也何曾到谢桥。

【笺注】

翻乐府：指填词。翻，按曲调作歌词；乐府，代指词。

"瘦尽"句：曹溶《采桑子》词："忆弄诗瓢，落尽灯花又一宵。"又吴绮《南乡子》词："瘦尽灯花红不语。"

梦也何曾到谢桥：晏几道《鹧鸪天》词："梦魂惯得无拘检，又踏杨花过谢桥。"古人常称所恋之人为谢娘，称其所居为谢家、谢桥。

谭莹曰：容若词固自哀感顽艳，有令人不忍卒读者。至如《采桑子》句云"瘦尽灯花又一宵"，《浣溪沙》句云"生怜瘦减一分花"，《浪淘沙》句云"红影湿幽窗，瘦尽春光"等，窃谓《词苑丛谈》称沈江东嘲毛稚黄有"三瘦"之目，固当以移赠容若耳。（粤雅堂本《饮水集》跋）

陈廷焯曰：凄凄切切，不忍卒读（谓"无聊"以下三句）。（《云韶集》十五）

陈廷焯又曰：哀婉沉着。（《词则·别调集》评语）

台城路·塞外七夕

白狼河北秋偏早，星桥又迎河鼓。清漏频移，微云欲湿，正是金风玉露。两眉愁聚。待归踏榆花，那时才诉。只恐重逢，明明相视更无语。　　人间别离无数，向瓜果筵前，碧天凝伫。连理千花，相思一叶，毕竟随风何处。羁栖良苦。算未抵空房，冷香啼曙。今夜天孙，笑人愁似许。

【笺注】

白狼河：《水经注》："辽水又右，会白狼水；水出右北平白狼县。"《清史稿·地理志》直隶朝阳府："建昌，东有布祜图山，汉白狼山，白狼水出焉，今日大凌河。"沈佺期《古意呈补阙乔知之》诗："白浪河北音书断，丹凤城南秋夜长。"

星桥：即鹊桥。李清照《行香子》词："星桥鹊驾，经年才见，想离情别恨无穷。"

河鼓：星名，古谓之黄姑。《尔雅》谓河鼓即牵牛。又《史记·天官书》张守节《正义》："河鼓三星，在牵牛北，自昔传牵牛织女七月七日相见，此星也。"

"清漏"三句：李商隐《辛未七夕》诗："由来碧落银河畔，可要金风玉露时。清漏渐移相望久，微云未接过来迟。"

两眉愁聚：柳永《甘草子》词："中酒残妆慵整顿，聚两眉离恨。"

榆花：曹唐《织女怀牛郎》诗："欲将心就仙郎说，借问榆花早晚秋。"

"人间"句：秦观《鹊桥仙》词："金风玉露一相逢，便胜却人间无数。"

瓜果筵：《荆楚岁时记》："七夕，妇人结彩缕穿七孔针，陈瓜果于庭中以乞巧。有喜子网于瓜上则以为符应。"

"连理"句：用唐明皇、杨贵妃事。白居易《长恨歌》："七月七日长生殿，夜半无人私语时。在天愿作比翼鸟，在地愿为连理枝。"

"羁栖"句：言旅人怀思。

"空房"句：言闺人念远。

天孙：织女星。《史记·天官书》司马贞《索隐》："织女，天孙也。"

笑人：李商隐《马嵬》诗："当时七夕笑牵牛。"时逢七夕，牵牛织女尚能相会，人却行役在外，故为牵牛织女所笑。

【说明】

性德七夕居塞外凡二，皆随扈往古北口外避暑。一为康熙二十二年（1683），一为二十三年（1684）。然两行皆未至大凌河地，词云白狼河，泛指边塞河流而已。检《康熙起居注》，二十二年七月初七，驻跸犷流河边；二十三年七夕，驻跸松林。则词之作期，或在康熙二十二年。

【辑评】

谭献曰：逼真北宋慢词。(《箧中词》评语)

朱庸斋曰：纳兰以小令之法为长调，故其长调气格薄弱，即如其《台城路》"塞外七夕"词，谭献评曰"逼近北宋慢词"，其实距周、秦之作何止以道里计。近人每惜其"享年不永，力量未充"，未能臻于"沉着浑至"之境，其实纳兰长处正以凄惋清丽动人，何必定从"沉着"律之也。(《分春馆词话》三)

点绛唇

一种蛾眉，下弦不似初弦好。庾郎未老。何事伤心早。
素壁斜辉，竹影横窗扫。空房悄。乌啼欲晓。又下西楼了。

【笺注】

"一种"句：一种，犹一样。蛾眉，喻残月。
初弦：上弦月。上弦月近于团圞，故下弦月不及也。
庾郎：庾信。庾信暮年作《愁赋》《伤心赋》。

【说明】

由"伤心早""空房悄"等句，可知词似作于卢氏初逝未久。

浣溪沙

残雪凝辉冷画屏。落梅横笛已三更。更无人处月胧明。
我是人间惆怅客，知君何事泪纵横。断肠声里忆平生。

【笺注】

冷画屏：杜枚《秋夕》诗："红烛秋光冷画屏。"

落梅横笛：落梅，古笛曲名。《乐府杂录》："笛，杂曲也，有《落梅花》曲。"

"更无"句：更，犹云"绝"。李商隐《王十二兄与畏之员外相访见招小饮》诗："更无人处帘垂地。"

断肠声：李商隐《赠歌妓》诗："断肠声里唱阳关。"

浣溪沙·西郊冯氏园看海棠，因忆香严词有感

谁道飘零不可怜。旧游时节好花天。断肠人去自今年。

一片晕红才著雨，几丝柔绿乍和烟。倩魂销尽夕阳前。

【笺注】

西郊冯氏园：明万历时大珰冯宝之园林，在北京阜成门外。

香严词：龚鼎孳寓所有"香严斋"，其词集初称《香严词》，后定本名《定山堂诗余》。

"谁道"句：龚鼎孳《菩萨蛮》"西郊海棠已放，风复大作，对花怅然"词："那禁风似箭，更打残花片。莫便踏花归，留他缓缓飞。"

旧游时节：龚鼎孳在京，迭年往冯氏园看海棠，今集中存其西郊海棠词四阕。

人去：谓龚氏已卒。据董迁《龚芝麓年谱》："康熙十二年癸丑，公五十九岁。春，奉命典会试，得韩菼等一百五十八人。九月十二日卒于京邸。"

晕红：《妆台记》"美人妆面，既傅粉，复以胭脂调匀掌中，施之两颊，浓者为酒晕妆，浅者为桃花妆。"

著雨：王雱《倦寻芳》词："海棠著雨胭脂透。"

和烟：和，合；指柳丝笼罩于烟雨中。

【说明】

龚鼎孳（1615—1673），字孝升，号芝麓，合肥人。入清，

官至左都御史、刑部尚书。有《定山堂集》，附词四卷。其词风格多样，辞采清丽，推一代作手。康熙十二年（1673），龚任会试主试官，容若出其门下。是年秋，芝麓即卒。京西冯氏园海棠，为清初游览名胜，龚氏迭年往访，作词多首。其中《菩萨蛮》一首云："年年岁岁花间坐，今来却向花间卧。卧倚璧人肩，人花并可怜。"所谓"璧人"（用《世说新语》典）盖指陪游青年男子张韶九。张韶九，云间人，容貌姣好，为同郡文士宋征舆（字直方，又字辕文，顺治四年进士，官至都察院左副都御史）所嬖昵。明清间文士有好男宠之风，如陈其年与徐紫云、宋直方与张韶九俱为著例。康熙六年直方卒，韶九流落京中，乃依栖于龚芝麓门下。康熙八年春，龚氏携韶九摩诃庵杏花下，作《菩萨蛮》词云："蔚蓝一片山初染。粉红花底看人面。玉笛怕花飞。花残人不归。　　当时花下客。把酒斜阳立。今日对斜阳。与花同断肠。"即感宋、张旧事而作（参见王昶《西崦山人词话》卷三、《全清词·顺康卷》1142页）。性德此作与龚词措辞用意多相关，且自言"因忆香严词有感"，则此作亦或有关韶九事也。"谁道飘零不可怜"阕之意蕴，近人屡为揣测，兹拈出直方、韶九情事，庶或为喻者启一思路。又，容若词风，尝深得芝麓意指，此为显例。此词当作于龚氏卒后；徐釚《词苑丛谈》称此词见于《侧帽词》，知必作于康熙十五年（1676）之前，或即为康熙十三年作（1674）。

【辑评】

徐釚曰：《侧帽词》"西郊冯氏园看海棠"《浣溪沙》，盖忆《香严词》有感作也。王俨斋（按即王鸿绪）以为柔情一缕，能令九转肠回，虽"山抹微云"君不能道也。（《词苑丛谈》五）

张仁政曰：容若此词，似不胜重来之感。（《纳兰性德年谱》）

浣溪沙

十八年来堕世间。吹花嚼蕊弄冰弦。多情情寄阿谁边。

紫玉钗斜灯影背，红绵粉冷枕函偏。相看好处却无言。

【笺注】

"十八年"句：李商隐《曼倩辞》："十八年来堕世间，瑶池归梦碧桃闲。"

吹花嚼蕊：李商隐《柳枝诗序》："柳枝，洛中里娘也。父饶好贾，风波死湖上。其母不念他儿子，独念柳枝。生十七年，涂装绾髻，未尝竟，已复起去，吹叶嚼蕊，调丝擪管，作天海风涛之曲，幽忆怨断之音。居其旁，与其家接故往来者，闻十年尚相与，疑其醉眠梦物断不娉。余从昆让山，比柳枝居为近。他日春曾阴，让山下马柳枝南柳下，咏余《燕台》诗，柳枝惊问：'谁人有此？谁人为是？'让山谓曰：'此吾里中少年叔耳。'柳枝手断长带，结让山为赠叔乞诗。明日，余比马出其巷，柳枝丫环毕妆，抱立扇下，风鄣一袖，指曰：'若叔是？后三日，邻当去湔裙水上，以博山香待，与郎俱过。'余诺之。会所友偕当诣京师者，戏盗余卧装以先，不果留。雪中让山至，且曰：'为东诸侯取去矣。'明年，让山复东，相背于戏上，因寓诗以墨其故处云。"

按，此序中之柳枝，乃歌妓也。

冰弦：琴弦。据《太真外传》，拘弥国琵琶弦，为冰蚕丝所制。

"紫玉"句：紫玉钗，辞出蒋防《霍小玉传》。又尤侗《李益杀霍小玉判》："紫玉钗落去谁家，工人流涕。"灯影背，汤显祖《紫钗记》："烛花无赖，背银缸、暗擘瑶钗。"

红绵：周邦彦《蝶恋花》词："泪花落枕红绵冷。"

枕函：古以木或瓷制枕，中空可藏物，因称枕函。

"相看"句：汤显祖《牡丹亭·惊梦》"相看俨然，好处相逢无一言。"

【说明】

此阕似为沈宛作。"吹花嚼蕊""天海风涛"，皆切沈宛歌女身份。另"十八年""紫玉钗"语皆见于唐传奇蒋防撰《霍小玉传》，"红绵"句情境亦与小玉故事仿佛。小玉，亦歌女也，以词为沈宛而作，庶当无误。康熙二十三年（1684）岁杪，顾贞观作伐，沈宛至京，归性德为妾，词即作于此时。又汤显祖《紫钗记》传奇亦演霍小玉故事，故词句又化用《紫钗记》曲文。

【辑评】

况周颐曰：《饮水词》有云"吹花嚼蕊弄冰弦"，又云"乌丝兰纸娇红篆"。容若短调，轻清婉丽，诚如其自道所云。（《蕙风词话》卷五）

蝶恋花

又到绿杨曾折处。不语垂鞭，踏遍清秋路。衰草连天无意绪。雁声远向萧关去。　　不恨天涯行役苦。只恨西风，吹梦成今古。明日客程还几许。沾衣况是新寒雨。

【笺注】

"不语"句：温庭筠《赠知音》诗："不语垂鞭上柳隄。"

"踏遍"句：李贺《马诗》："何当金络脑，快走踏清秋。"

萧关：古关名，《汉书》卷五四颜师古注云："在上郡北"。

行役：《周礼·地官》贾公彦疏："行谓巡狩，役谓役作。"《诗·魏风·陟岵》："予子行役，夙夜无已。"

"只恨"句：龚鼎孳《浪淘沙》词："西风吹梦上妆台。"

【说明】

语境甚落漠，不似扈跸之作。盖为康熙二十一年秋往觇梭伦途中所咏。是年春，随驾至奉天；秋，再出榆关。"又到"云云即谓此。

【辑评】

陈廷焯曰：情景兼胜，亦有笔力（谓上片）。一味凄感（谓下片）。（《云韶集》十五）

蝶恋花

萧瑟兰成看老去。为怕多情，不作怜花句。阁泪倚花愁不语。暗香飘尽知何处。　　重到旧时明月路。袖口香寒，心比秋莲苦。休说生生花里住。惜花人去花无主。

【笺注】

兰成：庾信小字。陆龟蒙《小名录》："庾信幼而俊迈，聪敏绝伦，有天竺僧呼信为兰成，因以为小字。"杜甫《咏怀古迹》："庾信平生最萧瑟，暮年诗赋动江关。"

阁泪：含泪。

"袖口"句：晏几道《西江月》词："醉帽檐头风细，征衫袖口香寒。"

"心比"句：高观国《喜迁莺》词："香锁雾扃，心似秋莲苦。"

生生：世世代代。

"惜花"句：辛弃疾《定风波》"赋杜鹃花"词："毕竟花开谁作主，记取，大都花属惜花人。"

谭献曰：势纵语咽，凄淡无聊，延巳、六一而后，仅见湘真。(《箧中词》评)

金缕曲·简梁汾

洒尽无端泪。莫因他、琼楼寂寞，误来人世。信道痴儿多厚福，谁遣偏生明慧。莫更著、浮名相累。仕宦何妨如断梗，只那将、声影供群吠。天欲问，且休矣。　　情深我自判憔悴。转丁宁、香怜易爇，玉怜轻碎。美杀软红尘里客，一味醉生梦死。歌与哭、任猜何意。绝塞生还吴季子，算眼前，此外皆闲事。知我者，梁汾耳。

【笺注】

琼楼：此特指雪后寺观。据顾贞观寄吴兆骞《金缕曲》"以词代柬"词题注："丙辰冬，寓京师千佛寺冰雪中。"

"仕宦"句：康熙五年（1666）起，梁汾任内国史院典籍；康熙十年（1671），忽因"病"罢归。十五年（1676）再次入京，经徐乾学介绍与性德相识。据此句，梁汾似无再仕之意。

"声影"句：成语"一犬吠影，百犬吠声"。梁汾出入明珠府第，时必有以"投靠权门"讥忌之者。时性德父明珠宠遇日隆，任吏部尚书。

"天欲"句：即赠梁汾《金缕曲》词中"冷笑置之而已"意。

软红尘：都市飞尘。性德《致张见阳书》第二十八句简："鄙性爱闲，近苦鹿鹿，东华软红尘，只应埋没慧男子锦心绣肠。仆本疏慵，那能堪此。"

任猜：任他人猜测，与"声影犬吠"句相照应。

　　"绝塞"句：吴季子，春秋时吴国贤公子季札，封于延陵，人称延陵公子。此代指吴兆骞。吴兆骞（1631—1684），字汉槎，吴江人。以顺治十四年（1657）江南科场案，流放宁古塔（今黑龙江宁安市）。后得顾贞观、纳兰性德等人救助，始于康熙二十年（1681）放还。著有《秋笳集》。至性德作此词时，流徙塞外十八年。汉槎与梁汾为故交，梁汾因求性德援手。梁汾于丙辰冬作《金缕曲》二章寄汉槎，性德见之，遂允为救助。

【说明】

　　此词作于顾梁汾寄吴汉槎《金缕曲》二章之后，约在康熙十五年（1676）岁杪或新岁之初。上半阕写梁汾，多示慰敬；下半阕写自己，详述情分志趣。成、顾之交，时实有以鄙俗意猜测攻讦者，故语多涉及。梁汾结识性德，原基于道义学问，观性德营救汉槎事，尤可见证。为一诺之重，性德终致汉槎生入榆关。夏承焘先生云："考顺治丁酉科场案时，容若才三龄，己亥汉槎出关，容若才五岁，盖与汉槎素未谋面，亦未有一字往复，特以梁汾气类之感，必欲拯其生还。令诵其《金缕曲》'简梁汾'所谓'绝塞生还吴季子，算眼前、此外皆闲事。知我者，梁汾耳'，其一往情深如此。"康熙二十九年（1690），梁汾专程赴京，往容若坟前一哭，曾有诗云："缁城便来亦便去，芙蓉锷挂旧游处。"自注："余一展容若墓即拟出都。"其死生情分如斯，当年之群吠自不足道。

金缕曲·慰西溟

　　何事添凄咽。但由他、天公簸弄，莫教磨涅。失意每多如意少，终古几人称屈。须知道、福因才折。独卧藜床看北斗，背高城、玉笛吹成血。听谯鼓，二更彻。　　丈夫未肯因人热。且乘闲、五湖料理，扁舟一叶。泪似秋霖挥不尽，洒向野田黄蝶。须不羡、承明班列。马迹车尘忙未了，任西风、吹冷长安月。又萧寺，花如雪。

【笺注】

"天公"句：谓姜宸英以荐不及期，失却应博学弘儒试之机遇。全祖望《姜先生宸英墓表》："圣祖仁皇帝润色鸿业，留心文学，先生之名遂达宸听，尝呼先生之字曰：姜西溟古文当今作者。于是京师之人来求文者户外恒满。会征博学弘儒，东南人望首及先生。掌院学士昆山叶公（按指叶方蔼）与长洲韩公（按指韩菼）相约，连名上荐。而叶公适以宣召入禁中，浃月既出，则已无及矣。翰林新成王公（按指王士禛）叹曰：其命也夫！"

磨涅：喻受摧折。《论语·阳货》："不曰坚乎，磨而不磷；不曰白乎，涅而不缁。"

几人：犹今言"多少人"，言其极多。

藜床：陋床，庾信《小园赋》："管宁藜床，虽穿而可坐。"古诗文中每指贫寒高士之床榻。

"背高城"句：西溟挂单千佛寺，寺近京城北城墙。

因人热：藉人之力。《东观汉记·梁鸿传》："比舍先炊，已，呼鸿及热釜炊。鸿曰：童子鸿不因人热者也。灭灶更燃之。"徐釚《满江红》词："世态何须防面冷，丈夫原不因人热。"

"五湖"句：谓放弃功名，归于林下。《国语·越语》记范蠡助勾践灭吴功成，遂"乘轻舟以浮于五湖"。

"承明"句：承明庐，汉承明殿旁室，供侍臣值宿。后以入承明为在朝做官典故。班列，朝班行列，此谓朝官。

"花如雪"句：严绳孙《金缕曲》"赠西溟次容若韵"词："烂醉绿槐双影畔，照伤心、一片琳宫月。归梦冷，逐回雪。"

"回雪"指随风旋舞的槐花。性德词与严氏和作同时,"花如雪"亦谓槐花。范云《别诗》:"昔去雪如花,今来花如雪。"

【说明】

此阕当作于康熙十八年(1679)夏末秋初。姜宸英,字西溟,浙江慈溪人,康熙十二年(1673)结识性德,时姜宸英四十七岁,性德十九岁。康熙十七年,西溟重入京,性德馆之于德胜门北千佛寺,多所轸助。姜西溟以鸿博举荐不及期,颇沮丧,性德以词慰之。同时友人如严绳孙、秦松龄等皆次容若韵赋《金缕曲》示慰。关于西溟举荐误期事,除全祖望文外,更有当事人韩菼为西溟《湛园未定稿》所撰之《序》,《序》所记略近于全氏文,惟"文敏(按谓叶方蔼)宣入禁中,待之两月不得出,急独呈吏部,已后期矣"数句,知韩曾独自呈报。按:试博学鸿儒事,下诏在康熙十七年正月,与试举子大多于夏秋间至京,十一月起,朝廷供给食宿。西溟因未得荐,生计无着,赖性德周济,权居千佛寺,方稍释其困。后西溟《祭性德文》有云:"于午未间,我蹶而穷,百忧萃止,是时归兄,馆我萧寺。"即谓此节。鸿博于康熙十八年三月考试,三至五月陆续予中试者以职衔。荣枯咫尺,是夏为西溟最伤数奇之时,此词因多方劝慰之。然西溟功名心至死不衰,性德"五湖料理"之说,绝非西溟所愿。鸿博之题荐,有漏液赶往者,亦有人宁死不受征召,如顾炎武、黄宗羲、李颙,俱是坚卧不出,准备以绝食就死抗争,幸得廷臣斡旋,方免了麻烦。又有山西傅山(青主),被人抬了来京,抵死不肯与试,最后免试授官,青主既不受官也不谢恩。西溟好友严绳孙虽然与试,不完卷而退场,原不望中,最后终授一检讨。秦松龄中试并授检讨,但和此词中有"牢笼豪杰"语,道破清廷用心。与以上诸人相比,西溟胸怀远不及矣。

郭则沄云：容若慰西溟《金缕曲》亦极沉痛，直语语打入西溟心坎，自是世间有数文字。(《清词玉屑》)

金缕曲·亡妇忌日有感

此恨何时已。滴空阶、寒更雨歇，葬花天气。三载悠悠魂梦杳，是梦久应醒矣。料也觉、人间无味。不及夜台尘土隔，冷清清、一片埋愁地。钗钿约、竟抛弃。　　重泉若有双鱼寄。好知他、年来苦乐，与谁相倚。我自终宵成转侧，忍听湘弦重理。待结个、他生知己。还怕两人俱薄命，再缘悭、剩月零风里。清泪尽、纸灰起。

【笺注】

亡妇忌日：叶舒崇撰《纳腊室卢氏墓志铭》云："夫人卢氏，年十八归余同年生成德。康熙十六年五月三十日卒，春秋二十有一。"

"此恨"句：李之仪《卜算子》词："此水几时休，此恨何时已。"

滴空阶：何逊《临行与故游夜别》诗："夜雨滴空阶，晓灯暗离室。"

"葬花"句：彭孙遹《忆王孙》词："不归家，风雨年年葬落花。"

夜台：坟墓，阴间。

埋愁：《后汉书·仲长统传》："寄愁天上，埋忧地下。"元好问《杂著》诗："埋愁不著重泉底，尽向人间种白头。"

钗钿约：用唐明皇、杨贵妃爱情故事。陈鸿《长恨歌传》："上诏高力士潜搜外宫，得弘农杨玄琰女，上甚悦。定情之夕，授金钗钿合以固之。……适有道士自蜀来，知上心念杨妃，自言有李少君之术，玄宗大喜。方士乃竭其术以索之。久之，玉妃出，揖方士，问皇帝安否。言讫，悯然，指碧衣取金钿钗合，各析其半，授使者曰：为我谢太上皇，谨献是物寻旧好也。"

"忍听"句：妻死习称断弦，再娶曰续弦。"重理"即谓续弦。性德续娶官氏之时日无考，读此句，作此词时似尚未续娶。忍：岂忍。

"还怕"二句：晏几道《木兰花》词："欲将恩爱结来生，只恐来生缘又短。"

剩月零风：顾贞观《唐多令》词："双泪滴花丛，一身惊断蓬，尽当年、剩月零风。"

纸灰：焚化纸钱之灰。

【说明】

据"三载悠悠"句，知此阕作于康熙十九年（1680）五月三十日。顾贞观《弹指词》亦有《金缕曲》"悼亡"一阕，词云："好梦而今已。被东风、猛教吹断，药炉烟气。纵使倾城还再得，宿昔风流尽矣。须转忆、半生愁味。十二楼寒双鬓薄，遍人间、无此伤心地。钗钿约，悔轻弃。　　茫茫碧落音谁寄。更何年、香阶划袜，夜阑同倚。珍重韦郎多病后，百感消除无计。那只为、个人知己。依约竹声新月下，旧江山、一片啼鹃里。鸡塞杳，玉笙起。"此词与容若词同调、同题、同韵，显为同时和作。近人张仁政云："闺阁中事，岂梁汾所得言之？"似诧愕不得其解。实则言涉他人闺阁之诗古已有之，于生者有所谓"代赠"，于逝者有所谓"代悼亡"。明清之际，作诗为他人悼亡乃为文人一时习尚，惟代人发哀，难得其真情而已。容若词一往情深，血泪交融，真切动人；梁汾词则有"倾城再得""香阶划袜"诸句，非止轻俗，尤见唐突，岂容若所忍言。关于和友人悼亡诗，虽为当时习尚，然亦有非议之者。如朱慎即云："友人妇死，而涕泗交颐，岂为识嫌疑者哉！"（见性德同时人张潮撰《友声》丁集）今学者钱锺书更讥之为"借面吊丧，与之委蛇"，"替人垂泪，无病而呻"，古之寻常事，固有难以理解者。

【辑评】

唐圭璋曰：柔肠九转，凄然欲绝。（《纳兰容若评传》）

钱仲联曰：有人物活动，更突出主观抒情，极哀怨之致，这一阕可为代表。（《清词三百首》）

南歌子·古戍

古戍饥乌集，荒城野雉飞。何年劫火剩残灰。试看英雄碧血、满龙堆。　　玉帐空分垒，金笳已罢吹。东风回首尽成非，不道兴亡命也、岂人为。

【笺注】

"荒城"句：刘禹锡《荆门道怀古》诗："马嘶古道行人歇，麦季空城野雉飞。"

"何年"句：慧皎《高僧传·竺法兰》："昔汉武穿昆明池底，得黑灰，问东方朔，朔云：不知，可问西域胡人。后法兰既至，众人追而问之，兰曰：世界终尽，劫火洞烧，此灰是也。"后人以劫火指兵火。

龙堆：即白龙堆，汉代西域地名。汉后诗文中所用，皆虚指北方边徼外沙漠，非实指。

玉帐：将帅之军账。李商隐《重有感》诗："玉帐牙旗得上游，安危须共主君忧。"

"东风"句：李煜《虞美人》词："小楼昨夜又东风，故国不堪回首月明中。"

"不道"句:《国语·晋语》:"范成子曰:国之存亡,天命也。"扬雄《法言》:"命者,天之命也,非人为也;人为不为命。"

【说明】

有"龙堆"辞,必作于塞外;有"东风"辞,必作于春季。"兴亡"句用意甚深,必切当时实事。是阕必为康熙二十一年春东巡时作。高士奇《东巡日录》:"三月丁巳(初九),銮舆发盛京,过抚顺。旧堡败垒,榛莽中居人十余家,与鬼为邻。抚顺在奉天府东北八十余里,前朝版图尽于此矣。"有如此背景,方称此词。四月十二,东巡过性德祖居叶赫城之墟,则"英雄碧血""东风回首",更觉字字千钧。

荷叶杯

知己一人谁是。已矣。赢得误他生。有情终古似无情。别语悔分明。   莫道芳时易度。朝暮。珍重好花天。为伊指点再来缘。疏雨洗遗钿。

【笺注】

"知己"句:朱彝尊《百字令》:"滔滔天下,不知知己谁是。"

"有情"句:柳永《清平乐》词:"多情争似无情。"

"别语"句:洪咨夔《清平乐》词:"烟浦花桥如梦里,犹记倚楼别语。"

再来缘:再世之缘。此用玉箫事。《绿窗新话》:"韦皋未仕时,寓姜使君门馆,待之甚厚,赠小青衣曰玉箫,美而艳。乃与玉箫约,七年复来相取,因留玉指环。皋衍期不至,玉箫绝食而卒。后皋镇蜀，时祖山人有少翁之术，能致逝者精魄形见。见玉箫曰：旬日便当托生，后十二年，再为侍妾。后因诞日，东川卢尚书献歌姬为寿，年十二，名玉箫。遂呼之，宛然旧人，中指有玉环隐起焉。”

【说明】

康熙十七年七月，卢氏葬京西北郊皂荚屯。叶舒崇撰《卢氏墓志铭》有"于其没也，（成德）悼亡之吟不少，知己之恨尤深"之句，叶氏似曾见此词。

长相思

山一程。水一程。身向榆关那畔行。夜深千帐灯。

风一更。雪一更。聒碎乡心梦不成。故园无此声。

【笺注】

榆关：即山海关，古名榆关，明代改今名。

聒：嘈杂扰人。柳永《瓜茉莉》词："残蝉噪晚，甚聒得人心欲碎。"

故园：谓京师。

【说明】

康熙二十一年（1682）早春，性德随扈东巡，词作于往山海关途中。高士奇《东巡日录》："二月丙申（十八日），驻跸丰润县城西。是夜云黑无月，周庐幕火，望若繁星也。"又："二月丁未（二十九日），东风作寒，急雨催暮，夜更变雪。驻跸广宁县羊肠河东。"盖此词上片所写乃二月十八日情形，下片所写乃二月二十九日情形。

【辑评】

王国维曰：明月照积雪、大江流日夜、澄江静如练、山气日夕佳、落日照大旗、中天悬明月、大漠孤烟直、长河落日圆，此等境界可谓千古壮观。求之于词，则纳兰容若塞上之作，如《长相思》"夜深千帐灯"，《如梦令》"万帐穹庐人醉，星影摇摇欲坠"差近之。（《人间词话》）

唐圭璋曰：《花间》有句云"红纱一点灯"，此言"夜深千帐灯"，境界一大一小，然各极其妙。（《纳兰容若评传》）

秋千索

药阑携手销魂侣。争不记、看承人处。除向东风诉此情，奈竟日、春无语。　　悠扬扑尽风前絮。又百五、韶光难住。满地梨花似去年，却多了、廉纤雨。

【笺注】

药阑：芍药兰，又泛指花药之兰。赵长卿《长相思》词："药阑东，药阑西，记得当时素手携。"

争：犹"怎"。

看承：护持，照顾。吴淑姬《祝英台近》词："曲曲屏山，温温沉水，都是旧看承人处。"

百五：冬至日至清明节，共一百零五日，因称清明为百五。彭孙通《鹊桥仙》"清明"词："韶光百五禁烟时，又过了、几番花候。"《燕京岁时记》："清明即寒食，又曰禁烟节。"

"落地"句：刘方平《春怨》诗："梨花满地不开门。"

廉纤雨：细雨。晏几道《生查子》词："无端轻薄云，暗作廉纤雨。"

陈廷焯曰："悲惋。曰似去年，已不胜物是人非之感，再加以廉纤雨，有心人何以为情也。(《云韶集》十五)

山花子

风絮飘残已化萍。泥莲刚倩藕丝萦。珍重别拈香一瓣，记前生。　　人到情多情转薄，而今真个悔多情。又到断肠回首处，泪偷零。

【笺注】

絮：杨柳之花。

瓣：熏炉中所焚香，一粒或一片称一瓣。后一炷香亦称一瓣。

"人到"句：性德有闲章，镌"自伤情多"四字。

【说明】

此阕为亡妻作。"记前生"，殆以约来世。疑词作于卢氏忌辰。

菩萨蛮

晶帘一片伤心白。云鬟香雾成遥隔。无语问添衣。桐阴月已西。　　西风鸣络纬。不许愁人睡。只是去年秋。如何泪欲流。

【笺注】

伤心：极言之辞，伤心白即极白。如杜甫诗"清江锦石伤心丽"、李白词"寒山一带伤心碧"，皆此类。

"云鬟"句：杜甫《月夜》诗："香雾云鬟湿，清辉玉臂寒。"

络纬：蟋蟀，一云为纺织娘。

"只是"句：言秋色与去年相同。

【说明】

去年秋时人尚在，今年秋时，风景不殊，人已云亡。词当为康熙十六年（1677）秋悼念亡妻之作。

虞美人·为梁汾赋

凭君料理花间课。莫负当初我。眼看鸡犬上天梯。黄九自招秦七共泥犁。　　瘦狂那似痴肥好。判任痴肥笑。笑他多病与长贫。不及诸公衮衮向风尘。

【笺注】

"凭君"句：指顾贞观回南刊刻《今词初集》及《饮水词》事。花间，《花间集》，赵承祚编唐五代词集。

鸡犬：葛洪《神仙传·淮南王》："八公乃取鼎煮药，使王服之。骨肉近三百余人，同日升天。鸡犬舐药器者，亦同飞去。"李商隐《玉山》诗："此中兼有上天梯。"

"黄九"句：黄九，黄庭坚；秦七，秦观，并为北宋词人。秦词婉约，黄词绮艳，因以秦七黄九并称。《苕溪渔隐丛话》："陈师道曰：今代词手，惟秦七黄九耳，唐诸人不逮也。"泥犁，佛家语，意为地狱。《苕溪渔隐丛话》："《冷斋夜话》云：法云秀老，关西人，面目严冷，能以礼折人。黄鲁直（庭坚字鲁直）作艳语，人争传之，秀呵曰：公艳语荡天下淫心，恐生泥犁耳。鲁直颔应之。苕溪渔隐曰：余读鲁直所作晏叔原《小山集序》云：余少时间作乐府，以使酒玩世。道人法秀独罪余以笔墨劝淫，于我法中当下犁舌之狱；特未见叔原之作邪？观鲁直此语，似有憾于法秀。"此句言与梁汾不求显达，共耽于词，虽堕泥犁而不悔。

"瘦狂"二句：《南史·沈昭略传》："尝醉，逢王景文子约，张目视之曰：'汝是王约耶？何乃肥而痴。'约曰：'汝沈昭略耶？何乃瘦而狂。'昭略抚掌大笑曰：'瘦已胜肥，狂又胜痴。'"

"笑他"句："多病"性德自谓，"长贫"谓梁汾。

"不及"句：杜甫《醉时歌》："诸公衮衮登台省，广文先生官独冷。"

【说明】

康熙十五年，性德初识梁汾，共编《今词初集》。十六年，梁汾携初编稿本南归，谋镌刊。十七年，下诏举荐博学鸿词，有欲荐梁汾者，梁汾力辞。同年春，以严绳孙建议，梁汾欲与吴绮共编《饮水词》，性德遂以此词答之，使付剞劂。梁汾董理刻词事，终致刊成。词中"鸡犬上天""诸公衮衮"皆指钻营鸿博者。据"眼看"句，词当作于鸿博名士齐集京师之时。又按，作词而不畏"堕泥犁"，比性德略早之词人沈雄亦云："泥犁中尽如我辈，便无俗物败人意。"（《古今词话》卷下）与性德意略近。然沈氏为放达语，意轻；性德则为决绝语，乃人生追求之郑重抉择，寄意极重。

虞美人

春情只到梨花薄。片片催零落。夕阳何事近黄昏。不道人间犹有未招魂。　　银笺别记当时句。密绾同心苣。为伊判作梦中人。长向画图清夜唤真真。

【笺注】

"夕阳"句：李商隐《乐游原》诗："夕阳无限好，只是近黄昏。"

未招魂：杜甫《返照》诗："南方实有未招魂。"

同心苣：犹同心结，有苣状花结，以示爱情。沈约《少年新婚为之咏诗》："锦履并花枝，绣带同心苣。"

"长向"句：杜荀鹤《松窗杂记》："唐进士赵颜于画工处得一软障，图一妇人甚丽。颜谓画工曰：世无其人也，如可令生，余愿纳为妾。画工曰：余神画也，此亦有名，曰真真。呼其名百日，昼夜不歇，即必应之，应则以百家彩灰酒灌之，必活。颜如其言，遂呼之百日，果活，步下言笑如常。"范成大《戏题赵从善两画轴》诗："情知别有真真在，试与千呼万唤看。"严绳孙《望江南》词："怀袖泪痕悲灼灼，画图身影唤真真。"

【说明】

此亦怀亡妻之作。卢氏卒于康熙十六年（1677）五月三十日，梨花期已过，词至早当作于康熙十七年。

虞美人

银床淅沥青梧老。屧粉秋蛩扫。采香行处蹙连钱。拾得翠翘何恨不能言。　　回廊一寸相思地。落月成孤倚。背灯和月就花阴。已是十年踪迹十年心。

【笺注】

银床：井栏。佚名《河中石刻诗》："井梧花落尽，一半在银床。"

屧粉：即履荐（屧墙）中所衬之沉香屑。

采香：范成大《吴郡志·古迹》："采香径，在香山之傍小溪也。吴王种香于香山，使美人泛舟于溪以采香。"此指女子旧日经行处。

连钱：谓苔痕。文徵明《三宿岩》诗："春苔蚀雨翠连钱。"此句谓所爱之人旧日经行处已结满苔痕，久无人迹。

翠翘：玉首饰，状若翠羽。温庭筠《经旧游》诗："坏墙经雨苍苔遍，拾得当时旧翠翘。"

"回廊"句：李商隐《无题四首》："春心莫共花争发，一寸相思一寸灰。"

"已是"句：高观国《玉楼春》词："十年春事十年心，怕说湔裙当日事。"

【说明】

拾得翠翘而不能言者，盖以新人在侧。与卢氏结缡在康熙十三年（1674），据"十年踪迹"句，词作于康熙二十二年（1683）。

临江仙·寒柳

飞絮飞花何处是，层冰积雪摧残。疏疏一树五更寒。爱他明月好，憔悴也相关。　　最是繁丝摇落后，转教人忆春山。湔裙梦断续应难。西风多少恨，吹不散眉弯。

【笺注】

"层冰"句：《楚辞·招魂》："层冰峨峨，积雪千里。"

春山：女子之眉。此由柳叶如眉思及所怀之人。

湔裙：《北齐书·窦泰传》："窦泰，字世宁，大安捍殊人也。初，泰母期而不产，大惧。有巫曰：渡河湔裙，产子必易。泰母从之，俄而生泰。"此句言卢氏死于难产。

【辑评】

杨希闵曰：托驿柳以寓意，其音凄唳，荡气回肠。（《词轨》七）

陈廷焯曰：明月无私，令人叹息（谓上片末二句）。情词兼胜（谓下片末二句）。（《云韶集》十五）

陈廷焯又曰：容若《饮水词》，才力不足，合者得五代人凄婉之意。余最爱其《临江仙》"寒柳"词云："疏疏一树五更寒。爱他明月好，憔悴也相关。"言中有物，几令人感激涕零。容若词亦以此篇为压卷。（《白雨斋词话》八）

陈廷焯又曰：缠绵沈着，似此真可伯仲小山，颉颃永叔。（《词则·大雅集》五）

吴梅曰：容若小令，凄婉不可卒读。顾梁汾、陈其年皆低首交称之。究其所诣，洵足追美南唐二主，清初小令之工，无有过于容若者矣。同时有佟世南《东白堂词》，较容若略逊，而意境之深厚，措辞之显豁，亦可与容若相勒。然如《临江仙》"寒柳"、《天仙子》"渌水亭秋夜"、《酒泉子》"荼蘼谢后作"，非容若不能作也。（《词学通论》）

吴世昌曰：亦峰（按即陈廷焯）以容若为"才力不足"，可见有眼无珠。（《词林新话》五）

临江仙·寄严荪友

别后闲情何所寄，初莺早雁相思。如今憔悴异当时。飘零心事，残月落花知。　　生小不知江上路，分明却到梁溪。匆匆刚欲话分携。香消梦冷，窗白一声鸡。

【笺注】

副题：严绳孙（1623—1703），字荪友，号藕荡渔人。江南无锡人。康熙十八年（1679），以布衣应博学鸿词试，授检讨，累官至中允，康熙二十四年四月谢病归。与性德相识于康熙十二年（1673）。绳孙善书画，有《秋水词》。

初莺早雁：萧子显《自序》："早雁初莺，开花落叶。"

梁溪：在无锡，此代指无锡。

【说明】

康熙十五年（1676）夏至十七年（1677）夏，荪友在无锡。据"如今憔悴"句，示卢氏已亡，则词当作于十六年夏至十七年春间。

【辑评】

傅庚生曰：仙品、鬼才，何由判耶？试别举他例以明之。温飞卿《商山早行》"鸡声茅店月，人迹板桥霜"云云，吟哦之余，觉有清清洒洒之致，是仙品也。纳兰容若《临江仙》"别后闲情何所寄"云云，寓目之顷，俄有踽踽悸悸之情，是鬼才也。（《中国文学欣赏举隅》十三）

南乡子·为亡妇题照

泪咽却无声。只向从前悔薄情。凭仗丹青重省识，盈盈。一片伤心画不成。　　别语忒分明。午夜鹣鹣梦早醒。卿自早醒侬自梦，更更。泣尽风檐夜雨铃。

【笺注】

"凭仗"句：丹青，此谓画像。省识，此指看画。杜甫《咏怀古迹》诗："画图省识春风面。"

"一片"句：高蟾《金陵晚望》诗："世间无限丹青手，一片伤心画不成。"

鹣鹣：《尔雅·释地》："南方有比翼鸟焉，不比不飞，其名谓之鹣鹣。"

"泣尽"句：李商隐《二月二日》诗："新滩莫悟游人意，更作风檐夜雨声。"

沁园春

丁巳重阳前三日，梦亡妇淡妆素服，执手哽咽，语多不复能记。但临别有云："衔恨愿为天上月，年年犹得向郎圆。"妇素未工诗，不知何以得此也，觉后感赋。

瞬息浮生，薄命如斯，低徊怎忘。记绣榻闲时，并吹红雨；雕阑曲处，同倚斜阳。梦好难留，诗残莫续，赢得更深哭一场。遗容在，只灵飙一转，未许端详。　　重寻碧落茫茫。料短发、朝来定有霜。便人间天上，尘缘未断；春花秋叶，触绪还伤。欲结绸缪，翻惊摇落，两处鸳鸯各自凉。真无奈，把声声檐雨，谱出回肠。

【笺注】

丁巳：康熙十六年（1677）。性德妻卢氏卒于是年五月三十日。

红雨：落花。李贺《将进酒》诗："况是青春日将暮，桃花乱落如红雨。"

灵飙：阴风。此谓梦中人随风消逝。

碧落：天。白居易《长恨歌》："上穷碧落下黄泉，两处茫茫皆不见。"

绸缪：殷切之情。李陵《与苏武》诗："独有盈觞酒，与子结绸缪。"

摇落：凋残、零落之意。叶梦得《临江仙》词："却惊摇落动悲吟。"

回肠：谓悲思。徐陵《与杨仆射书》："朝千悲而掩泣，夜万绪而回肠；不自知其为生，不自知其为死也。"

青玉案·宿乌龙江

东风卷地飘榆荚。才过了、连天雪。料得香闺香正彻。那知此夜，乌龙江畔，独对初三月。　　多情不是偏多别。别离只为多情设。蝶梦百花花梦蝶。几时相见，西窗剪烛，细把而今说。

【笺注】

乌龙江：此指松花江。松花江女真语称松阿拉或松兀喇（宋金史书译作宋瓦江），明清间称兀喇江。乌龙，即兀喇之异译。

榆荚：榆钱。

【说明】

此阕作于康熙二十一年（1682）春随驾东巡时。自三月二十六日至四月初六，清圣祖一行逗留于松花江沿岸鸡林（吉林）至大乌拉间。据高士奇《东巡日录》："四月庚辰（初三），晨兴，细雨犹零，流云未歇。泛舟江中，草舍渔庄映带，冈阜岸花初放，错落柔烟，似江南杏花春雨时，不知身在绝塞也。驻大乌喇虞村。"此词"乌龙江畔，独对初三月"句，全为写实。

满江红·茅屋新成却赋

问我何心，却构此、三椽茅屋。可学得、海鸥无事，闲飞闲宿。百感都随流水去，一身还被浮名束。误东风、迟日杏花天，红牙曲。　　尘土梦，蕉中鹿。翻覆手，看棋局。且耽闲斟酒，消他薄福。雪后谁遮檐角翠，雨余好种墙阴绿。有些些、欲说向寒宵，西窗烛。

【笺注】

"海鸥"句：杜甫《江村》诗："自去自来堂上燕，相亲相近水中鸥。"按此句暗用《列子·黄帝》海上之人玩海鸥故事。

迟日：春日。

红牙：染成红色的象牙板，叩之以调制歌曲节拍。

蕉中鹿：《列子·周穆王》："郑人有薪于野者，遇骇鹿，御而击之，毙之。恐人见之也，遽而藏诸隍中，覆之以蕉，不胜其喜。俄而遗其所藏之处，遂以为梦焉。顺途而咏其事，傍人有闻者，用其言而取之。既归，告其室人曰：向薪者梦得鹿而不知其处，吾今得之，彼直真梦者矣。"

"翻覆"二句：《三国志·王粲传》："粲观人围棋，局坏，粲为覆之。棋者不信，以帕盖局，使更以他局为之。用相比较，不失一道。"此句谓世事翻覆，全无新意趣可言。

媅：意同"耽"，迷恋、沉湎之意。许浑《送别》诗："莫媅酒杯闲过日，碧云深处是佳期。"

【说明】

康熙十六年（1677）杪，梁汾南归；十七年，性德为之筑草堂以邀之；十九年，梁汾复至京师。性德致张见阳手札第一简末有梁汾跋语云："卿自见其朱门，贫道如游蓬户。容兄因仆作此语，构此见招。"词当作于康熙十七年（1678）内。

水龙吟·题文姬图

须知名士倾城，一般易到伤心处。柯亭响绝，四弦才断，恶风吹去。万里他乡，非生非死，此身良苦。对黄沙白草，呜呜卷叶，平生恨，从头谱。　　应是瑶台伴侣。

只多了、毡裘夫妇。严寒膻篥，几行乡泪，应声如雨。尺幅重披，玉颜千载，依然无主。怪人间厚福，天公尽付，痴儿騃女。

【笺注】

文姬：即蔡文姬。《后汉书·列女传》："陈留董祀妻者，同郡蔡邕之女也。名琰，字文姬。博学有才辩，又妙于音律。兴平中，天下丧乱，文姬为胡骑所获，没于南匈奴左贤王，在胡十二年，生二子。曹操素与邕善，痛其无嗣，乃遣使者以金璧赎之，而重嫁于祀。"

名士倾城：名士与美女。顾贞观《梅影》词："须信倾城名士，相逢自古相怜。"

柯亭响绝：伏滔《长笛赋》序："蔡邕避难江南，宿于柯亭。柯亭之观，以竹为椽。邕仰而眄之曰：'良竹也。'取以为笛，奇声独绝。"响绝，无人再吹奏，喻邕已亡。

"四弦"句：《后汉书·列女传》李注引刘昭《幼童传》："邕夜鼓琴，弦绝，琰曰：'第二弦。'邕曰：'偶得之耳。'故断一弦问之，琰曰：'第四弦。'并不差谬。"尤侗《百字令》词："四弦拨断，清泪如铅发。"

恶风：喻突发灾难。

"非生"句：吴兆骞以科场案远戍宁古塔，吴梅村写《悲歌赠吴季子》诗送行，诗有云："人生千里与万里，黯然消魂别而已。君独何为至于此？山非山兮水非水，生非生兮死非死！"汉槎之远戍，原无生还之望，生不见人，死不见尸，故称"非生非死"。

卷叶：卷草叶或树叶，吹以作响。白居易《杨柳枝》："卷叶吹为玉笛声。"

瑶台：据《竹书纪年》，夏桀得琬、琰二女，为"筑倾宫，饰瑶台"。文姬名琰，因藉此典，谓文姬（实谓汉槎）原当有良好境遇。

毡裘：北方民族服装。《周礼》贾公彦疏："西方、北方衣毡裘，执弓矢。"蔡琰《胡笳十八拍》："毡裘为裳兮骨肉震惊。"

觱篥：即筚管，古乐器名，流行于边塞，发声悲亢。

尺幅：指《文姬图》。重披，再看。

"依然"句：《胡笳十八拍》："天灾国乱兮人无主，唯我薄命兮没胡虏。"

駷：愚。陈维崧《贺新郎》词："说甚凌云遭遇，笑多少痴儿駷女。"

【说明】

此阕藉《文姬图》而咏吴兆骞事。"名士倾城"，"名士"即谓汉槎。"非生非死"句用梅村送汉槎诗句。"毡裘夫妇"谓汉槎妻葛氏随戍宁古塔。词多为汉槎感慨不平。据"依然无主"句，词似作于汉槎入关之后，暂居性德宅中时。《文姬图》，疑为纱灯所绘古迹。康熙二十一年元夕，吴汉槎、陈维崧、朱彝尊等与性德集花间草堂，指纱灯所绘古迹，命题作诗词，时汉槎初自塞外还，性德因为赋此。

浣溪沙

锦样年华水样流。鲛珠迸落更难收。病余常是怯梳头。
一径绿云修竹怨，半窗红日落花愁。惺惺只是下帘钩。

【笺注】

鲛珠：喻泪。《搜神记》："南海之外有鲛人，水居如鱼，不废织绩，其眼泣则能出珠。"

怯梳头：病起多脱发，栉则顺梳而下。怯，谓畏见落发。

惛惛：柔弱貌。沈辽《读书》诗："病骨惛惛百不如，不应投老更看书。"

虞美人·秋夕信步

愁痕满地无人省。露湿琅玕影。闲阶小立倍荒凉。还剩旧时月色在潇湘。　　薄情转是多情累。曲曲柔肠碎。红笺向壁字模糊。忆共灯前呵手为伊书。

【笺注】

琅玕：竹。杜甫《郑驸马宅宴洞中》诗："留客夏簟青琅玕。"仇注："青琅玕，比竹簟之苍翠。"梅尧臣《和公仪龙图新栽竹》诗："闻种琅玕向新第，翠光秋影上屏来。"

旧时月色：姜夔《暗香》词："旧时月色，算几番照我，梅边吹笛。"

潇湘：用刘禹锡词意。刘禹锡《潇湘神》词："斑竹枝，斑竹枝，泪痕点点寄相思。楚客欲听瑶瑟怨，潇湘深夜月明时。"

笺注等主要来源：中华书局版赵秀亭、冯统一笺注之《饮水词笺校》，笔者略有删订。

后 记

问世间情是何物，直教生死相许？

记得有一年冬天在山西太原，问了很多人，包括出租车司机："雁丘在哪里？"没有一个人知道。

后来自己在汾河岸边随意溜达，邂逅了一块大石，其上赫然书写着"雁丘"二字，硕大的字体，鲜红的颜色，孤立的石头，在冰冻的汾河岸边显得有些苍凉——这就是了！

其实心里知道，这未必是真的雁丘遗址，但我仍然整肃起散淡的心情，在这里凭吊一份遗落近千年的情感。

当年元好问应试途经汾河，遇到一位捕雁的人。捕雁者说：今天捕到一只大雁杀掉了。另外一只脱网而逃，可是已经逃脱的大雁绕空低飞，悲鸣徘徊，久久不忍离去，终于自投地而死。元好问听后唏嘘不已，于是买下两只大雁，将它们葬在汾河岸边，垒上石头以为记号，这就是"雁丘"的来历了。与元好问同行者多感此而赋诗，但未有如元好问《摸鱼儿·雁丘词》（问世间情是何物，直教生死相许）这般名垂千古者。①

也许，并不是每一份动人的情感都能产生一首动人的诗词，但每一首动人的诗词后面一定有一份动人的情感。我访寻的，其实并不是雁丘遗址，而是让元好问悲歌泪洒的那份情感。

多年后的一天，北京的朋友带我一起去寻访纳兰容若的故居。

依然是萧瑟的冬日，依然是费尽周折的奔波，从北京西郊上庄镇到后海的宋庆龄故居，我一路拣拾着容若的那份心情，仿佛拣拾着在冬日寒风中瑟瑟飘零的落叶，唯恐有一点点的遗漏。

在容若短暂的生命里，一点点的遗漏，可能都是一生的遗憾。

撰写容若生平经历的过程中，我的心情，也如是惶恐，因为我担心会留下太多的遗憾。

也许，容若并不深刻，三十年的生命，他还来不及深刻；

也许，容若并不睿智，三十年的阅历，他还来不及参破人生；

也许，容若并不辉煌，三十年的历练，他还来不及叱咤风云；

也许，容若并不伟大，三十年的追求，他还来不及沉潜博大……

---

① 元好问《摸鱼儿·序》："乙丑岁赴试并州，道逢捕雁者云，今日获一雁，杀之矣。其脱网者悲鸣不能去，竟自投于地而死。予因买得之，葬之汾水之上，累石为识，号曰雁丘。时同行者多为赋诗，予亦有雁丘辞，旧所作无宫商，今改定之。"词云："问世间、情是何物，直教生死相许。天南地北双飞客，老翅几回寒暑。欢乐趣。离别苦。就中更有痴儿女。君应有语。渺万里层云，千山暮雪，只影为谁去？　横汾路。寂寞当年箫鼓。荒烟依旧平楚。招魂楚些何嗟及，山鬼自啼风雨。天也妒。未信与、莺儿燕子俱黄土。千秋万古，为留待骚人，狂歌痛饮，来访雁丘处。"按：起句亦有版本作"恨人间、情是何物，直叫生死相许。"

但，谁也不能否认容若的富有。

是的，容若虽然自称"不是人间富贵花"，但他其实是人间最富有的人。

他的富有，不是因为他有一个富甲天下的爹，也不是因为他有一个"天子近臣"的光环，而是因为他心中充盈着的至情。

始终深信：情，是诗歌灵魂中最活跃最本质的因素，也是人的灵魂中最活跃最本质的因素。虽然在中国的诗学理念当中，情总是要受到"礼"和"理"的制约甚至是禁锢，但这样的禁锢让情偶尔的释放更加显得弥足珍贵。从李商隐的"春蚕到死丝方尽，蜡炬成灰泪始干"，到元好问的"问世间情是何物，直教生死相许"，再到容若的"若似月轮终皎洁，不辞冰雪为卿热"……他们抒发的情的内容并不总是相同，但那份打动人心的共鸣却是只有至情才拥有的力量。

容若生活的年代，是一个复杂的年代。复杂的人间总是桎梏着至情的存在，聪明而敏锐的容若，清醒地感受到了人间的复杂，也清醒地意识到了纯情与复杂之间是如此格格不入。天若有情天亦老，容若等不及自己的老去，他在三十一岁的芳华岁月早早地回到了本应属于他的地方——"自是天上痴情种"。

小"我"之情——亲情、爱情和友情，大"我"之情——对人世与历史的悲悯情怀，都是容若生命中的无价之宝。

容若走了，恍如人间的匆匆过客；我们却还在他的哀感顽艳里沉浸着、痴迷着、流连着……

是的，容若不深刻，但他的简单比深刻更难得；

容若不睿智，但他的纯洁比智慧更稀有；

容若不辉煌，但他的淡泊比辉煌更珍贵；

容若不伟大，但他的自然比伟大更让我们觉得真实与亲近。

我丝毫不奇怪为什么时隔三百多年，还会有那么多人疯狂地爱着容若，因为我们渐渐明白这个时代最缺少的是什么，我们的人生中最缺少的是什么。这是一个时代的伤痛，也是我们每个人的伤痛。

这是一个比容若的年代更复杂的时代，我们听过太多无情的故事，我们看过太多无情的面孔，我们经过太多无情的争斗，当有情的文字在无情的岁月里寂寞地挣扎，我知道，不仅仅是容若需要知音，我们，更需要。

容若的简单、纯情、淡泊、赤诚和悲悯，就像一颗颗晶莹的珍珠，当很多人在疯狂追逐着身外之物，甚至不惜放弃尊严、放弃真情直到放弃良知的时候，容若或许会让人蓦然醒悟：这样的盲目追逐恰恰遗落了生命中最宝贵的东西。

也因此，我才更感激能有一段与容若的纯情与深情朝夕相处的时光，让我能够更深刻地反省自己，也反省一个时代。

感谢在容若的文字里沉潜岁月的学者们，是他们提供的文献与识见才能让我走得更踏实。刘德鸿先生的《清初学人第一——纳兰性德研究》应是对纳兰性德家世及生平研究最为全面详尽的著作之一，他以历史研究者的严谨态度梳理了大量的文献资料，对一些学术界的争议也提出不少新见，为我们了解纳兰性德及其家族提供了巨大的帮助，在此特致谢忱。

谢谢南开大学孙克强教授，他是清代词学方面的专家，当我为纳兰词评的文献打电话求助于他时，克强教授当即应允将他主持编著的《清人词话》中所有关于纳兰的资料以电子版的形式发给我，随后又将校对稿的复印件快递给我便于核对。《清人词话》已于2012年出版，而我能有幸将其中关于纳兰的部分一睹为快，实是得益于学术界朋友之间的如切如磋、如琢如磨，这种无私的交流为我的研究增益不少。

谢谢我的研究生们，王洁茹、赵丽敏、唐可、滕小艳……是他们利用假期的时间帮我校对、核实文字及文献，让我的劳动事半功倍。

也许人生的本质是孤独，但，我身边的有情之人，让我在孤独的人生中支撑起了行走的勇气和力气。感激，会一直深藏在心里。

"家家争唱《饮水词》，纳兰心事几曾知。"容若走了，也许再也没有人能真正深入容若的心事。即便是我苦苦地追寻，我想，也仍然未及容若深情之万一。限于学识和时间，我的追寻必然留下诸多遗憾，但我从不遗憾曾经如此爱过、痛过、感动过、珍惜过。

"幽窗冷雨一灯孤。料应情尽，还道有情无。"容若其实不曾真的离开，他的情，还流转在他一往情深的文字里。

"我是人间惆怅客，知君何事泪纵横。"容若不曾离开，我们的泪，还流淌在他的深情里。

容若，知否？

杨　雨

2012 年 2 月 14 日

图书在版编目（ＣＩＰ）数据

纳兰性德传 / 杨雨著. -- 武汉：长江文艺出版社，
2020.8
　　（中华文人经典传记）
　　ISBN 978-7-5702-1193-7

　　Ⅰ. ①纳… Ⅱ. ①杨… Ⅲ. ①纳兰性德（1654-
1685）－传记 Ⅳ. ①K825.6

中国版本图书馆 CIP 数据核字(2020)第 065412 号

责任编辑：沈瑞欣　　　　　　　责任校对：毛　娟
封面设计：格林图书　　　　　　责任印制：邱　莉　　胡丽平

出版：长江出版传媒 ｜ 长江文艺出版社
地址：武汉市雄楚大街 268 号　　　邮编：430070
发行：长江文艺出版社
http://www.cjlap.com
印刷：湖北新华印务有限公司

开本：640 毫米×970 毫米　　　1/16　印张：19.5　　插页：8 页
版次：2020 年 8 月第 1 版　　　2020 年 8 月第 1 次印刷
字数：213 千字

定价：36.00 元